国家社科基金后期资助项目
出版说明

后期资助项目是国家社科基金设立的一类重要项目，旨在鼓励广大社科研究者潜心治学，支持基础研究多出优秀成果。它是经过严格评审，从接近完成的科研成果中遴选立项的。为扩大后期资助项目的影响，更好地推动学术发展，促进成果转化，全国哲学社会科学工作办公室按照"统一设计、统一标识、统一版式、形成系列"的总体要求，组织出版国家社科基金后期资助项目成果。

全国哲学社会科学工作办公室

反垄断法中经济学的功能限度

The Functional Limitation of Economics in Antitrust Law

朱战威 著

——北京——

图书在版编目（CIP）数据

反垄断法中经济学的功能限度 / 朱战威著. -- 北京：法律出版社, 2025. -- ISBN 978-7-5197-9688-4

Ⅰ. D912.290.4

中国国家版本馆 CIP 数据核字第 2024AA2433 号

反垄断法中经济学的功能限度 FANLONGDUANFA ZHONG JINGJIXUE DE GONGNENG XIANDU	朱战威 著	策划编辑 陈　妮 责任编辑 陈　妮　张思婕 装帧设计 李　瞻

出版发行	法律出版社	开本	710 毫米×1000 毫米 1/16
编辑统筹	法治与经济出版分社	印张	15　　字数 279 千
责任校对	晁明慧	版本	2025 年 3 月第 1 版
责任印制	吕亚莉	印次	2025 年 3 月第 1 次印刷
经　　销	新华书店	印刷	北京新生代彩印制版有限公司

地址：北京市丰台区莲花池西里 7 号（100073）
网址：www.lawpress.com.cn
投稿邮箱：info@lawpress.com.cn
举报盗版邮箱：jbwq@lawpress.com.cn
销售电话：010-83938349
客服电话：010-83938350
咨询电话：010-63939796

版权所有·侵权必究

书号：ISBN 978-7-5197-9688-4　　　　定价：88.00 元

凡购买本社图书，如有印装错误，我社负责退换。电话：010-83938349

基金项目
国家社会科学基金后期资助项目,项目批准号:20FFXB026

序

时间过得很快,战威博士论文答辩已过去7年,那情景仿佛就在昨天。那是大学里一年一度论文答辩季的一个寻常日子,但这个日子对于战威来说,却有千钧之悲喜。他把博士学位论文敬献给他"目不识丁却并不失伟大的母亲"。他的后记感动了答辩组的所有老师。西南大学法学院的张新民教授说,这是他读到过的最真诚、最感人的博士学位论文后记。北京大学法学院的盛杰民教授,也是战威博士论文答辩委员会的主席,他说,战威的后记,写出了他家庭的重负、求学的艰辛。他的论文,写得十分努力,虽然拙朴,但元气淋漓。

战威在后记里说,三年前,在他参加博士生考试的前夕,他的母亲身患绝症,但母亲嘱咐他以学业为重,专心备考。战威含泪告别了正在医院接受治疗的母亲,踏上前往重庆求学的旅程。战威妈妈最终没有看到儿子博士学位论文答辩的这一天。她带着欣慰,也带着遗憾离开了这个世界。她完全不懂儿子读的书和研究的学问,但这并不重要。重要的是,她知道儿子考上了博士,有了出息,对儿子未来的人生选择更加宽心。

战威跟着我读博士以来,一直致力于竞争法领域的学习与思考,立志为竞争法的理论研究与制度建设有所贡献。竞争法被誉为"经济宪法",其在法律体系中具有特殊地位,但同时极具争议和不确定性。它的不确定性源于人性对于竞争所持有的爱恨交织的心理状态。竞争,本是世间万物相生相克的自然现象,但在人类文明的进程里,被披上了一件"不道德的外衣"。正如美国法学家戴维·格伯尔所言,"竞争一直既是'上帝'又是'魔鬼'。它许诺并提供了财富与经济进步;它也改变了财富的分配,动摇人类共同体的根基,向道德规范发起了挑战"。达尔文的进化论给我们揭示了生物世界"适者生存"的丛林法则,体现在社会经济领域,竞争与反竞争如影随形。竞争法试图通过规制反竞争行为保护合法竞争,然而,却又难以准确辨识其规制的对象到底是"上帝"还是"魔鬼"。竞争法的命运与自由主义的兴衰有着密切联系。但吊诡的是,保护自由的竞争法随古典自由主义的衰落而兴起,又随新自由主义的兴起而招致诟病。竞争法的目的是保护自由,手段却呈现出限制自由的外观。这目的与手段的二重变奏,恰是竞争法难以捉摸和令人着迷的地方。

在与战威的共同学习与交流中,我们曾反复讨论过经济分析在竞争法领域尤其是在反垄断立法和执法中的困扰。自20世纪70年代,美国芝加哥学派明确反对自《谢尔曼法》以来的结构主义规制方法,再次重申经济自由主义的核心地位,主张以行为规制而非结构制裁的方法解决自由经济中出现的垄断问题。于是,法律经济分析开始成为衡量一切规范价值的王者,并直接影响和塑造了美国反托拉斯法的结构和内容。经济分析的实用性和便利性使效率成为评判垄断行为正当与否的唯一标准。法律经济学的极端主义者甚至主张用经济效率取代经济公平。正如美国法学家波斯纳在其《反托拉斯法》第二版(2001年)序言中所说,"这本书的第一版(1976年),是1/4个世纪以前出版的,当时带一个副标题'一个经济学的视角',暗示还存在其他视角。这种暗示在第一版序言中说得很清楚,我声称,这本书的目的是阐释反托拉斯法的经济学方法并为其进行辩护。但在其后的几年,其他各种视角已经基本上销声匿迹,于是,在这次新版上我删掉了原来的副标题,以体现这种变化"。波斯纳如此"武断"的结论,对法律公平价值提出了严峻挑战。除了经济学上的效率价值,反垄断法真的没有别的视角了吗?如果经济效率成为反垄断法唯一的价值目标,那么,经济公平是否还有存在的意义?这些问题很宏观,也很本源,它直接关涉反垄断法的价值立场,直接关涉反垄断法存在的必要性。

当战威就其博士学位论文选题征询我的意见时,我自然将这些宏大的问题抛给了他;一开始,战威没有信心,我也没有。题目的选定和开题报告的写作就遇到了不少困难。最后,我们把论文题目定为"反垄断法中经济分析运用问题研究"。写作过程对于战威更是一次严峻挑战。其间,我听过他倾诉"山重水复"的苦累,也分享过他"柳暗花明"的喜悦。战威选取了"价值目标—规范结构—事实认定"三个维度,确立了"历史考察—结合基础—异质冲突—分析框架选择及优化—实践运用"的逻辑进路,对经济分析与反垄断法的关系进行了非常清晰的梳理,证成了经济分析在反垄断法中的运用及其限度。论文最后的完成超出了我们的预期,评阅和答辩均得到一致好评。论文在战威毕业当年被评为"西南政法大学优秀博士学位论文";2018年,又获评"重庆市优秀博士学位论文"。

2019年,战威以博士学位论文为基础,向牛津大学法学院申请访问学者,访学研究的主题"经济分析在反垄断法中运用的功能界定研究"得到了牛津大学竞争法研究中心主任阿里尔(Ariel Ezrachi)教授的首肯,并愿意担任其访学期间的合作导师。在为期一年(2023年8月—2024年8月)的访学时间里,战威不仅对自己的访学主题进行了深入的思考和研究,同时参加了阿里尔教授举办的系列学术会议,极大地拓展了自己的知识范围和理论视野。

呈现在读者面前的这部著作《反垄断法中经济学的功能限度》,延续了战威博士学位论文的核心观点和思维结构;但与其博士学位论文相比,这部著作的视野更加开阔,结构更加精致,文字更加洗练,资料也更加前沿和丰富。他自始至终将经济学置于法学语境进行系统考察与反思,始终警惕"效率至上原则"对反垄断法的统治和碾压,从而为反垄断法留守着一方公平价值的空间和余地。

现代性的各种文明与制度,使我们的生活世界与理论研究越来越复杂。我们如何以普通人的心智和眼光,去看待反垄断法对生活世界的意义?我们该用什么样的价值立场,去讲述反垄断法与我们生活世界的关系?这些问题是既有研究成果所忽视或力有不逮之处。希望战威未来的学术研究一直注视着普通人的常识和期许。

江帆[*]

2024年初冬时节渝州嘉陵江天

---

[*] 江帆,西南政法大学教授、博士生导师。

目 录 Contents

导　言 / 1
　一、问题提炼 / 1
　二、国内外研究进展 / 5
　　（一）国外研究进展 / 5
　　（二）国内研究进展 / 7
　三、研究立场阐明 / 9

第一章　经济学与反垄断法的历史流变 / 12
　第一节　反垄断法肇始时期经济学的缺位 / 12
　　一、最初立法的经济社会背景 / 12
　　　（一）各行业的合并浪潮 / 13
　　　（二）风起云涌的反垄断运动 / 15
　　　（三）影响立法的社会思潮 / 18
　　二、立法时期经济学的平行发展 / 22
　　　（一）经济学所处的历史阶段 / 22
　　　（二）经济学发挥的潜在功能 / 24
　　三、早期司法的形式主义 / 27
　　　（一）文义解释初步适用于案件裁决 / 27
　　　（二）合理原则打开经济学"潘多拉魔盒" / 28
　第二节　经济学的引入及其颠覆性影响 / 30
　　一、哈佛学派对市场结构的特别关注 / 30
　　　（一）结构主义的思想成型 / 30
　　　（二）结构主义的实践影响 / 31
　　二、芝加哥学派对经济效率的极端推崇 / 33
　　　（一）芝加哥学派的经济效率理论 / 33
　　　（二）极端效率主义的域外影响 / 34
　　三、后芝加哥学派对经济效率的有限反思 / 35

1

（一）基于反思而诞生的后芝加哥学派 / 35
　　（二）后芝加哥学派反思的有限性 / 37
　第三节　反垄断新思潮对经济学的超越 / 39
　　一、社会政治目标的制衡性引入 / 40
　　（一）民主目标的重新恢复 / 40
　　（二）公平目标的再度考量 / 42
　　二、对EBM模式的颠覆性反思 / 44
　　三、违法性标准的多维度扩张 / 45
　　（一）对错误成本分析框架的效果反思 / 46
　　（二）掠夺性定价的违法性标准扩张 / 47
　　（三）纵向合并的违法性标准扩张 / 48
　本章小结 / 50

第二章　经济学与反垄断法的冲突机理 / 51
　第一节　"效率一元论"与反垄断法之罅隙 / 51
　　一、削减反垄断法的现实基础 / 51
　　（一）"效率一元论"局限于经济学视角 / 51
　　（二）垄断问题的社会政治维度遭到忽视 / 53
　　二、遮蔽反垄断法的多元主体 / 55
　　三、消解反垄断法的学科自主性 / 57
　　（一）法律经济学否定法律体系的自主性 / 57
　　（二）经济分析进路否定反垄断法的自主性 / 58
　第二节　结果导向与行为指引之相左 / 60
　　一、经济分析的结果导向性 / 60
　　（一）以经济分析结果认定案件事实 / 60
　　（二）以经济学理论指导案件裁判 / 62
　　二、规范分析的行为指引性 / 64
　　（一）法律规范的预期功能 / 64
　　（二）构成要件的定性功能 / 65
　　三、结果导向对行为预期性的冲击 / 69
　　（一）经济分析的"目的程式"特点 / 69
　　（二）经济分析的行为指引困境 / 70
　第三节　经济学流派变动性与法律确定性之矛盾 / 72
　　一、反垄断经济学的流派差异 / 72

（一）产业组织理论三大流派的思想更替 / 73
　（二）三大流派学术观点的差异比较 / 74
二、不同流派对反垄断实践的周期性影响 / 78
　（一）哈佛学派时期的严格规制 / 78
　（二）芝加哥学派时期的极端放松 / 82
　（三）后芝加哥学派时期的中性矫正 / 84
三、理论分歧对垄断案件事实认定的不确定性影响 / 87
　（一）垄断案件事实认定对经济学的依赖性 / 87
　（二）自由与干预思想冲突对实践影响的不确定性 / 89
　（三）法官可能难以对经济学内容进行实质性判断 / 91
本章小结 / 94

第三章　经济效率在反垄断法中的功能限度 / 96

第一节　经济效率在反垄断法中的正向功能 / 96
一、经济学的效率逻辑 / 96
　（一）经济学以效率为终极目标 / 96
　（二）经济学对垄断的效率评判 / 98
二、效率逻辑对反垄断法的支持功能 / 99
　（一）提供了制度评价的效率标准 / 99
　（二）丰富了反垄断法的价值体系 / 101
　（三）佐证了反垄断实践的正当性 / 102

第二节　经济效率定位极端化的反思及匡正 / 103
一、反垄断法的极端效率化反思 / 103
　（一）反垄断法并非效率促进法 / 103
　（二）反垄断法亦非经济政策工具 / 105
二、多元价值冲突的平衡之道 / 107
　（一）价值冲突属于"价值之争" / 108
　（二）"价值之争"的多种平衡方案 / 109

第三节　经济效率在反垄断法价值中的功能定位 / 110
一、经济效率功能定位的理论根基 / 110
　（一）秩序自由主义的思想镜鉴 / 110
　（二）法律多元价值的内在支撑 / 113
二、经济效率主要发挥工具性功能 / 115
　（一）经济效率的工具性价值定位 / 115

（二）工具性价值定位的实践影响 / 116
　三、经济效率的多元价值约束实现 / 117
　　（一）竞争价值对经济效率价值的引领与限定 / 118
　　（二）经济效率价值与其他价值类型的互动平衡 / 121
本章小结 / 126

第四章　经济学知识在反垄断法中的功能限度 / 127
第一节　经济学的知识供给功能 / 127
　一、特有概念的型塑 / 127
　　（一）经济学术语连接规范结构 / 127
　　（二）经济学术语供给概念素材 / 129
　二、模型工具的提供 / 132
　　（一）替代性模型工具 / 132
　　（二）市场集中度模型工具 / 136
　　（三）"成本—收益"偏离度模型工具 / 137
　　（四）企业博弈行为模型工具 / 138
　三、认定标准的确立 / 141
　　（一）相关市场界定的经济学功能 / 141
　　（二）市场支配地位认定的经济学功能 / 143
　　（三）竞争效果评估的经济学功能 / 144
第二节　法律规范性对经济学知识的内在限定 / 147
　一、经济学术语"转译"的规范性约束 / 148
　　（一）经济学术语"转译"的法教义学支撑 / 148
　　（二）经济学术语"转译"的法律目的考量 / 150
　　（三）经济学术语"转译"的类型化方法指引 / 153
　二、构成要件对经济分析的导向性 / 154
　　（一）构成要件具有前置性 / 154
　　（二）构成要件具有靶向性 / 156
　　（三）构成要件具有独立性 / 158
　三、定性分析相对定量分析的优先性 / 161
　　（一）定性分析更符合法律思维方式 / 161
　　（二）特定案件类型更适合定性分析 / 163
第三节　规范性语境下经济学知识的功能定位 / 166
　一、经济学知识作为分析框架 / 166

（一）"社会科学框架"引入司法裁判 / 166
　　（二）经济学提供反垄断案件分析框架 / 167
　二、经济学知识作为实质理由 / 169
　　（一）标准性规则的开放结构 / 169
　　（二）经济学知识的填补功能 / 171
　三、经济学知识作为案件证据 / 173
　　（一）经济学知识的证明功能 / 174
　　（二）经济学家的案件参与 / 175
本章小结 / 177

第五章 经济学家在反垄断裁判中的功能限度 / 178

第一节 经济学家在反垄断裁判中的基本功能 / 178
　一、经济学家作为专家证人 / 178
　二、经济学家作为专家辅助人 / 179
第二节 经济学家参与案件的实践反思 / 182
　一、专家证人制度之规范缺失 / 182
　二、专家辅助人制度之适用错位 / 183
　　（一）民事诉讼领域的立场偏私性 / 183
　　（二）刑事诉讼领域的地位不对等性 / 184
　三、鉴定人制度之设计偏差 / 186
第三节 经济学家参与案件的制度功能重构 / 187
　一、重新界定"专家证人"的概念内涵 / 188
　　（一）基本前提：专家作证制度的统合趋势 / 188
　　（二）定位匡正：专家证人立场偏私性之防范 / 190
　　（三）内涵重赋：经济学家发挥证明功能的制度再造 / 192
　二、经济学家意见的可采性标准完善 / 195
　　（一）事实范围规则 / 195
　　（二）可靠性规则 / 196
　　（三）关联性规则 / 197
　三、经济学家中立性的制度保障 / 198
　　（一）经济学家的证人职责定位 / 198
　　（二）技术调查官制度的中立性镜鉴 / 200
　　（三）法官对经济证据的审查权 / 201
本章小结 / 203

结　语 / 204

参考文献 / 207

后　记 / 225

导　言

> 通过法学研究检视并整合来自其他领域的理论范式，而不是简单地套用它们。
>
> ——圭多·卡拉布雷西

一、问题提炼

垄断既是一种法律现象，也是经济学的研究对象。实施反垄断法往往需要参考经济学的分析结论。随着实践深入，反垄断案件对经济学的引入需求也愈加凸显。例如，北京奇虎科技有限公司诉腾讯科技（深圳）有限公司、深圳市腾讯计算机系统有限公司滥用市场支配地位纠纷案（以下简称"奇虎360诉腾讯案"）[①]首次由经济学家出庭对反垄断案件相关事实进行说明，利乐公司滥用市场支配地位行政处罚案（以下简称"利乐案"）[②]较早地使用了经济学模型，上海食派士商贸发展有限公司滥用市场支配地位行政处罚案（以下简称"食派士案"）[③]因引入经济学量化分析而广受关注，而锐邦涌和科贸有限公司诉强生（上海）医疗器材有限公司、强生（中国）医疗器材有限公司纵向垄断协议纠纷案（以下简称"锐邦诉强生

[①] "奇虎360诉腾讯案"，最高人民法院民事判决书，(2013)民三终字第4号。北京奇虎科技有限公司（以下简称奇虎公司）聘请RBB经济咨询事务所经济学家余妍、查尔斯·里弗顾问公司（CRA）特别顾问大卫·斯塔利布拉斯（David Stallibrass）出庭就相关问题发表意见，同时提交RBB经济学家德里克·瑞德亚德（Derek Ridyard）出具的专家意见书；腾讯科技（深圳）有限公司、深圳市腾讯计算机系统有限公司（以下简称腾讯一方）则聘请经济学家姜奇平和法律专家吴韬出庭发表意见。

[②] "利乐案"，国家工商行政管理总局行政处罚决定书，工商竞争案字〔2016〕1号。反垄断执法机构对利乐公司的追溯性累计销量折扣行为的反竞争效果需要运用经济模型等分析工具进行分析。

[③] "食派士案"，上海市市场监督管理局行政处罚决定书，沪市监反垄处〔2020〕06201901001号。反垄断执法机构除了引入假定垄断者测试基本思路，借助经济学工具进行假定垄断者测试之外，还运用临界损失分析法对市场交易数据进行分析，以证明提供英文服务的在线餐饮外送平台服务市场构成独立的相关服务市场。

案")①则主要围绕与经济分析紧密相关的反竞争效果展开。

尽管经济学已经开始运用于反垄断实践,但经济学与反垄断法的关系在理论上却极少得到关注,呈现出模糊不清的"黑箱状态"。比如,经济学知识经由何种通道进入反垄断案件,其是否具有法律效力从而能够直接作为裁判依据？面对不同的经济学流派和理论观点,案件裁决机关应该采取怎样的选择标准和依据？作为知识载体的经济学家在案件中扮演何种角色,以及如何通过程序设置控制专家作证过程中的专断性风险？更进一步地讲,经济学知识如何构成反垄断规范的组成部分？经济学效率目标对反垄断法有何影响,后者是否应当将其作为绝对遵从的唯一目标？对于这些问题的回答,必须摆脱个案"就事论事"的对策性思维,回归到更为一般性的理论研究。

就研究视角的选取而言,经济学与反垄断法的关系的研究面临着双重困境,既有法学和经济学研究均难以提供足够的理论资源。申言之,无论采用传统法学研究的规范性视角,还是依照经济学提供的经验性视角,均难以清晰界定经济学与反垄断法的复杂关系。一方面,传统法学研究无法提供有效的解决方案。相较于传统部门法,反垄断法最为显著的特点是经济学的深度植入,二者的结合不仅表现在经济学理论对反垄断法的制度效率作出的评判(实质上属于法律经济学②范畴),更表现在经济学理论、术语、知识及模型已贯穿反垄断法的理论学说、规范结构及案件实践之中。可以说,经济学融入反垄断法程度之深,远甚于其他传统法律部门。尤其是经济学理论、术语、知识及模型对反垄断法的价值、规范及事实认定的影响,不仅是经济学与反垄断法关系的独特之处,更是诸多难题的症结所在。就此而言,反垄断法与经济学的关系一直处于"剪不断,理还乱"的纠缠不清状态。另一方面,经济学更难以提供清晰答案。根源在于,受制于"效率一元论"单维视角的限制,经济学恰恰缺少来自法学立场的问题意识与理论自觉,对自身造成的一些法律困境甚至都难以察觉,遑论提出有效的解决方案。

值得注意的是,在法教义学与社科法学之争的背景下,我国法学一般理论已经开始关注经济学、统计学等社会科学知识如何进入法律规范体系

---

① "锐邦诉强生案",上海市高级人民法院民事判决书,(2012)沪高民三(知)终字第63号。对纵向垄断协议的违法性是否需要反竞争效果要件争议最大,二审法院认定纵向垄断协议应当以具有排除、限制竞争效果为构成要件并进行了相应的经济分析。

② 法律经济学又被称为"法律的经济分析"(Economic Analysis of Law)或者"法和经济学"(Law and Economics)。

的问题。① 尽管法教义学与社科法学之争尚未达成统一共识,也难以为经济学与反垄断法的关系问题提供直接的解决方案,却为剖析这一问题提供了相应的理论资源和方法论工具。是故,本书借鉴法教义学与社科法学之争的理论成果,从法学立场深入讨论经济学对反垄断法的价值、规范结构及事实认定等三个维度的影响,聚焦并提炼出经济学对反垄断法的三重挑战。

首先是经济学效率对反垄断法价值维度的挑战。

芝加哥学派提出较为激进的"效率一元论"主张,要求反垄断法完全遵从经济学效率价值,构成了对反垄断法多元价值体系的巨大挑战。这种挑战在西方主要表现为立法目标之争,已经从20世纪持续至今。21世纪初,美国发生了一场名为"新布兰代斯运动"或称"新派反垄断运动"(Hipster Antitrust Movement)的社会政治运动,要求摒弃芝加哥学派的极端效率目标,采用更加多元的社会政治目标。② 这场运动属于对居于主流地位的反垄断经济学理论的直接反叛。原因在于,芝加哥学派自20世纪70年代获取美国反托拉斯法③主流地位以后,一直极度推崇经济学效率价值,主张美国反托拉斯法成为"经济学理性原则的延伸"④。此外,该学派思想理念以放任自由主义(laissez-faire)为内核,具有放松管制的倾向,从而加剧了实践领域尤其是数字经济中日益严重的垄断问题。亚马逊、谷歌、苹果等科技巨头的垄断行为频发,从而激起了美国新一轮的社会政治运动。

中国反垄断法研究亦受到芝加哥学派影响,甚至一些学者一谈起反垄

---

① 具体可参见侯猛:《"科学"在司法中的运用——基于学者与法官互动的知识社会学考察》,载《法学》2022年第9期;雷磊:《法社会学与规范性问题的关联方式 力量与限度》,载《中外法学》2021年第6期;彭中礼:《论法律学说的司法运用》,载《中国社会科学》2020年第4期;王云清:《司法裁判中的社会科学:渊源、功能与定位》,载《法制与社会发展》2016年第6期;侯猛:《司法中的社会科学判断》,载《中国法学》2015年第6期。法律规范之外的社会科学知识能否进入裁判文书、怎样适用、法律效力如何等问题,已经受到法学理论的关注,目前处于方兴未艾的研究阶段。
② See Lina M. Khan, *The New Brandeis Movement*: *America's Antimonopoly Debate*, 9 Journal of European Competition Law & Practice 131 (2018). Barry Lynn, *The Consumer Welfare Standard in Antitrust*: *Outdated or a Harbor in a Sea of Doubt*? Hearing Before the United States Senate Committee on the Judiciary (2017).
③ 反垄断法在不同的国家和地区存在着不同的表述方式,比如我国通常表述为反垄断法,美国通常表述为反托拉斯法,欧盟地区则通常称为竞争法。为尊重不同的表达习惯,本书根据不同的国家和地区采取对应的表述方式。
④ 参见[美]理查德·A.波斯纳:《反托拉斯法》,孙秋宁译,中国政法大学出版社2003年版,"序言"第2页。

断法就必然谈到经济分析,一谈到经济分析就必然会强调效率价值。① 不过,已有部分学者开始反思对效率价值绝对推崇所带来的弊端。② 就反垄断法实践而言,对效率价值的绝对遵从必然要求对反垄断案件的裁决从属于经济学的分析结论,多元价值体系则要求在裁决反垄断案件时更多地考虑多元的社会政治需求。

其次是经济学知识对反垄断法规范结构的挑战。

经济学对反垄断法的影响不仅体现在价值理念层面,更深刻地渗透至规范结构之中。在很大程度上,产业政策、产业经济等经济学理论提供了反垄断法"知识生产"的基础。③ 反垄断法规范的创制很难脱离经济学理论及术语等已有话语体系而另起炉灶。大量的经济学术语、理论框架直接成为规范的构成要素,比如"垄断""市场支配力""相关市场界定"等概念均源自经济学。源自经济学的知识必然对反垄断法的规范结构产生影响,大体而言,主要表现在两个方面:一是反垄断法的概念与经济学术语具有同构性,应如何保持概念内涵上的统一性。经济学中,"垄断""收益""成本"等术语仍在宽泛意义上使用,尚未获得确定性的法律意义,能否与反垄断法上的概念内涵保持一致性仍然存疑。二是反垄断法的规范结构为保持开放性,更多地表现为具有开放性的标准性规则,而权利义务关系较为明确的规范性规则相对较少。为保持与经济学等外部因素的联系,反垄断法标准性规则的保留是必要的。然而,亦需考虑经济学知识对反垄断法标准性规则的推理所造成的问题。就此而言,反垄断法面临着如何"转译"经济学术语及保持规则可预期性的巨大挑战。

最后是经济分析工具对反垄断事实认定维度的挑战。

反垄断案件的事实认定经常涉及经济学公式、模型等技术分析工具,同时涉及经济学家对案件事实的证明,二者均属于经济学对案件事实认定的挑战。一方面,涉及经济分析工具如何在反垄断案件中规范运用,比如经济分析工具以何种方式引入案件裁判,是否应当受到相应的约

---

① 参见胡甲庆:《反垄断法的经济逻辑》,厦门大学出版社2007年版,第308页;颜运秋:《反垄断法立法目的与保护消费者权益》,载《社会科学家》2005年第5期。国内研究反垄断法的学者如胡甲庆、颜运秋等均因循经济学研究的路径,将经济效率视为反垄断法最重要或唯一的价值目标。

② 参见兰磊:《论反垄断法多元价值的平衡》,法律出版社2017年版,第1~55页;兰磊:《反垄断法唯效率论质疑》,载《华东政法大学学报》2014年第4期。我国已有学者对效率价值过于绝对的主导地位作出批判与反思。

③ 参见吴元元:《反垄断司法的知识生产———一个知识社会学的视角》,载《现代法学》2014年第6期。

束,如何与法律规范相结合以及如何保障经济分析工具的准确性和一致性等。另一方面,反垄断案件的审理也存在着对经济学家的引入需求。经济学家参与庭审的角色及程序约束,属于反垄断案件事实查明面临的独特问题。作为经济学知识的载体和技术工具的掌握者,经济学家在反垄断案件实践的作用愈加凸显。然而,既有证据制度体系仍无法满足经济学家的出庭需求,对其庭审角色及程序功能仍然存在争议。[①] 在案件程序中,经济学家以何种角色、何种方式参与反垄断案件以及如何保障经济学家立场的中立性等问题均有待厘清。

二、国内外研究进展

(一)国外研究进展

1."新布兰代斯运动"与经济学效率目标争议

"新布兰代斯运动"的名称取自原美国联邦最高法院前大法官路易斯·D.布兰代斯(Louis D. Brandeis),旨在废除芝加哥学派过于复杂、技术化的经济效率目标,要求恢复反托拉斯法更为多元的社会政治目标。经济效率目标通常被表述为消费者福利标准,是美国反托拉斯法近几十年来一直坚守的主流目标。这场运动直接危及20世纪70年代以来美国反托拉斯经济学理论的主流地位,对反垄断法与经济学关系的影响巨大。比如,莉娜·M.可汗(Lina M. Khan, 2018)否认芝加哥学派消费者福利标准的正当性,阿里尔·扎拉奇、莫里斯·E.斯图克(Ariel Ezrachi & Maurice E. Stucke, 2022)等学者要求从实践方面改变过于依赖经济学的现状。托马斯·J.霍顿(Thomas J. Horton, 2018)通过立法背景研究认为,美国国会从未将消费者福利或配置效率等经济价值作为反托拉斯立法的唯一目标。巴拉克·奥巴赫(Barak Orbach, 2017)认为美国反托拉斯的民粹主义(Populism)不仅指仇视大企业的员工群体,也包括阻碍、拖延反托拉斯法实施的经济学流派,从而否定芝加哥学派的经济效率标准。"新布兰代斯运动"对美国反托拉斯立法产生了深远影响,美国国会自2017年开始调查重新立法的必要性。巴里·C.林恩(Barry C. Lynn, 2017)在向参议院提交的证词中明确主张正式废除消费者福利标准,主要理由是该标准阻碍了反托拉斯法的实施。美国律师协会反托拉斯法分会前主席戴安娜·莫斯(Diana Moss, 2017)认为过去几十年的反托拉斯法目标(消费者福利标

[①] 参见毕玉谦:《专家辅助人制度的机能定位与立法性疏漏之检讨》,载《法治研究》2019年第5期;郭华:《对抗抑或证据:专家辅助人功能的重新审视——兼论最高法院审理"奇虎360诉腾讯"案》,载《证据科学》2016年第2期。

准)已经形成了更高的集中度、更高的价格、少数企业的暴利,并且加剧了经济不平等问题。

维护反托拉斯法消费者福利标准的一方则坚决反击。约书亚·D. 赖特等学者(Joshua D. Wright et al. , 2019)认为消费者福利标准仍然应当是反托拉斯法的唯一指引准则。此外,法律经济学的发展深刻地影响到美国联邦最高法院的反托拉斯司法哲学,使经济效率(或消费者福利)成为反托拉斯政策的唯一合法目标,从而有效地切断了民粹主义根源(Camden Hutchison, 2017)。

实际上,对反托拉斯法目标的争议在历史上从未间断。理查德·A. 波斯纳(Richard A. Posner, 2001)曾直接断言——"反托拉斯法变成了一套经济学的理性原则",更早的时候罗伯特·H. 伯克(Robert H. Bork, 1978)亦提出美国反托拉斯法的唯一目标是保护经济学上所称的消费者福利。与之不同的是,罗伯特·H. 兰德(Robert H. Lande, 1982)主张反托拉斯法中居于核心地位的不是效率而是分配关系,反托拉斯法的最主要目标应该是防止垄断者不公平地把财富(表现为垄断利润)从消费者手中夺走。基于对产业组织理论发展趋势的判断,乔纳森·B. 贝克尔(Jonathan B. Baker, 2002)认为21世纪的反托拉斯事业将由后芝加哥学派主导。较为中庸的 E. T. 格雷特尔(E. T. Grether, 1959)认为,经济学内容不仅能作为庭审证据出现,而且可以提供案件分析的思想框架,未来不应当排斥经济学在反垄断法中的运用,而应当思考如何更多和更高质量地将其运用到反垄断案件分析之中。

2. 法律经济学理论研究的进展

从理论背景来看,反垄断法与法律经济学的发展密切相关。在"经济学帝国主义运动"之下,反垄断法成为法律经济学"攻城略地"的首要对象。比如,约书亚·D. 赖特等学者(Joshua D. Wright et al. , 2019)以经济学理论来分析法律现象,理查德·A. 波斯纳(Richard A. Posner, 2001)对既有法律制度提出批判、质疑并以经济学为基础提出相应的改革建议。在法律经济学视角下,经济学很大程度上采用单向视角审视已经制定的法律制度,法律现象及制度则成为进行经济分析的对象。

此种单向视角引起了部分学者的反思。比如,耶鲁大学法学院教授圭多·卡拉布雷西(Guido Calabresi, 2019)在其著作《法和经济学的未来》中,首次明确提出"法和经济学"与"法律经济学"的区别:在法律经济学中,经济学占据主导地位,法律制度及现象是分析和批判的对象;而在法和经济学中,法学与经济学之间的关系是双向互动的。① 法和经济学与法律经济学的进路分野此前虽未被明确提出,但在研究方法和研究视角上已经初见端倪,最早可以追溯至美国经济学家约翰·斯图亚特·密尔(John Stuart Mill)。作为现代法和经济学的奠基人,罗纳德·H. 科斯(Ronald H. Coase,1937)在《企业的性质》中提出了法和经济学问题的原型,此后在《社会成本问题》中更深刻地指出市场和指令不同结构中成本的内涵差异。法和经济学进路不再坚持经济学的绝对主导,并注重法学与经济学之间的互动。

卡拉布雷西对法和经济学与法律经济学的区分体现了法学与经济学交叉研究的最新动向。传统上的法律经济学遵从芝加哥学派进路,将法律制度及现象视为分析和研究的样本,对不符合经济学假说、模型的法律制度或案件提出驳斥、批判,属于经济学向法学领域映射的单向进路。而卡拉布雷西教授提出的法和经济学的立场不同于法律经济学,其更重视法律与经济学的互动,甚至提出法学家推动经济学自我改造和自我强化的可能性。这提供了颠覆反垄断经济分析传统路径的可能性:传统的反垄断分析严格遵从芝加哥学派进路,以经济学的单向视角审视、检验以及批判反垄断法;而在法和经济学的视角下,至少可以考虑如何从法律视域、法学立场去看待并审视经济学可能存在的问题及缺陷。在经济学与反垄断法关系的研究中,国外法律经济学理论研究的新进展很大程度上提供了新的视角和维度。

(二)国内研究进展

1. 反垄断法与经济学关系问题的研究

在我国反垄断法研究中,经济学应当如何运用以及处于何种地位等问题同样已经受到关注。有学者认为,反垄断法内部存在两大不同板块——经济分析与法律形式主义,应当注重二者的协调发展(叶卫平,2018)。就二者功能而言,经济学只是为反垄断法的解释提供分析思维与方法,不能替代反垄断认定的法定依据——反垄断法(孔祥俊,2022;金善明,2018)。对于经济学效率价值问题,仍有不少学者追随芝加哥学派理论,主张将效率作为反垄断法唯一或最重要的价值目标(喻玲,2020;胡甲庆,2007;颜运秋,2005);但也有学者对反垄断法的"唯效率论"提出尖锐批判,认为这会导致反垄断法"向效率促进法的沦丧"(兰磊,2014)。

---

① 具体参见[美]圭多·卡拉布雷西:《法和经济学的未来》,郑戈译,中国政法大学出版社2019年版,第1~29页。卡拉布雷西对法和经济学与法律经济学作出明确区分,属于法律经济学的新进展,同时也代表着法律经济学的内部分化。

反垄断分析框架的建立需要法律分析和经济分析的密切配合,即首先根据反垄断法的构成要件判定是否构成垄断行为,其次对该行为的正负效果进行经济分析(许光耀,2015)。即便在反垄断法中引入经济学,也要重视可能存在的若干难题:一是经济学本身的科学性及确定性难以与自然科学并肩,与法律稳定性之间存在矛盾;二是不同的经济学流派对同一问题可能难以达成一致意见;三是日益复杂的经济学理论和工具可能给法官和律师带来难题(李胜利,2015)。在反垄断法的经济分析与法律分析之间,需要注意操作层面的断裂问题以及价值层面的效率一元化问题(李剑,2011)。与批判性观点不同,有学者认识到经济分析对于克服反垄断法本身的不确定性具有重要意义(沈敏荣,2000)。

2. 经济学家参与案件的角色及意见可采性

经济学家参与案件的方式及角色,属于反垄断法的程序建构问题。经济学家主要基于自身的专业知识和分析技术参与到案件之中,不同于一般案件中的证人。然而,经济学家属于专家证人还是专家辅助人目前仍未明确(朱战威,2022;毕玉谦,2019;郭华,2016)。在证据法学理论上,"具有专门知识的人"这一制度的定位存在分歧:一种观点认为"具有专门知识的人"属于美国等判例法国家中的专家证人(喻玲,2010;易建雄,2009),主张其应从专家辅助人向专家证人的角色转变(张保生、董帅,2020);另一种观点则认为"具有专门知识的人"制度属于我国创设的一项特有制度,制度背景和功能不同于专家证人制度,是一种专家辅助人制度(毕玉谦,2016;郭华,2016)。对此,基于中国证据实践需求建构具有专门知识的人的资格要件非常必要(毕玉谦,2019;刘慧,2018)。

对于经济学家意见是否具有可采性、如何采信等问题,在"奇虎360诉腾讯案"中,司法机关对经济学家意见主要从以下方面审查:该意见是否具有充分的事实或者数据基础;该意见是否运用了合理、可靠的市场调查或者经济分析方法;该意见是否考虑了可能改变市场调查或经济分析结果的相关事实;专家是否尽到了专业人员所应具有的谨慎和勤勉。从内容上来看,该案中的专家意见审查主要借鉴了美国专家意见采信规则。英美法系专家意见的可采性标准主要在"弗赖依案"[1]"多伯特案"[2]中不断发展成型(罗芳芳,2015;季美君,2008)。大陆法系由专家出具的鉴定意见,在英美法系中被称为专家证据(朱海,2019),体现了二者发展的背景差异。对

---

[1] Frye *v.* United States (D. C. Cir. 1923) 293F. 1013.

[2] Daubert *v.* Merrell Dow Pharmaceuticals, Inc., 509 U. S. 579 (1993).

反垄断法中的经济学家意见的采信,可以借鉴美国专家意见可采性标准(杨文明,2017;胡甲庆,2011)。

3. 经济学融入反垄断法的法理基础

经济学与反垄断法的融合,在法学理论上实质上是法学如何与外部经验世界连接的问题。对此,外在视角与内在视角大致对应了社科法学与法教义学研究的路径差异:

其一,社科法学主要关系到经济学知识如何介入反垄断法律实践及其功能作用。社科法学大体上属于法律外部视角(郑智航,2022)。通过经济学视角对法理学主题进行重述,将实质正义与形式正义的经济学目标分别解释为减少法律决策的误差损失和降低法律运行的信息费用(熊秉元,2014;桑本谦,2011),属于社科法学的外部视角运用。经济学如何运用于案件裁判的问题,对应社会科学知识、法律学说等非规范要素如何运用于司法裁判的理论命题。有学者指出理论学说在司法裁判说理、论证和适用三个环节均适用(侯猛,2022;彭中礼,2020)。社会科学知识主要作为经验证据帮助查明案件事实,"奇虎360诉腾讯案"说明中国在社会科学进入司法裁判方面的证据制度上存在障碍(侯猛,2015)。还有学者指出案件裁判中的社会科学判断应当坚持"法学前置"的原则,是否运用、如何运用社会科学,主要取决于法官对法律争议点的预先评估(王云清,2016)。

其二,法教义学主要关系到经济学知识在法律体系中的规范性角色。法教义学基本上可以归属为法律内部视角(雷磊,2023;谢定海,2014),更重视法律体系的规范性和统一性。经济学在反垄断法体系中的规范性问题,在法学一般理论中对应着法教义学的理论路向。有学者从裁判理论、法概念论及法学理论三个层面论述经验事实(社科知识)的法律意义,认为不仅不应排斥经验事实与价值判断在案件裁决中的运用,反而需重视如何将这些因素"转译"或"编码转换"以参与法律论证和规范构造(舒国滢、王夏昊、雷磊,2019),此属于法教义学的内部视角。

三、研究立场阐明

美国兴起的"新布兰代斯运动"反映了反托拉斯"效率一元论"及经济分析在美国所遭遇的现实困境。自从反托拉斯"经济学革命"以来,美国反托拉斯法主要依靠高度技术化、模型化的经济分析实施,背后所依赖的乃是新古典经济学市场万能、市场自我矫正理论,从理念上极端抗拒国家对经济生活的介入和干预,从而消极对待反托拉斯法的实施。在此背景下,西方又一次爆发了大规模的社会政治运动,要求强化反托拉斯法的实施力度并且承认反托拉斯法的多元价值目标。"新布兰代斯运动"的出现说明高度抽象化、技术化的经济分析已经显现出与现实脱节的风险,存在进行系统反思的必要性。有鉴于此,需要重新思考经济学在反垄断法中的功能限度,即经济学在法律价值、文本规范及事实认定三个维度可能面临的边界。在我国经济学与反垄断法的关系定位中,本书所持的基本立场如下:

一是改变经济学透视法学的单向视角,从法学视角反观并约束经济学效率理论。我国反垄断法已经从最初的移植向本土化过渡,开启了基于本土实践的理论建构,而其中绕不过的是如何对待经济学效率理论的问题。与早期对芝加哥学派毫无批判地介绍与引入相比,近年已经开始出现反思经济学与反垄断法关系的理论成果,甚至开始出现以批判性的眼光看待芝加哥学派极端效率理论的成果,来自法学立场的研究视角明显增强。对二者关系的研究应尝试从法学立场解读经济学与反垄断法体系所形成的断裂、分歧,而不是单纯地依靠经济学理论要求反垄断法必须"削足适履"地遵从经济学。无论如何,单向的经济效率进路缺少对法律正义价值体系的尊重和包容,亦难以为经营者提供稳定的行为预期,是本书所要反思和批判的对象。

二是回归反垄断法是"法"的基本属性,充分借鉴法教义学的理论资源探寻反垄断法的规范意义。法教义学与社科法学之争为经济学在反垄断法中的功能界定提供了丰富的方法论资源。从经济学视角去观察法律,或者从法学视角去审视经济学,两者的预设立场、分析方式及最终结论可能截然不同。国内社科法学与法教义学即是从两个完全不同的视角来处理非规范因素的问题,社科法学选择外部视角,法教义学选择内部视角。就一般理论而言,选择何种视角均可,两者甚至可能形成良好的互补关系;但就反垄断法的研究而言,长期以来一直是芝加哥经济学理论的外部视角占据主导地位,极度缺乏来自法学立场的内部视角对经济学的观察和审视。基于此,运用法教义学的理论资源对外部经验事实、社会科学知识进行"编码转化"或"转译"的技术尤其重要。只有采用法教义学的理论资源,才能使经济学理论、术语及模型工具获得法学体系内的规范意义。

三是对接一般证据理论体系,科学定位经济学家在反垄断案件中的庭审功能。相比于传统部门法,反垄断法在庭审实践方面存在着明显的问题:一方面具有高度的专业性,另一方面却缺乏法定化、规范化的鉴定制度。因此,经济学家在案件中一直缺乏明确的法律定位。自"奇虎360诉腾讯案"起,法律实践中开始形成专家证人与专家辅助人两种不同的理论定位,但仍无法满足经济学家证明功能的发挥和立场中立性的保障要求。目前,理论界和实务界开始关注经济学家在案件中的证明角色及功能问题并尝试进行专门解决。因此,在符合一般证据理论体系的前提下,需要根据经济学家的独立特点设计相应的出庭作证制度。

第一章　经济学与反垄断法的历史流变

经济学与反垄断法并非天然地交织在一起,而是经过了漫长而复杂的历史演化过程。在反垄断法发展的过程中,经济学经历了从无到有、从引入到巅峰、再从巅峰走向式微的不同阶段。最初反垄断立法主要是社会政治运动的结果,与经济学并无直接关联。此后随着反垄断实践需求经济学得以逐步引入,而芝加哥学派"经济学帝国主义运动"则将经济学在反垄断法中的功能及地位推向了巅峰状态。尽管存在后芝加哥学派的批评和反思,芝加哥学派经济学理论在反垄断法实施中一直居于主流地位。不过,21世纪初在美国兴起的新布兰代斯学派(New Brandeis School)已经对之发起挑战,试图引入社会政治因素以颠覆经济学的主导地位。

第一节　反垄断法肇始时期经济学的缺位

19世纪末的美国是反垄断法的肇始之地。美国反垄断法对经济学的引入和运用有着完整的历史链条,能够为二者关系展现出一个清晰的演进脉络。世界上第一部反垄断立法——《保护贸易和商业不受非法限制和垄断的侵害法》(以下简称《谢尔曼法》)①很大程度上是社会政治运动的结果,而非经济学推动的结果。彼时,哈佛学派、芝加哥学派及后芝加哥学派等主要经济学流派尚未产生,经济学处于"不在场"的状态。即便在该法通过后的一段时期内,法院对相关案件的裁决仍未涉及经济学理论,而是采取传统法律解释的形式主义(formalism)方法。

一、最初立法的经济社会背景

《谢尔曼法》之所以诞生于1890年的美国,主要是因为当时整个社会受到日益高涨的垄断浪潮的显著影响。推动社会政治运动的内在力量是

---

① 虽然加拿大在1889年已经颁布了《预防和禁止限制贸易的合并法》,属于反垄断法上的经营者集中立法,但由于该法并未产生实质性影响,所以习惯上仍将《谢尔曼法》作为世界上第一部成文的反垄断法。

人们在无法控制托拉斯(Trust)这一庞然大物时所产生的担忧和恐惧心理。实际上,美国最初的反垄断立法通过之时,经济学仍独自运行在自己的轨道上,二者尚未产生明显交集。

(一)各行业的合并浪潮

《谢尔曼法》通过之前,美国国内各行业普遍经历了从普尔(Pool)到托拉斯的合并浪潮。其中,美国铁路业是首个出现合并浪潮的行业。铁路业具有明显的规模效应特征,建造铁路的成本是固定的,获取利润的主要方法就是尽可能大规模地运送乘客和货物。铁路运输的特点决定了规模越大越具有竞争优势。蒸汽机车主要发明人乔治·斯蒂芬森(George Stephenson)认为,"铁路运输业必须走联合或合并之路,否则两家铁路公司在同一市场竞争将带来两败俱伤的后果,消费者也不得不支付更高的价格。如果紧邻的两家公司能够合并起来,成本必然显著下降,远距离旅行和运输也将变得更加便宜"。[1] 这种预言很快成为铁路业的现实写照。

铁路业最初的集中方式是普尔。普尔是指各种限制或弱化竞争的协议与联合,主要通过集中经济要素完成公司之间的联合。普尔属于联合的初级形式,每个公司都保持自己的独立地位,接受维持或抬高其产品未来价格的条款。[2] 从现代反垄断法视角看,普尔实际上是经营者之间达成的初级垄断协议,主要表现为铁路公司之间的横向联合。普尔的一种重要表现形式是产量管制普尔,即通过约定限制产量,确保协议成员能够获得超额利润。普尔组织要求每家铁路公司只关注自己的运输份额,其运输份额不能超过从普尔组织中分配的运输比例,若有违反则要受到处罚。[3] 不过,由于普尔组织的成员具有独立性且存在激烈的内部博弈,普尔具有极大的不稳定性。

为了解决普尔的不稳定性问题,更高级的托拉斯垄断组织开始出现,并逐步成为美国主要的垄断形式。托拉斯的原意是信托,指受托人基于委托人的信任,以名义所有人身份,就委托人授予的财产为受益人的利益进行管理和处分的行为。[4] 不过在美国企业的合并浪潮中,托拉斯却获得了全新的含义,至今仍是垄断的代名词。在反垄断法上,托拉斯是指"由

---

[1] [美]查理斯·R.吉斯特:《美国垄断史——帝国的缔造者和他们的敌人》,傅浩等译,经济科学出版社2004年版,第5~6页。
[2] 参见王建红:《权力的边疆:美国反垄断制度体系确立路径研究(1890—1916)》,经济管理出版社2012年版,第30页。
[3] 参见王建红:《权力的边疆:美国反垄断制度体系确立路径研究(1890—1916)》,经济管理出版社2012年版,第30页。
[4] 参见薛波主编:《元照英美法词典》,北京大学出版社2017年版,第1360页。

多家企业联合组成的垄断组织,旨在加强竞争力,垄断销售市场,谋取高额利润"①。具体操作上,由受托董事会对组成公司所有资本股票实施委托管理,原始持股人从受托董事会获得受托证明,以代替对原公司财产权的控制,最终获得分红。② 这实际上是现代反垄断法上的经营者集中行为,即大企业并购小企业之后,分配给原股东合并企业的一部分股权,以实现企业规模的不断扩张。

托拉斯组织在石油行业表现得尤为明显。第一家采用这种组织形式的企业是标准石油公司(Standard Oil Company)。1870年,约翰·D. 洛克菲勒(John D. Rockefeller)成立标准石油公司,1872年起便开始对外迅速并购扩张。以克利夫兰(Cleveland)地区为例,1872年之初该地区尚有26家精炼石油公司,"1872年石油战争"(the Oil War of 1872)之后仅剩余6家公司。③ 为更好地控制收购的财产,1879年标准石油公司拟定了相关股权托管协议,开始组建"标准石油托拉斯"。1882年,标准石油公司进一步修订了托拉斯协议,使成员公司的所有股东失去了对原公司的控制权,仅享有托管理事会管理之下的财产的一定比例收益,由此获得托拉斯形式的巨大成功。原股东获得收益权的条件是放弃管理权,以交换代表财产估值的托拉斯证明,如此才有资格享有相应的股份收益权。通过此种方式,标准石油公司掌握了全美90%~95%的原油精炼加工能力,并成立了由9人组成的托管理事会进行集中控制。④ 这种全新的垄断组织帮助标准石油公司逐步建造起了一个庞大的石油帝国。

石油行业托拉斯的成功引发了广泛的效仿。紧随其后,1884年"美国棉籽油托拉斯"成立,1885年"亚麻籽油托拉斯"成立,1887年"威士忌托拉斯"成立。可以说整个19世纪后期,美国"从石油、钢铁、煤炭、铁路、铝业、水泥到威士忌、香皂、洗涤剂、砂糖等生活物资,均由寡头垄断企业和大型托拉斯供应"⑤。这些巨型托拉斯垄断了各个行业,不断抬升价格、排除竞争对手,很快引发了严重的社会问题。风起云涌的反垄断运动和剧烈的政治风暴由此而起。

---

① 薛波主编:《元照英美法词典》,北京大学出版社2017年版,第1360页。
② 参见王建红:《权力的边疆:美国反垄断制度体系确立路径研究(1890—1916)》,经济管理出版社2012年版,第37页。
③ See Ida M. Tarbell, *The History of the Standard Oil Company*, Createspace, 2013, p.57.
④ 参见王建红:《权力的边疆:美国反垄断制度体系确立路径研究(1890—1916)》,经济管理出版社2012年版,第35页。
⑤ [日]泉田成美、柳川隆:《产业组织理论基础》,吴波等译,机械工业出版社2015年版,第4~5页。

(二)风起云涌的反垄断运动

1. 农业领域的"格兰奇运动"

"格兰奇①运动"(Granger Movement)是一场产生于农业领域,对抗铁路托拉斯的农民运动。② 该运动主要源于铁路业托拉斯,利用其对铁路运输的控制向农民征收高额运费。由于铁路业托拉斯的市场力量强大,铁路运营者和谷物装卸商(通常也归属于铁路运营者)均对粮食运输收取高得离谱的费用,严重侵害了农民利益。加之1873年美国爆发了一场经济危机,农产品价格猛烈下跌,铁路业和装卸商的垄断行为进一步恶化了农业的市场环境。为应对铁路业托拉斯造成的利益损失,农民纷纷加入"格兰奇运动",同样受到盘剥的大批城镇小商人和小企业主也积极追随。③

通过积极的政治活动,"格兰奇运动"取得了显著成绩。首先,推动威斯康星、明尼苏达、伊利诺伊及爱荷华等州通过了管制铁路的立法,这些立法甚至被称为"格兰奇法"(Granger laws)④。管制性立法的主要内容是对铁路运输规定最高限价,并且对收费率、长短途和小额货运的价差作出规定。这些立法迅速传播,获得了包括美国农民在内的中下层民众的广泛支持。其次,赢取了"格兰奇案"等相关司法诉讼的胜利。"格兰奇案"全称是"芒恩诉伊利诺伊州案"。⑤ 该案中商人芒恩(Munn)无执照经营一所粮仓并且对农民收取高于伊利诺伊州法律规定的仓储费。伊利诺伊州最高法院判决芒恩违反了州立法,芒恩不服向美国联邦最高法院提起上诉,认为州层面管制价格的立法违背了美国宪法第十四修正案。1877年,美国联邦最高法院判定芒恩经营的粮仓不仅仅属于私人财产,更涉及公共利

---

① 国内有学者译为"格兰杰",同时国内还存在"格兰其""格朗杰"等不同译法,为保持统一本书将Granger均译为"格兰奇"。其他译法具体参见[美]查理斯·R.吉斯特:《美国垄断史——帝国的缔造者和他们的敌人》,傅浩等译,经济科学出版社2004年版,第1~30页;王建红:《权力的边疆:美国反垄断制度体系确立路径研究(1890—1916)》,经济管理出版社2012年版,第57~58页。

② See The Editors of Encyclopaedia Britannica, *Granger Movement: American Farm Coalition*, (Feb. 19, 2023), https://www.britannica.com/event/Granger-movement. "格兰奇运动"最初发起者是奥利弗·H.凯里(Oliver Hudson Kelley),他曾是一名美国农业部的雇员,到美国南部考察时被当地农民的落后境地和无知状态所震惊。1867年,凯里成立了"农业保护者协会"(Patrons of Husbandry),其宗旨是倡导农民互助合作以不断改善境况。1870年之后运动逐渐转向政治领域,获得了越来越多的追随者。

③ 参见李胜利:《美国联邦反托拉斯法百年:历史经验与世界性影响》,法律出版社2015年版,第10页。

④ Rudolph J. R. Peritz, *Competition Policy in America: History, Rhetoric, Law*, Oxford University Press, 1996, p.18.

⑤ Munn *v.* Illinois, 94 U.S. 113 (1877).

益,州层面有权进行法律管制。通过"格兰奇法"和相关诉讼案件,铁路业托拉斯及其合作者侵害农民的垄断行为得到有效遏制。除"格兰奇运动"外,与之较为相似的"绿背纸运动"、无政府主义及平民党运动等均蓬勃兴起,影响着农业领域的反垄断运动。

2. 铁路行业的全面管制

铁路业的垄断影响不仅限于农业领域,而且广泛存在于社会各领域。有美国历史学家曾如此描述铁路,在短短一代人的时间里,希望和繁荣的引擎变成了咆哮的、冒着黑烟的恶魔。① 铁路垄断问题推动管制运动全面开展,催生了一大批铁路管制立法,并以此为基础成立了许多管制机构。19世纪60年代,铁路管制立法率先出现在美国伊利诺伊州。1865年"伊利诺伊州众议院以62∶1表决通过了成立铁路委员会的议案"②,不过该议案未能在参议院获得通过;直至1867年,"伊利诺伊州参议院以57∶24表决通过了管制本州铁路公司不合理运费的法案"③。由此,伊利诺伊州立法机构确立了对铁路客货运价格规制的权限。此后,1869年,在查尔斯·亚当斯(Charles Adams)的推动下,马萨诸塞州成立了铁路监管委员会。该委员会致力于将铁路系统内的垄断问题暴露于阳光之下,被称为"阳光委员会(Sunshine Commission)",④获得了良好的声誉。

然而,美国州层面的监管却因铁路业托拉斯的贿赂和政治腐败问题而大打折扣,甚至发生监管机构自行解散的滑稽现象。历史学家劳伦斯·M. 弗里德曼(Lawrence M. Friedman)曾描述道,铁路业是腐败的,过度资本化并且负债累累,受州外利益集团控制并处于垄断地位。它们相互交恶,彼此争吵不休。它们操纵州政府,实施游说并对公职人员加以诱惑。⑤ 在此背景下,美国铁路管制历史上出现了最滑稽的一个现象,即纽约铁路监督委员会被铁路业托拉斯收买并自行宣布解散。1855年,纽约铁路监督委员会成立后,铁路业托拉斯向委员们付清了应得的报酬并建议该委员会解散。两年后,该委员会根据铁路业托拉斯的建议自行宣布解散。⑥ 由此可见,美国各州层面对铁路监管的立法和机构虽然起到了一些作用,但仍面临诸多问题。同时,即便监管是有效的,也仅限于本州范围内,无法彻

---

① 参见[美]劳伦斯·弗里德曼:《美国法律史》,周大伟译,北京大学出版社2020年版,第532页。
② Journal of Illinois Senate (1865), p. 134, 185, 205, 299.
③ Journal of Illinois House (1867), p. 45, 47, 82, 97, 240, 314, 446.
④ 参见[美]查理斯·R. 吉斯特:《美国垄断史——帝国的缔造者和他们的敌人》,傅浩等译,经济科学出版社2004年版,第11页。
⑤ 参见[美]劳伦斯·弗里德曼:《美国法律史》,周大伟译,北京大学出版社2020年版,第532页。
⑥ 参见[美]劳伦斯·弗里德曼:《美国法律史》,周大伟译,北京大学出版社2020年版,第533页。

底解决铁路业托拉斯跨州垄断的问题。

最终,美国铁路管制运动从各州扩展到联邦层面,为反垄断立法做了直接准备。由于州层面管制的局限性,联邦层面开始介入铁路管制问题。1887年,美国《州际商业法》(Interstate Commerce Act)获得通过,秉承了"格兰奇运动"的基本理念——出于公共利益的考虑,铁路业应当受到严格管制。同时,该法创建了一个新的规制机构——州际商业委员会(Interstate Commerce Commission),这是美国国会建立的首个州际商业管制部门。① 州际商业委员会独立于总统运行,开创了联邦政府规制经济的先河。该委员会的监管范围从最初的铁路行业逐步扩展到其他州际商业活动。② 由此可见,广泛存在于经济领域的托拉斯已经成为普遍关注的政治问题,并由此推动着相关立法的出台。

3.政治领域的立法运动

风起云涌的民众运动使垄断问题在整个社会范围内都受到关注,美国国会立法也开始响应社会民众公平意识的觉醒,准备以专门立法的形式反对大企业或企业间联合。在1888年美国总统竞选中,反垄断成为最吸引人的竞选纲领,几乎所有候选人都对托拉斯表达了谴责。美国俄亥俄州的参议员约翰·谢尔曼(John Sherman)也参与了这次总统竞选活动,其将制裁托拉斯作为未来的施政重点。虽然谢尔曼议员败给了最终当选美国第23任总统的本杰明·哈里森(Benjamin Harrison),但他仍然在参议院任职,并依旧致力于推动反垄断立法运动。

1888年8月,谢尔曼议员提交了一份法案,希望通过征税来控制托拉斯。该法案主张"个人与企业意图阻止自由竞争的所有协议、合同均属非法","竞争者之间缔结合同,旨在提高商品价格的行为属于非法"③。随后,谢尔曼极富激情地向美国参议院全体会议发表立法演讲,"所有商业安排、合同、协议、托拉斯或合并,无论意在阻止充分和自由竞争还是提高消费者成本,均违反公共政策、非法且无效"④。1889年1月,美国参议院第二次全体会议开始了对该法案的辩论。在此期间,新泽西州(又称花园

---

① 参见[美]查理斯·R.吉斯特:《美国垄断史——帝国的缔造者和他们的敌人》,傅浩等译,经济科学出版社2004年版,第18页。
② 参见李胜利:《美国联邦反托拉斯法百年:历史经验与世界性影响》,法律出版社2015年版,第19页。
③ 参见王建红:《权力的边疆:美国反垄断制度体系确立路径研究(1890—1916)》,经济管理出版社2012年版,第64页。
④ H. R. Misc. Doc. No. 124, 50th Cong., 1st Sess., 19 Cong. Rec. 719 (1888) [in substitution of H. R. REP. No. 67, introduced by Representative William Mason (R. Ⅲ.)].

州)立法机构通过了其支持自由化的公司法,转而允许公司收购其他公司的股票。棉油托拉斯和砂糖托拉斯分别逃离了路易斯安那州和纽约州,两者此后在新泽西州合并。纽约、特拉华等州很快也通过了类似法规。① 这些坚持放任自由主义的立法与反垄断立法的干预思想背道而驰。可见,当时放任自由主义仍然占据相当地位,与反垄断法的干预主义形成对峙。

经过一年多时间的激烈辩论甚至是利益交换,美国参议院司法委员会最终以31∶28的唱名表决方式通过了谢尔曼议员的法案。此后法案的通过则较为顺利:1890年4月,以51∶1的比例在参议院获得通过;6月20日,以242∶1的比例在众议院获得通过。1890年7月2日,哈里森总统签署了法案,由此《谢尔曼法》生效。② 《谢尔曼法》的全部内容共7条,对共谋性垄断行为作了宣言式禁止,主要目的是实现对托拉斯的法律控制,体现着民众朴素的公平意识与民主理念。有学者评论道,"与其说它是一种经济性的法令,不如说是一种注入了政治激情的宣言"③。可见,《谢尔曼法》是蓬勃开展的美国社会政治运动的直接结果,而并非经济学发展的理论产物。

(三)影响立法的社会思潮

《谢尔顿法》的出台,除了受社会政治运动的直接推动之外,更受到当时美国社会思潮的深刻影响。比如,"大即是坏"的民粹主义思想、弱者保护的朴素公平意识等积极推动着反垄断立法的出台。与之相反,社会达尔文主义及放任自由主义思想则成为制约因素,阻碍着反垄断立法的出台。

1."大即是坏"与弱者保护意识的立法推动

(1)"大即是坏"的民粹主义思想

首先,历史上从未出现的大型托拉斯引发了社会公众的担忧,人们感性地认识到大企业带来的各种危害和问题,进而产生"大即是坏"的简单认知。在《谢尔曼法》通过前,美国经济集中度日益提高,工业托拉斯也纷纷崛起。铁路大亨已经控制了重要的铁路枢纽,而垄断性企业主导了石油、糖、烟草、钢铁等多个领域。④ 路易斯·D.布兰代斯明确提出"大企业的诅咒"(A Curse of Bigness)的观点,认为"大"是货币托拉斯得以形成的重

---

① See Rudolph J. R. Peritz, *Competition Policy in America*: *History*, *Rhetoric*, *Law*, Oxford University Press, 1996, p. 13.
② 参见李胜利:《美国联邦反托拉斯法百年:历史经验与世界性影响》,法律出版社2015年版,第21~22页。
③ 辛海笑:《美国反托拉斯理论与政策》,中国经济出版社2005年版,第4页。
④ See Lina M. Khan, *The Ideological Roots of America's Market Power Problem*, 127 Yale Law Journal Forum 960 (2018).

要因素,包括庞大的铁路系统、巨型的产业托拉斯、大型的公共服务企业。① 个别投资银行通过对信贷系统的控制,不断拓展商业帝国,通过关联银行、托拉斯集团、人寿保险公司等掌握了大量的公共服务及制造企业,缺少它们的参与或支持,几乎没有企业能够做强做大。② 因此,在反垄断法研究中,往往将同情中小企业、厌恶大企业的思想称为"民粹主义"(Populism)。③

其次,"大即是坏"思想由美国社会层面蔓延到政治领域后,美国立法机关意识到不受制约的托拉斯力量可能会威胁政治自由和民主,从而开启对大型托拉斯的立法控制。大型托拉斯虽然不直接掌握政治权力,但基于经济力量同样会对社会政治产生深刻影响。谢尔曼议员呼吁:"如果我们不能忍受政治领域的暴君,我们同样也不能忍受一个控制着我们生活必需品生产、运输、销售的暴君。"④可见,美国最初的反垄断立法动力主要是基于对大型托拉斯集团的本能恐惧。"19世纪美国对垄断的讨论,不仅关注垄断价格,而且至少同样关注'庞大'本身。"⑤通过《谢尔曼法》的目的在于,对过于集中的经济力量进行分散,防止其排挤竞争对手、盘剥消费者甚至影响民主政治。这种基于对大型托拉斯的担忧而引发的立法运动,虽然因缺乏明确的理论基础和体系化的哲学思想而被诟病为敌视大企业的"民粹主义",⑥却反映了当时社会公众利益被侵害或剥夺而理论又无法作出及时回应的现实困境。

(2)弱者保护的朴素公平意识

大型托拉斯集团对中小企业、消费者、农民等群体的利益侵害催生了朴素的公平意识,对弱者方进行保护的朴素思想从另一个侧面推动着反垄断立法。从《谢尔曼法》的制定背景看,大型托拉斯形成以后,为攫取高额的垄断利润,不断采取各种手段排挤竞争对手、迫使社会公众支付垄断高价,激起了民众朴素的公平意识,引发了轰轰烈烈的社会运动。之所以规

---

① See Louis D. Brandeis, *Other People's Money and How the Bankers Use It*, Barnes & Noble, Inc., 2011, p.459.
② See Louis D. Brandeis, *Other People's Money and How the Bankers Use It*, Barnes & Noble, Inc., 2011, p.69.
③ Barak Orbach, *Antitrust Populism*, 14 New York University Journal of Law and Business 1 (2017).
④ 21 Cong. Rec. 2457(1890).
⑤ [美]赫伯特·霍温坎普:《联邦反托拉斯政策:竞争法律及其实践》,许光耀等译,法律出版社2009年版,第55页。
⑥ See Barak Orbach, *Antitrust Populism*, 14 New York University Journal of Law and Business 1 (2017).

制托拉斯的形式,是因为其有足够的市场力量来提高价格,进而不公平地剥夺消费者的利益,将之转化为垄断利润。① 被排挤出市场的中小企业、被剥夺经济利益的消费者、被迫支付高昂运费的农民,基于本能或朴素的公平意识所发起的反垄断运动,成为最初反垄断立法的坚实力量。基于此维度亦不难看出,《谢尔曼法》并非受经济学影响所诞生的理论产物,而是同民众对朴素的公平观念的追求存在密切关系。

　　对中小企业、消费者及农民等弱势方的保护亦较为明显地体现在立法辩论过程之中。首先,美国国会的立法辩论清楚地表明,《谢尔曼法》的一个重要目的是保障中小企业的生存机会。由于标准石油公司广泛采取掠夺性定价的策略挤垮了许多中小炼油厂,该法明确禁止了掠夺性定价行为,以保证中小企业在市场上的竞争机会。② 众议员梅森(Mason)认为,"一些人认为,托拉斯可以使产品更便宜、降低价格;然而,如果石油的价格降低到一桶一美分,这些托拉斯将破坏正当的竞争、将诚实经营的人逐出行业,对这个国家的人民犯下的错将无法得到纠正"③。从保护中小企业生存机会的角度看,即便掠夺性定价短期内会使消费者受益,也属于反托拉斯法所禁止的重要垄断行为。其次,《谢尔曼法》禁止利用市场力量提高价格、限制产量的行为,使消费者、农民利益成为立法中的重要考量因素。立法辩论过程显示,之所以认定垄断价格为非法,很大程度上是因为其不公正地将原本属于消费者的利益抽走,转化为企业的垄断利润。国会议员科克(Coke)将这些过高定价指控为"抢劫"④,威尔逊(Wilson)也抱怨称牛肉托拉斯"一端掠夺农民,另一端掠夺消费者"⑤。综上,无论是保护中小企业还是消费者、农民等群体,均体现着对弱者保护的朴素公平理念的追求。

　　2. 社会达尔文主义与放任自由主义的反向制约

　　社会达尔文主义和放任自由主义思想并不支持具有国家干预性质的立法,对《谢尔曼法》起着反向制约作用。1859年11月,达尔文发表其著作《物种起源》。此后,关于"物竞天择,适者生存"的进化论广为人知,并

---

① See Robert H. Lande, *Wealth Transfers as the Original and Primary Concern of Antitrust: The Efficiency Interpretation Challenged*, 34 The Hastings Law Journal 65 (1982).
② See Robert H. Lande, *Wealth Transfers as the Original and Primary Concern of Antitrust: The Efficiency Interpretation Challenged*, 34 The Hastings Law Journal 65 (1982).
③ 21 Cong. Rec. 4100 (1890).
④ 21 Cong. Rec. 2461 (1890).
⑤ 21 Cong. Rec. 4098 (1890).

在社会学领域产生显著影响,由此衍生出"社会达尔文主义"(Social Darwinism)①。其实,早在《物种起源》出版之前,英国哲学家、社会学家赫伯特·斯宾塞就已经提出"适者生存"(survival of the fittest)的理念,并且对政府干预社会自然演化结果的行为提出批评,包括政府对经济的干预和对贫困人口的救济。② 持类似观点的社会达尔文主义者认为,社会领域同自然界一样均应当根据自然法则运行,更有能力、更能适应社会的主体享有生存权。从分析范式上,达尔文进化论的解释框架影响力巨大,以至于在很多领域均有适用。③ 社会达尔文主义则是自然科学原理在社会科学领域的直接移植和应用。

放任自由主义与社会达尔文主义遥相呼应,二者具有极为相似的理论主张。前者源自亚当·斯密(Adam Smith)的"无形之手"理论,尊崇市场的自发调节机制,反对人为干预经济活动。这与社会达尔文主义所主张的"自然选择""适者生存""生存斗争"等理念不谋而合,二者均认为自然机制或市场机制提供了自然或社会进化的最优方案。具体到经济领域,市场竞争属于优胜劣汰的自然选择过程,只有最强、最优效率的企业才能在市场竞争中获胜。基于此,放任自由主义者认为无论市场竞争如何展开,国家均不应当进行过多干预。这种理念得到美国社会达尔文主义者的强烈拥护。威廉·G. 萨姆纳(William G. Sumner)推崇激烈的社会竞争,并据此认为各种社会不平等现象符合优胜劣汰的生存法则。因此,萨姆纳明确反对具有规制色彩的反垄断运动,比如"格兰奇运动"及其他干预社会自然演化结果的一系列运动。④ 在经济领域,社会达尔文主义与亚当·斯密一脉的放任自由主义,⑤以"自然选择""适者生存""无形之手""守夜人"等理论建立起保守主义的堡垒,排斥来自国家层面的干预措施。

在立法阶段,《谢尔曼法》面临的最大阻力正是来自社会达尔文主义与放任自由主义。反对者的一个重要理由即为企业享有免于政府干预的自由。⑥ 比如,美国国会议员约翰·W. 斯图尔特(John W. Stewart)及其追

---

① Richard Hofstadter, *Social Darwinism in American Thought*, Beacon Press, 1992, p. 358-407.
② See Richard Hofstadter, *Social Darwinism in American Thought*, Beacon Press, 1992, p. 37.
③ 参见[英]马丁·布林克沃思等主编:《进化2.0:达尔文主义在哲学、社会科学和自然科学中的意义》,赵斌译,科学出版社2018年版,第159页。
④ See Richard Hofstadter, *Social Darwinism in American Thought*, Beacon Press, 1992, p. 39.
⑤ See Thomas J. Horton, *Rediscovering Antitrust's Lost Values*, 16 The University of New Hampshire Law Review 179 (2018).
⑥ See Rudolph J. R. Peritz, *Competition Policy in America: History, Rhetoric, Law*, Oxford University Press, 1996, p. 17.

随着借助社会达尔文主义和放任自由主义，立足于企业的财产自由和合同自由，以反对《谢尔曼法》议案。① 在规制托拉斯和卡特尔（即横向垄断协议）方面，一些议员极力主张保护合同自由，认为托拉斯和卡特尔属于市场经济的自然演进过程。对于限制竞争的协议，仍不可因国家管制而侵犯合同自由。另外，许多学者认为19世纪90年代的托拉斯组织在生产方面是极具效率的。② 因此，放任自由主义的支持者以影响经济效率为由反对《谢尔曼法》的出台。可见，信奉放任自由主义的经济学家非但不支持《谢尔曼法》，反而可能属于立法过程中的反对力量。企业经营自由以及合同自由至今仍是反垄断法实施中需要回应的重要问题。

不同社会思潮之间的博弈表明，因对大企业担忧而产生的民粹主义，对中小企业、消费者、农民等弱势方持保护态度的朴素公平意识，以及源自生物学的社会达尔文主义、具有哲学思辨色彩的放任自由主义等非经济学因素对《谢尔曼法》的出台分别从正反两个方向发挥了作用。③《谢尔曼法》实质上是各种社会思潮相互角力、相互妥协的结果。总而言之，过度集中的经济力量是催生反垄断法的现实因素，反垄断立法则更多是社会政治运动推动的结果。

二、立法时期经济学的平行发展

相对于轰轰烈烈的反垄断社会政治运动而言，《谢尔曼法》立法过程中几乎看不到经济学家的身影。"在最早时期，联邦反托拉斯事务与经济学无涉，立法、实施均缺少经济学考虑……在美国联邦反托拉斯法的历程之初，经济学和经济学家基本上还只是'路人甲'。"④实际上，垄断这种现象与经济学发展阶段密切相关。在《谢尔曼法》制定之时，经济学尚独自运行在自身的发展轨道之内，未与反垄断法产生明显交集，二者处于平行向前的状态。

（一）经济学所处的历史阶段

《谢尔曼法》产生之时，经济学正由古典经济学向新古典经济学转

---

① See Rudolph J. R. Peritz, *Competition Policy in America: History, Rhetoric, Law*, Oxford University Press, 1996, p.16–17.
② See Robert H. Lande, *Wealth Transfers as the Original and Primary Concern of Antitrust: The Efficiency Interpretation Challenged*, 34 The Hastings Law Journal 65 (1982).
③ See Louis B. Schwartz, *Justice' and Other Non-economic Goals of Antitrust*, 127 University of Pennsylvania Law Review 1076 (1979).
④ 李胜利：《美国联邦反托拉斯法百年：历史经验与世界性影响》，法律出版社2015年版，第98~100页。

型,处于以数理分析为基础的边际主义革命阶段。追根溯源,经济学发端于亚当·斯密。亚当·斯密被誉为"经济学之父",是公认的经济学鼻祖。1776年亚当·斯密《国富论》的发表标志着经济学的正式诞生,开启了经济学发展的古典自由主义时期。① 可见,经济学的产生远早于1890年《谢尔曼法》,两者相距达百余年之久。经济学产生后的一百多年间均在亚当·斯密所奠基的古典经济学体系内发展,大卫·李嘉图(David Ricardo)、托马斯·R.马尔萨斯(Thomas R. Malthus)和密尔等均属于这一时期的典型学者。尽管卡尔·马克思(Karl Marx)的观点与众多学者不同,其也被认为属于古典经济学的重要一员。② 古典经济学奠定了经济学的基本方法,使经济学成为具有独立体系的科学,但尚未发展到以数理分析为基础的新古典经济阶段。

19世纪70年代,经济学开始引入数理分析,逐步进入以边际主义革命为标志的新古典经济学时期。这一时期,西方经济学经历了一次分析工具的重大变动。英国威廉姆·S.杰文斯(William S. Jevons)、奥地利卡尔·门格尔(Carl Menger)、法国里昂·瓦尔拉斯(Léon Walras)等经济学家顺次建立了英国学派、奥地利学派和洛桑学派。虽然三个学派的学说并不完全一致,但它们具有一个重要的共同点,即放弃了斯密和李嘉图的劳动价值论,并提出边际价值论,从而与马克思的劳动价值论分庭抗礼。③ 1890年,即《谢尔曼法》通过的当年,新古典经济学集大成者阿尔弗雷德·马歇尔(Alfred Marshall)出版了他的著作《经济学原理》。该著作至今仍被视为最正统的新古典经济学著作,也是继《国富论》之后的经济学巨著。作为颇具才华的数学家,马歇尔把数学引入经济学之中,使数量关系分析法更明确地演化为边际增量分析法,不仅用它分析价值问题,而且把它推广到对其他经济问题的分析上,提出均衡价格理论。④ 马歇尔以数学分析方法开启了经济学边际主义时期,被认为是新古典经济学的奠基人。

然而,这一变革的影响仅限于经济学内部,尚未向其他领域拓展,更未对《谢尔曼法》立法运动产生直接影响。从经济学发展背景来看,19世纪

---

① 参见白永秀、任保平主编:《影响世界的20位西方经济学家思想述评》,中国经济出版社2011年版,第45页。
② 参见徐高:《新—新古典综合的历史由来(上)》,载《金融博览》2021年第2期。
③ 参见高鸿业主编:《西方经济学(微观部分)》(第5版),中国人民大学出版社2011年版,第3页。
④ 参见白永秀、任保平主编:《影响世界的20位西方经济学家思想述评》,中国经济出版社2011年版,第154~159页。

末期的经济学正在经历着从古典经济学到新古典经济学的思想和方法变革,尚未将刚刚产生的垄断问题纳入重点研究范围。"《谢尔曼法》的形成与相关争论都发生在前经济学家时代,当时经济学家尚未作为一个专业的群体向立法者提供咨询服务;即便是当时能够影响立法,他们所提供的最多不过是含混、不确定的建议。"①由此可见,彼时经济学理论对反垄断法的影响极为微弱,二者在实践中仍处于互不影响的平行状态。

(二)经济学发挥的潜在功能

尽管经济学尚未对反垄断立法产生直接推动作用,但并不能由此否定二者在研究对象上的一致性和在理论上的关联性。垄断问题是经济学和反垄断法共同的研究对象,经济学关于垄断问题的讨论对未来反垄断法的实施起到了奠基作用。经济学在当时所发挥的潜在功能主要体现在以下方面。

1. 否定了垄断价格的正当性

在垄断行为的正当性方面,经济学在形成之初就指出了垄断价格可能产生的危害。亚当·斯密认识到,垄断可能破坏"无形之手"的调节作用,进而影响市场价格的自然形成。"垄断者使市场存货经常不足,从而使有效需求永不能得到充分供给。这样,它们就能以大大超过自然价格的市价出卖他们的商品,而他们的报酬,无论是工资或是利润,都大大超过其自然率。"②他甚至提出,同行业者聚集在一起几乎都是为了密谋抬高价格或垄断市场。

基于对作为"无形之手"的市场机制的维护,亚当·斯密推崇通过市场竞争形成的"自然价格",明确反对借助独占或密谋形成的"超自然价格"。"诚然,独占提高商业利润率,因而稍稍增加我国商人的利得。但由于它妨碍资本的自然增加,所以不会增加国内人民从资本利润率所得收入的总额,而是减少这个总额。大资本的小利润,通常比小资本的大利润提供更大的收入。独占提高了利润率,但使总额不能增高到和没有独占的时候一样。"③由此说明,在经济学产生之初,经济学家就已经认识到垄断对市场价格的扭曲或危害,从而较早地为反垄断事业奠定了经济学上的正当性基础。如果说经济学与反垄断法存在某种关联,最直接的就是经济学在创立之初就否认了垄断价格的正当性。

---

① Richard Hofstadter, *The Paranoid Style in American Politics: And Other Essays*, Harvard University Press, 1996, p.199~200.
② [英]亚当·斯密:《国富论》(上卷),郭大力、王亚南译,商务印书馆2014年版,第55~56页。
③ [英]亚当·斯密:《国富论》(下卷),郭大力、王亚南译,商务印书馆2014年版,第189页。

2. 孕育并催生了产业组织理论

与美国《谢尔曼法》同时诞生的新古典主义孕育并催生了产业组织理论,而产业组织理论则聚焦于非完全竞争市场的研究,并由此成为与反垄断法直接关联的经济学分支。新古典主义学者马歇尔在1890年的《经济学原理》中提出了规模经济与竞争效益的"马歇尔两难"问题,为产业组织理论的产生埋下了伏笔。具体而言,马歇尔虽然对价格机制的诠释相当深入,但对规模经济与竞争效益之间的矛盾却一筹莫展。面对大机器工业的发展,他并不知道是应该为追求规模经济而扼杀竞争,还是应该为了保持竞争活力而牺牲规模经济。于是,马歇尔提出了一个经济学领域上的"哥德巴赫猜想"式的命题,即社会经济发展可能将长期面临规模效益和竞争效益之间的两难选择。对于如何破解,马歇尔并未提供最终解决方案,而是将这道世纪难题留给经济学界继续研究。

围绕这个问题,经济学家们展开了持久而激烈的争辩,并逐步形成一门新的经济理论——产业组织理论。[1] "在经济学中,一般假设产品是在完全竞争中产生的,完全竞争市场中有众多数量的小企业,并且产品以经济效益最高的方式被生产出来,这看起来有些理想主义。在现实世界中,大多数市场是不符合这种情况的……如果生产只集中于一家或少数几家企业,那么市场结果将如何变化?产业组织理论就是研究这些问题的。"[2] 产业组织理论并非以完全竞争假设为基本前提,而是将马歇尔提出的规模经济与竞争效益的两难选择作为出发点。在此意义上,新古典主义的理论难题成为产业组织理论产生的起点。在产业组织理论体系之内,先后诞生了哈佛学派、芝加哥学派及后芝加哥学派等三个学术流派,均直接影响甚至在一定程度上主导了美国反垄断实践。

3. 为芝加哥学派提供了分析工具

新古典主义的均衡价格理论为芝加哥学派提供了分析工具。在经济学上,"均衡的最一般的意义是指经济事物中有关的变量在一定条件的相互作用下所达到的一种相对静止的状态"[3]。均衡可以分为两类——局部均衡和一般均衡,前者研究单个或部分市场,后者研究所有市场的供求和价格之间的关系。马歇尔开创了均衡分析方法并论证了单个市场均衡(局

---

[1] 参见白永秀、任保平主编:《影响世界的20位西方经济学家思想述评》,中国经济出版社2011年版,第172页。
[2] [美]林恩·派波尔等:《当代产业组织理论》,唐要家等译,机械工业出版社2012年版,第2~3页。
[3] 高鸿业主编:《西方经济学(微观部分)》(第5版),中国人民大学出版社2011年版,第21页。

部均衡)的存在,瓦尔拉斯进一步将局部均衡扩展到一般均衡,帕累托则引入了检验这种均衡是否处于最佳状态的条件[帕累托效率(Pareto Efficiency),又称帕累托最优(Pareto Optimality)],约翰·R.希克斯(John R. Hicks)和保罗·A.萨缪尔森(Paul A. Samuelson)继续探讨一般均衡的存在条件,直到"阿罗—德布鲁一般均衡模型"的提出,这种严格的公理化体系最终在德布鲁《价值理论:对经济均衡的公理分析》中得以体现。① 均衡价格理论为经济学建立了一套分析工具,并对后来的芝加哥学派分析范式产生了直接影响。

均衡价格理论提供了后来芝加哥学派的主要理论范式,使该学派的反垄断分析呈现明显的"价格中心型"特点。比如,芝加哥学派重要代表伯克认为,"反垄断分析模型的正确性取决于价格理论的正确与否,一旦这点被充分理解并获得尊重,将在根本性问题上达成更大共识"②。这里的价格理论实际上就是新古典经济学的均衡价格理论。同时,为了建构这种以抽象数理模型为基础的分析框架,新古典经济学理论不得不舍弃许多复杂的因素,将商品价值简化为价格并将二者等同视之。"马歇尔把价格和价值相互通用,不加以任何区别,以致最终完全以价格代替价值。"③最终,价格成为芝加哥学派的核心分析要素和反垄断分析的"公约数",使其主导的理论具有"迈向价格中心型反垄断法的冲动"④。新古典经济学的均衡价格理论为芝加哥学派所借鉴,后者以此为基础发展出一套能够运用于反垄断实践的分析工具。

综上所述,在反垄断法产生之初,经济学仍处于相对独立的发展阶段,并正在从古典经济学转向新古典经济学,孕育着作为反垄断经济学的产业组织理论。即使是权威的经济学家也不得不承认,经济学界对美国1890年通过的《谢尔曼法》及1914年的后继立法并没有产生明显影响,⑤更不涉及复杂的量化分析技术运用。关于经济学与反垄断法的关系,这个时期的反托拉斯法更像是对分权、民主等政治观念的一种宣言式捍卫。易

---

① 参见白永秀、任保平主编:《影响世界的20位西方经济学家思想述评》,中国经济出版社2011年版,第170~172页。
② Robert H. Bork, *The Antitrust Paradox: A Policy at War with Itself*, Basic Books, Inc. Publishers, 1978, p.116–117.
③ 白永秀、任保平主编:《影响世界的20位西方经济学家思想述评》,中国经济出版社2011年版,第166页。
④ [美]莫里斯·E.斯图克、艾伦·P.格鲁内斯:《大数据与竞争政策》,兰磊译,法律出版社2019年版,第126页。
⑤ George J. Stigler, *The Economists and the Problem of Monopoly*, 72AM. Econ. Rev. 1982, p.6.

言之,即便此阶段经济学对垄断现象进行了初步论述,仍未直接推动《谢尔曼法》的立法实践。此时,经济学更多地发挥潜在功能,为未来反垄断法的实施奠定了理论基础并提供了方法工具。由此可见,在世界上最早的反垄断法——《谢尔曼法》产生之时,经济学实际上处于缺位状态,二者在各自轨道上平行发展。

三、早期司法的形式主义

在缺乏经济学支持的情况下,如何适用《谢尔曼法》对相关反垄断案件作出裁决?最初,美国联邦最高法院主要依靠传统上法律适用的文义解释方法,其又被学者称为"反垄断形式主义"(antitrust formalism)①。当遭遇解释困境之后,美国联邦最高法院逐步发展出以效果为标准的合理原则,从而打开了经济学引入的"潘多拉魔盒"。

(一)文义解释初步适用于案件裁决

《谢尔曼法》通过之初,美国联邦最高法院主要采用文义解释的方法处理相关案件。第一个上诉到联邦最高法院的案件是1895年"美国诉奈特公司案"②,该案最终被法院驳回,理由是《谢尔曼法》的适用范围仅仅包括"贸易和商业"(trade and commerce),并不包括"制造业"(manufacture)。该案中,美国精制糖公司通过股权收购取得了费城包括奈特公司在内的四家公司(合计占全美33%的市场份额)的控制权,由此控制了美国精制糖产业高达98%的市场份额。美国联邦政府依据《谢尔曼法》起诉奈特公司,请求法院否决该项合并。诉讼过程中,围绕《谢尔曼法》产生的争议在于,该法规制对象贸易和商业是否包括像美国精制糖公司这样的制造企业。对此,美国联邦最高法院认为,《谢尔曼法》"'为保护贸易和商业免遭非法限制和垄断'而认定的非法行为是州际和国际的贸易或商业行为,并不包含生产生活用品的制造业"③。通过对《谢尔曼法》的文义解释,美国联邦最高法院最终裁定该法的适用范围并不包括制造业,据此驳回了美国联邦政府的上诉请求。

著名的"本身违法原则"同样属于文义解释方法。在1897年"美国诉跨密苏里州运输协会案"④中,多家铁路公司为了消除密西西比州西部的价格战,组成跨密苏里州运输协会并协调运行时间和运费定价。美国司法

---

① Barak Orbach, *The Durability of Formalism in Antitrust*, 100 Iowa Law Review 2197 (2015).
② United States v. E. C. Knight Co., 156 U. S. 1 (1895).
③ United States v. E. C. Knight Co., 156 U. S. 1 (1895).
④ U. S. v. Trans-Missouri Freight Ass'n, 166 U. S. 290 (1897).

部以《谢尔曼法》为依据,请求法院判决解散该卡特尔。尽管被告方承认该协议限制了交易和成员的商业自由,但辩称约定的费率是完全合理的,因此并不违反《谢尔曼法》。对此,美国联邦最高法院判决认为,《谢尔曼法》的规制范围包括"每一项限制交易的协议、合并及其他形式的托拉斯","当立法机构宣布每一项限制贸易或商业的协议或合并属于非法时,这种直白的语言并未局限于不合理的协议,而是包含所有协议"①。通过对《谢尔曼法》的文义解释,美国联邦最高法院拒绝区分合理的或不合理的协议,而是认为所有限制贸易或商业的协议均属非法,由此形成了本身违法原则的雏形。此后,"美国诉特伦顿陶器公司案"②进一步确立了该原则在横向价格固定协议领域的适用,并最终在"北太平洋铁路诉美国案"③中得以详细阐明。作为反垄断法两大原则之一的本身违法原则实际上是通过文义解释确立,拒绝将反竞争效果纳入考量范围。美国联邦最高法院对本身违法原则的确立,仍属于传统上文义解释的方法范畴。由此可见,《谢尔曼法》实施初期并无经济学及经济学家的直接参与。

不过,文义解释方法存在过于僵化的弊端,以此为基础的本身违法原则在实践中同样受到争议。"美国诉跨密苏里州运输协会案"虽然形成了"本身违法原则"的雏形,但也只是以5∶4的微弱优势通过。以爱德华·D. 怀特(Edward D. White)为代表的异议法官认为,普通法上的"限制贸易"通常指"不合理地"限制贸易自由的协议,而非指所有的限制性协议。怀特法官在异议判词中认为,"尽管一份协议可能在某种程度上限制了贸易,但它并不因此无效甚至不至于可撤销,除非它产生的限制是不合理的,得出这一结论无须诉诸权威"④。尽管主流观点拒绝考虑文本之外的其他因素(比如,协议是否合理限制贸易自由),主要通过文义解释的方法适用《谢尔曼法》。不过,对合理性问题的考虑为合理原则的诞生埋下了伏笔。

(二)合理原则打开经济学"潘多拉魔盒"

以文义解释方法和本身违法原则为表现形式的反垄断形式主义,因过于严格地依照文本而逐渐引发不满,从而推动了合理原则的产生。美国联邦最高法院开始试图改变严格依照文本的文义解释路径。1911年"标准

---

① U. S. *v.* Trans-Missouri Freight Ass'n, 166 U. S. 290 (1897).
② United States *v.* Trenton Potteries Co., 273 U. S. 392 (1927).
③ Northern Pacific R. Co. *v.* United States, 356 U. S. 1 (1958).
④ U. S. *v.* Trans-Missouri Freight Ass'n, 166 U. S. 290 (1897).

石油公司案"①成功地突破了文义解释的限制并融入了合理性因素,合理原则的雏形由此得以生成。该案主要过程为,1906年美国司法部对标准石油公司提起了诉讼,指控其垄断石油及相关产品的贸易和商业。1909年密苏里巡回法院判决标准石油公司败诉并宣布将其拆分。标准石油公司拒不认可,随即上诉到美国联邦最高法院。经过长达两年的辩论,1911年美国联邦最高法院以8∶1的绝对多数判决标准石油公司败诉。

怀特法官这次作为多数派执笔了判决书,并将之前在"美国诉跨密苏里州运输协会案"中已经表达的异议观点——对限制贸易进行合理分析再次写入判决,并由此确立了合理原则。怀特法官认为,在判断每项协议、合并等行为是否属于法律范围内的限制贸易行为时,"虽然没有明确规定,但无疑需要考虑一个标准,普通法中已经适用并包含在法律中的合理标准,就是决定某个案件或某种行为是否违法的标准",更进一步地讲,"如果标准是行为的直接或间接效果,那么合理原则自然应当成为判断准则"。② 通过"标准石油公司案",怀特法官确立了反垄断法两大原则中的第二个原则——合理原则。此后,该原则在"芝加哥贸易商会诉美国案"③得到进一步阐明。合理原则撕开了美国反垄断形式主义的一条裂缝,标志着在案件裁判时司法系统开始摆脱严格的文本约束,试图将垄断行为的经济效果纳入考量范围。

对经济学而言,合理原则实际上提供了其进入反垄断法的通道。合理原则要求不能仅仅按照《谢尔曼法》的字面意思解释法律,而应当更为具体地分析每项限制贸易的协议或合并是否合理。"'限制贸易'一词仅包含不合理限制贸易的协议,所以,具有合理性的协议即便在一定程度上限制了贸易,也不在立法用语的含义范围内。"④易言之,除了考虑法律文本的字面含义,尚需进一步分析协议或合并行为在实际效果方面是否具备合理性。合理性的判断远远超出了文义解释范围,要求引入外部经验性因素综合衡量。此时经济学虽然尚未直接引入反垄断法中,但作为与反垄断法联系最为紧密的经验性学科,经济学的引入需求已经日益显现。此后,随着经济学研究的推进,其逐步发展出相应的思想流派和方法工具,开始愈来愈强烈地影响反垄断法的实施。在此意义上,合理原则已经做好了充分的铺垫,由此打开了经济学引入反垄断法的"潘多拉魔盒"。

---

① Standard Oil Co. of New Jersey *v.* U. S., 221 U. S. 1 (1911).
② Standard Oil Co. of New Jersey *v.* U. S., 221 U. S. 1 (1911).
③ Chicago Board of Trade *v.* United States, 246 U. S. 231 (1918).
④ U. S. *v.* Trans-Missouri Freight Ass'n, 166 U. S. 290 (1897).

第二节 经济学的引入及其颠覆性影响

在合理原则之下,经济学快速引入反垄断法并产生了极大的影响。随着资本主义从自由竞争阶段进入垄断阶段,经济学自身也进入了快速发展的轨道。当时,经济学开始突破完全竞争假设,对非完全竞争市场问题投入了更多的理论资源。其中,围绕着"马歇尔两难"——规模效益和竞争效益之间的关系问题,诞生了对反垄断法实施影响最为深刻的产业组织理论。产业组织理论通过大量经验素材对非完全竞争市场展开专门研究,契合了反垄断法对外部经验性因素的引入需求。在此背景下,经济学开始直接介入反垄断法实施过程,并且在芝加哥学派鼎盛时期对反垄断法形成了影响。

一、哈佛学派对市场结构的特别关注

20世纪30年代之前,经济学与反垄断法之间的联系仍然较为微弱,几乎未受到关注。进入20世纪30年代后,经济学家开始不再依赖完全竞争理论的假设,将不完全竞争市场作为重要研究对象,并通过数理模型考察市场上不同数量的主体[不同类型的市场结构(market structure)]对竞争产生的影响,围绕着"马歇尔两难"问题展开讨论。由此,逐步将经济学经验研究引入反垄断实践之中。

(一)结构主义的思想成型

"20世纪30年代的经济学家,如爱德华·张伯伦(Edward Chamberlin)和爱德华·S.梅森(Edward S. Mason),已经开始将发生反竞争行为的危险与一定的市场结构联系起来。"[1]比如,张伯伦考察了只有两个销售者的"双垄断"与增加到几个销售者的"寡头垄断"两种不同市场结构的竞争状况。[2] 经济学界意识到,市场极少处于完全竞争状态,也并非总是绝对的垄断,多数情况下处于二者并存的垄断竞争状态。垄断竞争理论打破了经济学关于绝对垄断和完全竞争的二元假设,将垄断和竞争共存的现实状态展现出来。此时,市场结构(竞争者的数量)初步与竞争行为关联起来,市场结构对市场竞争的影响开始进入经济学理论研究的视野。

第二次世界大战结束后,哈佛大学经济学家乔·S.贝恩(Joe S. Bain)

---

[1] [美]赫伯特·霍温坎普:《联邦反托拉斯政策:竞争法律及其实践》,许光耀等译,法律出版社2009年版,第46页。
[2] 参见[美]爱德华·张伯伦:《垄断竞争理论》,周文译,华夏出版社2009年版,第31~58页。

在梅森的思想基础上引入统计方式对市场竞争状况进行实证分析,并明确提出了 SCP 范式。由于贝恩学术团队主要来自哈佛大学,秉承结构主义观点的流派又被称为"哈佛学派"。经过统计数据分析,贝恩认为市场的产业集中度越高,市场中的企业主体越容易产生共谋提价行为,由此提出经济学上的"共谋假说"①。以此为基础,贝恩及其团队进一步将市场结构、市场行为(market conduct)、市场绩效(market performance)进行关联,认为三者之间存在明显的决定关系:市场结构决定市场行为,市场行为又决定市场绩效。三者之间存在着"市场结构(S)—市场行为(C)—市场绩效(P)"的单向决定关系,即 SCP 范式。有学者认为,贝恩可能是 20 世纪 50 年代对反托拉斯政策做出最重要贡献的经济学家,他对 SCP 范式做了最全面的阐述,深刻地影响到反垄断法的实施。②

哈佛学派对反垄断实践的贡献即在于强调了市场结构的重要性,由此将反垄断分析的重点引向市场结构而非市场行为及市场绩效。贝恩及其团队通过统计数据分析,重点对寡占型市场的竞争关系进行了研究。研究结论表明,在高度集中并存在着较高壁垒的寡占型市场中,市场内的相关企业大概率会从事反竞争行为,从而导致产出减少并采用垄断价格。③ 此种推理过程实际上赋予了市场结构决定性地位,即在"市场结构—市场行为—市场绩效"的三方关系中,市场行为仅仅起到中介或传导作用,真正决定市场绩效的是市场结构。此外,同时期经济学的"共谋假说"认为市场的产业集中度越高,市场中的企业主体越容易产生共谋提价行为,其思想基础同样建立在结构主义之上。因此,无论是 SCP 范式还是"共谋假说"均显示出市场结构的重要性,认为市场结构直接作用于市场行为,最终影响市场绩效。

(二)结构主义的实践影响

哈佛学派结构主义思想对美国反垄断实践的直接影响,代表着经济学与反垄断法深度融合的开端。自此,哈佛学派、芝加哥学派及后芝加哥学派等经济学流派"你方唱罢我登场",极大地改变了反垄断实践活动。哈佛学派结构主义思想,自诞生到 20 世纪 70 年代一直居于反垄断法实施的

---

① 参见[日]泉田成美、柳川隆:《产业组织理论基础》,吴波等译,机械工业出版社 2015 年版,第 6 页。"共谋假说"认为,产业集中度越高,阻止新进入的壁垒就越高,因而能实现产业的高利润。同时,在高集中度的环境下,企业也会通过合谋提价提高利润率。
② 参见[美]赫伯特·霍温坎普:《联邦反托拉斯政策:竞争法律及其实践》,许光耀等译,法律出版社 2009 年版,第 46 页。
③ 参见[美]赫伯特·霍温坎普:《联邦反托拉斯政策:竞争法律及其实践》,许光耀等译,法律出版社 2009 年版,第 46 页。

主导地位。在具体途径上,经济学主要通过案件判决及反垄断指南两种方式介入反垄断实践。

首先,结构主义思想直接影响着美国反垄断案件的判决结果。结构主义思想主要关注市场结构而非市场行为,其对案件的影响也直接导向市场结构因素。1945年美国联邦巡回上诉法院裁决的"美国诉铝业公司案"[①]是体现结构主义思想的典型代表。该案基本案情为,美国铝业公司成立于1888年,主要从事铝锭及相关产品的生产和销售。1889年美国铝业公司获得电解铝的专利技术,能够以特有技术生产铝锭及相关产品并不断扩大市场份额,此后其在加拿大设立子公司。因加拿大子公司于1935年与欧洲几家公司参与了一个国际卡特尔协议,美国政府于1937年将美国铝业公司及加拿大子公司诉至法院,主张其占据了美国铝锭市场90%以上的市场份额且从事了垄断行为,要求对二者进行拆分。在案件审判过程中,美国铝业公司主张自己未直接从事相关垄断行为,因此未违反反垄断法。

作出判决的法官勒尼德·汉德(Learned Hand)认为:"一个控制着铝业市场90%以上市场份额的公司,当其激进地把握每一个市场机会并以不断整合自身的新能力迎接市场新进入者的挑战,同时还拥有着丰富的经验、广泛的商业关系及精英人员时,显然不能再以不寻求但无法避免地控制了市场以及无意排除竞争对手为由否认垄断指控。"[②]美国联邦巡回上诉法院显然更为关注美国铝业公司已经获取的市场份额,并将其获取市场份额的经营方式解读为垄断行为,由此推定了垄断行为和意图。最终该院作出了拆分美国铝业公司的判决。哈佛学派结构主义思想在该案中得以体现,并且在此后的二三十年间一直深刻地影响着美国联邦最高法院的反垄断判决结果。重视市场结构成为美国联邦最高法院代表性的做法,在20世纪40年代到60年代,拥有大的市场份额几乎成为违反《谢尔曼法》的同义语。[③]

其次,结构主义思想逐步成为美国反垄断指南的思想基础。SCP范式之下,产业集中度越高,企业越可能产生寡头垄断或者共谋提价行为。哈佛学派的政策主张不是聚焦竞争行为,而是通过改变产业结构来提升市场绩效。"尤其是在合并政策上,这一范式意味着,可以严格地以市场结构为

---

① U. S. *v.* Aluminum Co. of America , 148 F. 2d 416 (1945).
② U. S. *v.* Aluminum Co. of America , 148 F. 2d 416 (1945).
③ See Thomas W. Dunfee & Frank F. Gibson, *Antitrust and Trade Regulation: Cases and Materials*, John Wiley & Sons, Inc, 1985, p.174.

依据,对合并予以反对。"①1950年,针对企业并购的立法——《塞勒-凯弗尔法》(Celler-Kefauver Act)即是以结构主义思想为基础,将资产并购也纳入反垄断审查的范围。同时,哈佛大学经济学家唐纳德·F. 特纳(Donald F. Turner)在美国司法部任职期间将结构主义思想引入反垄断合并政策领域。1965年,特纳建议反垄断执法机构出台企业合并指南,以提升相关政策的确定性和一致性;此后,特纳领导了整个指南的起草过程。② 1968年,美国《合并指南》颁布,该指南以市场集中度为根本关注点,③充分体现了哈佛学派的理论主张。

二、芝加哥学派对经济效率的极端推崇

哈佛学派过于严厉的反垄断思想激起了部分学者的反对。他们运用经济学效率理论和价格分析工具,对哈佛学派的结构主义展开批判。由于这些学者主要来自芝加哥大学,又被称为"芝加哥学派"。芝加哥学派的显著特点是通过量化分析和经验材料,将经济效率理论引入美国反垄断法的实施过程,进而产生了世界性影响。

(一)芝加哥学派的经济效率理论

20世纪50年代以后,芝加哥大学发生了一场经济学革命,对哈佛学派结构主义思想展开全面批评。④ 这些经济学家主要包括耶鲁·布罗曾(Yale Brozen)、哈罗德·德姆塞茨(Harold Demsetz)、罗伯特·H. 伯克、理查德·A. 波斯纳、弗兰克·H. 伊斯特布鲁克(Frank H. Easterbrook)、乔治·J. 斯蒂格勒(George J. Stigler),他们立足于经济学效率视角对哈佛学派结构主义思想展开批判。

布罗曾认为贝恩的利润率研究存在均衡化倾向,只能在短时期内得以维持,难以作为市场的常态对待。德姆塞茨提出"效率性假说",认为市场内产业集中度高的大企业所实现的高利润,不是由于企业间的共谋形成,而是企业规模效应下的高效率和低成本的结果。伯克则将经济效率引入反托拉斯理论之中,宣称"现在的反托拉斯法只有一个合法的目标,这个

---

① [美]赫伯特·霍温坎普:《联邦反托拉斯政策:竞争法律及其实践》,许光耀等译,法律出版社2009年版,第47页。
② See Jonathan B. Baker, *A Preface to Post-Chicago Antitrust*, Available at SSRN:https://ssrn.com/abstract=296119.
③ See U. S. Dep't of Justice Merger Guidelines (1968).
④ 参见[美]赫伯特·霍温坎普:《联邦反托拉斯政策:竞争法律及其实践》,许光耀等译,法律出版社2009年版,第47页。

目标可以像任何经济理论一样严格地推导出来……即消费者福利最大化"①。可见,同属产业组织理论范畴,芝加哥学派提出了与哈佛学派截然不同的理论主张,否认市场结构决定市场绩效的观点,直接立足于经济效率分析企业的竞争行为。如果将把经济学引入反托拉斯法视作一场革命,哈佛学派拉响了这场革命的第一声礼炮,而芝加哥学派则全面开启了美国反托拉斯法的第二波转向——由结构主义转向行为主义。②

在市场机制的效率方面,芝加哥学派以市场完全假设为前提,相信市场普遍有效且能够自我矫正纠偏、自动实现效率。斯蒂格勒将市场竞争视为市场主体自由较量、角逐的过程,"适者生存,不适者死亡",将无效率企业及时淘汰出局就实现了所谓的"生存检验"(Survivor Test)。③ 大企业往往被视作通过了市场检验的优胜者,代表着更领先的技术和更高的经济效率。与之相反,小企业则很可能是无效率、缺乏竞争力的。在此理念指引下,芝加哥学派更依赖市场机制,并不主张政府对市场的介入和干预。在立法方面,芝加哥学派并不支持包括反垄断法在内的具有干预性质的相关法律、政策;在司法方面,基于市场作用和经济效率考虑,芝加哥学派认为法院应当慎用反垄断法。④ 由此不难看出,该学派思想理论隐含着对大企业效率的推崇,以及对市场机制的天然信任。芝加哥学派认为,即便存在市场失灵现象,市场机制也会依靠自动调节功能实现自我纠偏。由此,该学派从经济效率视角出发,对垄断行为的规制持宽松态度。

(二)极端效率主义的域外影响

科斯、波斯纳、斯蒂格勒等学者将古典主义"成本—收益"分析范式全面扩展至社会科学其他领域,使芝加哥学派的经济分析受到世界性瞩目。经济学对反垄断法影响的独特之处在于,其除了向法律制度本身提供"成本—收益"分析工具之外,还将经济学理念、知识及相关术语纳入法律体系,进而成为反垄断法价值理念、法律概念、规范结构及实施机制的有机组成部分。⑤

作为经济分析的典型领域,其他国家和地区的反垄断法均受到经济学

---

① Robert H. Bork, *The Antitrust Paradox: A Policy at War with Itself*, Basic Books, Inc. Publishers, 1978, p.50-51.
② 参见[美]J. E. 克伍卡、L. J. 怀特编著:《反托拉斯革命——经济学、竞争与政策》,林平、臧旭恒等译,经济科学出版社2014年版,"导言"。
③ 参见陈秀山:《芝加哥学派竞争理论评析》,载《经济学动态》1995年第1期。
④ See Michael S. Jacobs, *An Essay on The Normative Foundations of Antitrust Economics*, 74 The North Carolina Law Review 219 (1995).
⑤ 参见朱战威:《植入与冲突:反垄断法中经济学的功能边界》,载《北方法学》2021年第3期。

的影响。比如,经济分析促使欧盟竞争法产生变革的标志性事件是欧盟《现代化条例》的颁布。芝加哥学派崛起之后,"成本—效益"分析范式被广泛地运用于包括法学在内的各学科领域,而反垄断法无疑是其成功典范。美国反垄断经济分析范式似乎成了可以赶超或者可复制的模板,经济效率对欧盟的影响被描述为"具有传染性的"(contagious)。[1] 为了"对(欧共同体)条约第 81 条和第 82 条反垄断实施规则进行雄心勃勃且彻底的检修"[2],欧盟委员会颁布了《执行条约第 81 条和第 82 条竞争规则的 1/2003 号条例》,该条例因大量借鉴美国反托拉斯法的经济效率理论又被称为《现代化条例》。该条例对经济分析的引入主要体现为两个方面:一是竞争法目标的转变。追随芝加哥学派的消费者福利标准,欧盟将竞争法目的从较为广泛的社会政治目标转变为经济学意义上的消费者福利标准。二是在竞争执法机构中设立了独立的经济学家审查机制,并建立了首席经济学家制度,由此在体制机制层面提升了欧盟竞争法实施中经济学家的作用空间。可见,在颁布《现代化条例》之后,欧盟竞争法的立法目的和实施机制均发生了明显的转向,更为接近美国的经济分析范式,属于芝加哥学派经济狭隘理论的影响结果。由此,芝加哥学派经济分析范式的运用已经超出美国本土范围,对世界主要国家和地区均产生影响并且占据着反垄断分析的主流地位。

三、后芝加哥学派对经济效率的有限反思

芝加哥学派将经济学作为反垄断法的唯一基础,存在过于极端的问题。后芝加哥学派对芝加哥学派提出了一定的反思与批评,但本质上并未脱离芝加哥学派的效率理论范畴。

(一)基于反思而诞生的后芝加哥学派

在芝加哥学派的全盛时期,经济学内部的分化已经开始。"在 20 世纪 70 年代至 80 年代,当法院仍在逐条逐句地引证'芝加哥圣经'(Chicago Bible)时,经济学家一直在发展新的理论学说和经验工具。目前,这些理论学说已经对芝加哥学派形成了明显挑战。"[3]对芝加哥学派提出批判和挑战的学者主要包括卡尔·夏皮罗(Carl Shapior)、乔纳森·B. 贝克尔、史蒂芬·C. 萨洛普(Steven C. Salop)及克里斯汀·A. 瓦尼(Christine A.

---

[1] See George S. Georgiev, *Contagious Efficiency: The Growing Reliance on U. S. -Style Antitrust Settlements in EU Law*, 2007 Utah Law Review 971 (2007).

[2] European Commission, XXXIInd Report on Competition Policy 2002, p. 2003.

[3] Jonathan B. Baker, *A Preface to Post-Chicago Antitrust*, SSRN Electronic Journal, 2002, p. 19.

Varney)等,他们依据博弈论、新实证产业组织理论,通过分析市场机制的复杂性和信息不完全性,从而提出一系列学说反思与修正芝加哥学派的缺陷,持此种立场的学者又被称为"后芝加哥学派"(Post-Chicago School)①。不过,严格来说,后芝加哥学派并非一个具有共同理论基础的学术流派,而是基于批判芝加哥学派的相同立场形成的学术共识群体。

后芝加哥学派对经济效率的反思主要集中于芝加哥学派静态价格分析、信息充分和市场完全假设等方面。从分析工具来看,芝加哥学派主要继承了新古典主义静态价格分析方法,未考虑市场竞争的动态博弈过程,比如市场是否存在市场进入壁垒取决于在位企业与拟进入企业的相互博弈。在信息假设方面,芝加哥学派预设市场信息是充分的,未考虑信息失灵现象。在对市场机制的态度方面,芝加哥学派提出市场机制完全自我修复的理论假说,认为市场内嵌着一套自我矫正机制,不需要政府的过多干预。这些理论观点均受到来自后芝加哥学派的质疑和挑战。

后芝加哥学派提出了一系列不同于芝加哥学派的理论观点及分析工具,主要包括博弈论、信息不完全理论、沉淀成本及声誉效应等内容。针对静态价格分析存在的问题,该学派运用动态分析理论对企业的垄断行为展开分析,包括垄断和寡头博弈模型理论以及预先承诺理论、网络外部性、用户基数、信息成本及转换成本等,并进一步挖掘市场不完美的潜在因素。②据此,后芝加哥学派认为市场中优势企业的策略行为能够产生破坏市场平衡的缺陷,并使这种缺陷持续下去以获取垄断利润。同时,后芝加哥学派通过对掠夺性定价中的策略选择、信息不完全等现象进行分析,证明芝加哥学派关于市场机制完全自我修复的理论假说并不符合实际状态。在对待市场机制的态度方面,后芝加哥学派认为"过去20年的许多思想框架都依赖于过分简化的理论,导致重要区别被忽视,并得出过强结论"③。易言之,真实的市场运行过程比理论预设复杂得多,需要考虑不完全信息、沉淀成本、声誉效应、战略行为等更多因素,以加深对市场实际运行状况的理解。④ 总体上,后芝加哥学派基于对芝加哥学派静态价格分析、信息充分和市场完全假设的反思,试图发展出一系列新的理论学说和分析工具。

---

① See Herbert Hovenkamp, *Antitrust Policy after Chicago*, 84 Michigan Law Review 213 (1985).
② See Stephen F. Ross, *Post-Chicago Analysis After Kodak*: *Interview with Professor Steven C. Salop*, Antitrust, Vol.7:1, p.20 (1992).
③ [美]J.E.克伍卡、L.J.怀特编著:《反托拉斯革命——经济学、竞争与政策》,林平、臧旭恒等译,经济科学出版社2014年版,"导言"。
④ 参见[美]J.E.克伍卡、L.J.怀特编著:《反托拉斯革命——经济学、竞争与政策》,林平、臧旭恒等译,经济科学出版社2014年版,"导言"。

(二)后芝加哥学派反思的有限性

尽管后芝加哥学派对芝加哥学派的一些观点和分析工具提出了反思,并且对美国反垄断实践产生了较大影响,但这种反思仍属于在芝加哥学派的原有理论体系内的有限反思,并未实现根本性突破。

首先,在价值导向方面,后芝加哥学派与芝加哥学派均将效率价值作为目标指引。后芝加哥学派运用诸如博弈论等动态分析理论以替代芝加哥学派以价格为基础的静态分析理论,从而在效率分析方式上有别于芝加哥学派,不过后芝加哥学派并不否认将经济效率作为反垄断法的唯一价值目标。易言之,与芝加哥学派尊崇唯效率论的立场相同,后芝加哥学派仍然坚持将经济效率作为反垄断法的唯一价值目标。只不过,与芝加哥学派抽象简化的经济学理论不同,后芝加哥学派增加了限制进入定价、默契合谋、广告、产品扩散、技术创新、进入壁垒等动态博弈分析工具,使其理论主张更加具体化、复杂化和贴近于市场现实。[1] 在此背景下,后芝加哥学派也被质疑经济理论太复杂、夸大反竞争行为的多样性和可能性等,被认为比芝加哥学派理论更复杂、更模糊。例如,后芝加哥学派理论对策略性行为的反竞争效果给予更多关注,这使执法机构和法院更难确定某个行为到底是竞争性还是反竞争性的。[2] 尽管存在分析模式的分歧,后芝加哥学派与芝加哥学派均将配置效率作为目标却是不争的事实。后芝加哥学派垄断经济学并不排斥经济效率带来的福利,除了更重视从事实层面来证明对市场行为的反竞争效果,理念上仍然以效率最大化为标准,试图通过改变分析条件来向效率最大化作无限接近的努力。由于二者有着共同追求的价值目标,后芝加哥学派只能在实现经济效率的具体方式上提出一些改良建议,而无法实现根本性变革。在此意义上,后芝加哥学派的批判与反思注定是有限的。

其次,在分析框架方面,后芝加哥学派并未突破芝加哥学派所建立的以经济学为基础的模式(Economics-Based Model)。在效率价值导向之下,芝加哥学派成员伯克创建了"以经济学理论为基础的模式"(models of

---

[1] 参见黄进喜、朱崇实:《美国反托拉斯法中的经济学理论发展及启示》,载《厦门大学学报(哲学社会科学版)》2010年第3期。
[2] 参见[美]赫伯特·霍温坎普:《联邦反托拉斯政策:竞争法律及其实践》,许光耀等译,法律出版社2009年版,第75页。

basic economic theory）①，即 EBM 模式②。"EBM 模式的核心理念是，经济学应成为竞争法规范的基础，经济分析可以决定一个行为是否违反了竞争法，亦即经济分析应当是竞争规范的基础。"③芝加哥学派将经济学引入案件分析过程，并将经济学效率理论作为反垄断法实施的唯一基础，希望由此获得精确的分析结果。EBM 模式被芝加哥学派引入反垄断法之后，经济效率成为垄断行为违法性认定的唯一标准。易言之，仅当对一个行为进行经济分析并且确定该行为造成经济效率损害时，才能认定该行为的违法性。与芝加哥学派相同，后芝加哥学派同样在 EBM 模式的框架内展开研究，将经济学作为反垄断法的实施基础。"二者均认为经济学是'反垄断的本质'，应当从配置效率的角度将消费者福利作为竞争法的唯一目标。"④实际上，作为经济学的一个流派分支，后芝加哥学派并未超越经济学的基本范畴，仍然将经济学作为反垄断法的基础，将经济效率作为唯一追求。就此而言，即便该学派对芝加哥学派有所反思，这种反思也并非颠覆性的彻底批判，而是经济学范畴内的有限批判。

最后，在政府干预方面，后芝加哥学派仍赞同芝加哥学派的保守主义立场。关于政府与市场的关系存在两种极端的观点：一种是将政府干预推向极端的"计划经济"思想，主张以政府理性代替个人理性、以政府分配取代市场分配；另一种是将市场推向极端的"放任自由"思想，认为市场能够自动克服、修复运行中的问题，政府的角色仅限于消极的"守夜人"。芝加哥学派建立在对自由市场充分信任的思想基础上，认为市场是普遍有效并且能够自我演进的。即便竞争机制出现问题，只要不存在政府干预形成的市场壁垒，市场最终会通过自身机制消除垄断。在芝加哥学派的影响之下，反垄断法理论更为关注市场行为，直接引发了美国在 20 世纪 70 年代以后的放松管制运动。美国前总统罗纳德·里根（Rnoald Reagan）曾宣称的"政府是问题所在，而非解决方案"，正是对芝加哥学派最好的诠释与支持。这种更加信任市场而反对政府干预的经济学思想被称为保守主义，建立在此种思想之上的经济分析则被称为"保守经济分析"（conservative

---

① See Robert H. Bork, *The Antitrust Paradox: A Policy at War with Itself*, Basic Books, Inc. Publishers, 1978, p.72.
② 参见[美]戴维·J. 格伯尔：《市场界定的全球标准：经济学的潜在功能》，载王晓晔主编：《反垄断法中的相关市场界定》，社会科学文献出版社 2014 年版，第 298 页。
③ [美]戴维·J. 格伯尔：《市场界定的全球标准：经济学的潜在功能》，载王晓晔主编：《反垄断法中的相关市场界定》，社会科学文献出版社 2014 年版，第 297~298 页。
④ Michael S. Jacobs, *Essay on the Normative Foundations of Antitrust Economics*, An, 74 The North Carolina Law Review 219 (1995).

economic analysis）。① 后芝加哥学派虽然对芝加哥学派过于放松管制的态度进行了一定程度的矫正，但仍然认为市场机制自发产生的经济效率应当是反垄断法的唯一目标，对政府干预市场仍持保守态度。

尽管后芝加哥学派通过博弈论、信息不完全理论等提出市场并非完美无缺，但总体上仍然以经济效率为基石。与芝加哥学派观点相似，后芝加哥学派认为市场竞争的过程应当是市场主体自由较量、角逐的过程，市场机制能够将无效率企业及时淘汰出局，即认同斯蒂格勒所言的"生存检验"。由此推及对政府干预的态度，后芝加哥学派主张充分发挥市场机制的功能，对政府以法律、政策等形式干预市场持谨慎态度，坚持慎用反垄断法。因此，后芝加哥学派在竞争行为的违法性判定方面仍然持相当宽松的态度，赞同芝加哥学派的保守主义立场。

综上，后芝加哥学派同芝加哥学派一样仍然将配置效率作为反垄断法的终极目标，以经济学作为反垄断法的理论根基，秉承保守主义立场，由此注定只能在芝加哥学派理论范畴内进行有限修正。相应地，后芝加哥学派同样难以在实践层面逆转反垄断法领域的放松管制状况。多年来，尽管存在后芝加哥学派的有限批评，但是并不影响芝加哥学派经济学理论持续占据着反垄断分析的主流地位。在此意义上，后芝加哥学派难以进行根本性的理论变革，更多地属于对芝加哥学派瑕疵的有限修补。

第三节 反垄断新思潮对经济学的超越

不过，自2017年起美国反垄断实践出现了重要转向。2017年美国众议院司法委员会针对大型科技公司展开了一系列反垄断听证调查②，后于2020年发布《数字市场竞争调查报告》③，并在2021年提出一系列反垄断法案④。推动这些立法实践的背后力量很大程度上源自新的反垄断学派——新布兰代斯学派。新布兰代斯学派主要针对芝加哥学派所引入的

---

① 参见[美]罗伯特·皮托夫斯基等：《超越芝加哥学派——保守经济分析对美国反托拉斯的影响》，林平、臧旭恒等译校，经济科学出版社2013年版，第5页。
② See Press Release, H. Comm. on the Judiciary, *House Judiciary Committee Launches Bipartisan Investigation into Competition in Digital Markets*, Committee on the Judiciary (June 3,2019), https://judiciary.house.gov/news/press-releases/house-judiciary-committee-launches-bipartisan-investigation-competition-digital.
③ See U. S. House Judiciary Committee, *Investigation of Competition in Digital Markets*, 2020.
④ 2021年6月，美国众议院司法委员会通过了《美国选择与创新在线法案》《终止平台垄断法案》《平台竞争和机会法案》《通过启用服务交换增强兼容性和竞争性法案》《收购兼并申请费现代化法案》《州反垄断执法场所法案》等6项反垄断法案。

经济学理论展开批判,要求超越经济学理论的局限,强化反垄断法的实施力度。新布兰代斯学派的名称取自以铁腕反垄断著称的美国联邦最高法院大法官布兰代斯。实际上,早在2010年前后该学派就已经开始萌芽,并对科技巨头日益严重的垄断问题展开批判。[①]

新布兰代斯学派坚决反对将反垄断法建立在狭隘的经济学理论之上,主张经济学只是反垄断过程中需要考量的众多因素之一而非唯一基础。针对当前芝加哥学派主流经济学理论的保守主义倾向,新布兰代斯学派认为其存在以维护经济效率为由而偏重大型企业利益、以保护经营自由为名而推行放松管制政策的错误,由此造成的结果是亚马逊、谷歌、苹果等企业的垄断之势愈演愈烈。尤其是在数字经济背景下,芝加哥学派单纯追求经济效率目标已经难以满足当下的实践需求。据此,新布兰代斯学派认为反垄断法应当建立在更为多元的社会基础之上,芝加哥学派主导下的经济学的至高地位应当被颠覆。在实现路径上,新布兰代斯学派试图通过引入社会目标、反思EBM模式及扩张违法性认定标准等途径克服主流经济学理论的局限性,从而实现对芝加哥学派经济学理论的超越。

一、社会政治目标的制衡性引入

面对芝加哥学派对经济效率的极端推崇,新布兰代斯学派试图提出民主、公平等社会政治目标,以解决EBM模式所引发的问题。

(一)民主目标的重新恢复

在与芝加哥学派论证过程中,新布兰代斯学派旗帜鲜明地提出"反垄断是构建民主社会的重要工具和哲学基础"[②],这实际上是要求将美国反托拉斯法肇始时期的民主目标重新引入反垄断过程之中。民主属于典型的社会政治目标,已经远远超出经济学效率的范畴。新布兰代斯学派将民主目标引入反垄断过程,针对的直接对象即是芝加哥学派所提出的消费者福利目标。若反垄断成为构建民主社会的重要工具,那么对经济效率的追求则极有可能处于从属地位,至少不再呈现一支独大的局面。对于什么是民主,民主又如何与反垄断相关联,新布兰代斯学派有着自身的理论见解。

事实上,布兰代斯法官本人对此已经进行先期思考并给出初步答案。早在1912年,布兰代斯就已经在一次演讲中提出民主不仅包含政治自由

[①] See Barry Lynn, *Cornered: The New Monopoly Capitalism and the Economics of Destruction*, John Wiley & Sons, Inc, 2010.

[②] Lina M. Khan, *The New Brandeis Movement: America's Antimonopoly Debate*, 9 Journal of European Competition Law & Practice 131 (2018).

和宗教自由,还包含经济领域的自由。① 民主与经济领域之间的关联反映出彼时人们已经开始担心过于集中的经济权力会助长政治集权,而且这种经济权力本身会反过来破坏或控制具有公共性的政府。利益集团能够对政府产生巨大影响已经是不争的事实。无论是通过游说、资助选举、为政府配备辅助人员、资助研究,还是建立其可资利用的社会影响力,大企业都能对政治进程及结果产生巨大影响。这无疑有利于大企业获取有利的政策,进而不断巩固自身地位。经济民主与公民的日常生活同样息息相关,一个国家的市场结构或经济结构对公民个人能够在日常生活中真正获取多少自由具有重要影响。大多数人与权力打交道时,遇见最多的对象不是政府官员,而是经济活动中的交易对象,如与雇主谈判薪酬,或与贸易对象就商业条款进行讨价还价。当经济领域由一个或少数大型公司发号施令时,具有专制性质的市场结构或经济结构也就宣告形成。那么,日常生活中公民自由必然受到影响,而民主自然也会遭受威胁。

在批评芝加哥学派提出的消费者福利目标的过程中,民主成为新布兰代斯学派追求的主要目标之一。新布兰代斯学派认为,以消费者福利为目标的主流反垄断分析过于依赖经济学量化分析工具,从而产生过度依赖技术治理而缺乏社会基础的现象,并将这种现象称为"反垄断的民主赤字"(antitrust's democracy deficit)。② 芝加哥学派的主流意见认为,引入经济分析有助于反垄断法脱离民粹主义,从而更专注于市场结构和产业实践,也更具有专业化和行政管理色彩。"自20世纪70年代芝加哥学派革命以来,联邦反托拉斯法实施的民主程度大大降低,变得更具有技术性。"③此种做法的优点在于,反垄断法能够脱离公众视野,远离直接民主的压力,通过专家之手将其限缩为一门规制技术。④ 不过,过于依赖经济分析和技术官僚的做法一定程度上割裂了反垄断法的社会基础,造成经济学专业技术领域外人员的意见很难进入反垄断法的实施程序,由此受到反垄断新思潮的批判。新布兰代斯学派之所以提出"反垄断的民主赤字"问题,就是因为"如今失衡的反垄断体系将太多的控制权交给了技术专家,使

---

① See Lina M. Khan, *The New Brandeis Movement: America's Antimonopoly Debate*, 9 Journal of European Competition Law & Practice 131 (2018).
② Harry First & Spencer Weber Waller, *Antitrust's Democracy Deficit*, 81 The Fordham Law Review 2543 (2013).
③ Daniel A. Crane, *Technocracy and Antitrust*, 86 Texas Law Review 1159 (2008).
④ See Daniel A. Crane, *Technocracy and Antitrust*, 86 Texas Law Review 1159 (2008).

得反托拉斯法的实施远离了民主基础"①。对执法过程中民主问题的关注可追溯至行政法,为确保行政行为透明性及正当程序原则的实现,行政法开始在全球范围内将行政决策的民主性作为一个新的研究方向。② 面对美国反垄断法实施中过于依赖经济分析和技术官僚的问题,新布兰代斯学派认为仅仅依靠技术官僚难以保障市场和民众的自由,应当引入民主作为反垄断法的重要目标。

(二)公平目标的再度考量

芝加哥学派所主导的主流反垄断分析主要聚焦于经济效率,拒绝关注市场主体之间利益分配的公平性。尽管认识到信任、公平及亲社会行为(pro-social behavior)对市场经济的运行至关重要,但反垄断政策制定者仍选择忽视这些价值,并且认为市场主体追求自身利益最大化的行为与道德无关。③ 新布兰代斯学派对之展开激烈批评,认为"以提升效率为目标意味着要求法院及执法机构执行产业政策,而非依据具有法律效力的竞争法"④。执行产业政策与实施反垄断法的主要区别在于,前者从财政、税收、金融等角度支持某个行业的发展以提升经济效率,但不具有法律强制力;后者以已经生效的反垄断法文本为依据,侧重于法律利益分配的公平性。易言之,提升经济效率是产业政策的主要任务,而反垄断法应当关注市场利益分配的公平性。因此,新布兰代斯学派主张将公平目标引入反垄断法,主要通过垄断企业与竞争对手、消费者之间的市场利益分配实现公平价值。

就垄断企业与竞争对手而言,竞争手段应当具有公平性从而实现市场利益的公平分配。垄断企业通常具有市场支配地位,可能会采取一系列"不公平的竞争行为"(unfair methods of competition)⑤压制竞争对手。针对竞争对手的垄断行为通常包括掠夺性定价、拒绝交易及搭售等,目的是将竞争对手排挤出市场从而维持自身的垄断地位。新布兰代斯学派认为垄断企业实施的许多市场竞争行为并非芝加哥学派所主张的"基于实力的

---

① Harry First & Spencer Weber Waller, *Antitrust's Democracy Deficit*, 81 The Fordham Law Review 2543 (2013).
② See Benedict Kingsbury, Nico Krisch & Richard B. Stewart, *The Emergence of Global Administrative Law*, 68 Law & Contemp. Probs. 15 (2005).
③ See Maurice E. Stucke, *Reconsidering Antitrust's Goals*, 53 Boston College Law Review 551 (2012).
④ Maurice E. Stucke, *Reconsidering Antitrust's Goals*, 53 Boston College Law Review 551 (2012).
⑤ Rohit Chopra & Lina M. Khan, *The Case for "Unfair Methods of Competition" Rulemaking*, 87 University of Chicago Law Review 357 (2020).

竞争"(competition on the merits),①而是利用支配地位实施的垄断行为。以掠夺性定价为例,美国标准石油公司最早采取这种手段排挤竞争对手,该公司经常大幅降价从而将中小石油公司逐出市场。同时,标准石油公司还将垄断高价与掠夺性定价结合起来进行交叉补贴。当市场上没有竞争对手时,便收取垄断高价以获取高额利润;当市场上存在竞争对手时,便大幅降价以驱逐对方。② 当"削价可能已成为大企业最有效的武器"③时,就需要关注竞争者之间利益分配的公平性。此外,市场进入机会公平同样是企业间竞争的重要方面。为了确保新企业在市场进入方面的机会公平,反垄断法应当致力于保持市场的开放性。④ 即便是芝加哥学派也不得不承认,"回顾反托拉斯法的立法历史,可以看到对消费者利益与中小企业利益的诸多关切,并且包括了其他多元价值,由此形成了价值的结合体"⑤。立足于大企业与中小企业的利益分配,新布兰代斯学派主张在反垄断法中引入公平价值,以控制大企业针对竞争对手的排挤性滥用行为。

就垄断企业与消费者而言,垄断者不应当利用垄断优势攫取原本属于消费者的利益,而应在市场竞争正常展开的前提下公平分配市场利益。2019年11月,新布兰代斯学者通过学术会议发表了"犹他声明"(The Utah Statement),主张公平的市场竞争应当是财富与权力分配的重要工具。⑥ 易言之,该学派认可在正常市场竞争环境下市场主体间的财富分配结果,但认为垄断状况下的分配则有失公平。巴里·C. 林恩于2010年就明确垄断性市场对消费者可能产生的危害,"垄断企业即使降低了商品的品种、质量和安全性,也能就消费者必须购买的食品、药品、产品和服务提高价格,这就是垄断企业剥削消费者的方式"⑦。而在更早时期,有学者已

---

① See Benjamin Klein, *Exclusive Dealing as Competition for Distribution on the Merits*, 12 The George Mason Law Review 119 (2003).
② See Ida M. Tarbell, *The History of The Standard Oil Company*, Illustrated, Vol. 1, p. 57–83 (1904).
③ Christopher R. Leslie, *Revisiting the Revisionist History of Standard Oil*, 85 Southern California Law Review 573 (2012).
④ See Lina M. Khan, *Amazon's Antitrust Paradox*, 126 Yale Law Journal 710 (2017).
⑤ See Robert H. Bork, *The Role of The Courts in Applying Economics*, 54 Antitrust Law Journal 21 (1985).
⑥ See Tim Wu, *The Utah Statement: Reviving Antimonopoly Traditions for the Era of Big Tech*, Medium: Onezero (Nov. 18, 2019), https://onezero.medium.com/the-utah-statement-reviving-antimonopoly-traditions-for-the-era-of-big-tech-e6be198012d7.
⑦ Barry C. Lynn, *Cornered: The New Monopoly Capitalism and the Economics of Destruction*, John Wiley & Sons, Inc. 2010, Preface p. X.

经充分认识到分配公平的重要性并将之作为反垄断法的核心,即认为,无论在反垄断立法还是实施过程中,居于核心地位的不是效率而是分配关系,反垄断法的首要目标应该是防止垄断者不公平地把财富(表现为垄断利润)从消费者手中夺走。[1] 同时,其通过对反垄断立法的历史考察,认为"国会关注的重点是防止财富从消费者向具有市场势力的企业'不公平地'转移"[2]。因此,从社会分配角度看,新布兰代斯学派认为反垄断法对市场利益的公平分配具有重要的现实作用,从而更加重视公平价值的引入。

二、对 EBM 模式的颠覆性反思

新布兰代斯学派对以经济学为基础的 EBM 模式提出根本性反思,试图冲破狭窄的经济学,拓宽反垄断法的植根基础。

为引入经济学的效率分析,芝加哥学派建立了 EBM 模式。顾名思义,EBM 模式意味着以经济学为基础,其虽然不要求仅仅遵照经济学理论,但需要尽可能排除经济学之外的因素,从而保持反垄断分析的连贯性与一致性。[3] 在提出 EBM 模式之后,伯克引入价格作为评价竞争的主要标准。伯克认为,消费者福利最大化应当是反垄断的唯一目标,而实现消费者福利最大化的方法是提升经济效率,这种经济效率主要是指生产效率,同时辅之以配置效率。[4]

后芝加哥学派对芝加哥学派的 EBM 模式并未持异议。正如后芝加哥学派的学者贝克尔所言,"我们不需要为了质疑芝加哥学派而否定经济效率的价值,芝加哥学派面临的这些挑战属于效率范式的内部分歧"[5]。在反垄断执法方面,"两个学派均拒绝采用过去的明显依赖于政治手段的主观调查方法,它们主张除显著提高价格或减少产量之外,就应该对商业行

---

[1] See Robert H. Lande, *Wealth Transfers as the Original and Primary Concern of Antitrust: The Efficiency Interpretation Challenged*, 34 The Hasting Law Journal 65 (1982).

[2] Robert H. Lande, *Wealth Transfers as the Original and Primary Concern of Antitrust: The Efficiency Interpretation Challenged*, 34 The Hasting Law Journal 65 (1982).

[3] See Joshua D. Wright, Elyse Dorsey, Jonathan Klick & Jan M. Rybnicek, *Requiem for A Paradox: The Dubious Rise and Inevitable Fall of Hipster Antitrust*, 51 Arizona State Law Journal 293 (2019).

[4] See Robert H. Bork, *The Antitrust Paradox: A Policy at War with Itself*, Basic Books, Inc. Publishers, 1978, p. 405.

[5] Jonathan B. Baker, *Recent Developments in Economics That Challenge Chicago School Views*, 58 Antitrust Law Journal. 645 (1989).

为放任不管,更不应当考虑政治或分配公平因素"①。

与后芝加哥学派对 EBM 模式的遵照和认可不同,EBM 模式对非经济学因素的过度排斥遭到新布兰代斯学派的坚决反对。在该学派看来,芝加哥学派为了获得反垄断分析所谓的纯粹性及一致性,抛弃了许多社会政治维度的重要价值,也割裂了反垄断法所植根的社会现实,从而使反垄断分析建立在过于狭窄且过度抽象的经济学理论之上。从反垄断法实施的角度看,EBM 模式赋予了经济学作为反垄断法规范基础的地位,一种行为是否具有垄断违法性应当由经济分析结果决定。在此模式下,证明反垄断损害首先需要证明消费者福利受损,而后者通常以价格上涨、产量减少为表现形式。②

新布兰代斯学派认为,伯克所主张的消费者福利并非大众所理解的消费者利益,甚至不是经济学上的消费者剩余(consumer surplus),而是经济学意义上的总福利(total welfare)。③ 经济学意义上的福利计算方式,无论是生产者剩余还是消费者剩余均以价格为基础。引入此种模式,存在"迈向价格中心型反垄断法的强烈倾向",由此价格成为竞争政策的核心问题。④ 在新布兰代斯学派看来,EBM 模式的负面影响在于反垄断实践偏向于处理价格、产量及生产效率等容易测量的因素,而社会、政治及道德层面的因素甚至质量、创新等其他经济维度因素极容易遭到拒斥。显然,以价格为中心的 EBM 模式遭到了新布兰代斯学派的反对,认为其存在适用领域过于狭窄的问题,难以有效识别特定领域(比如平台和数据驱动型市场)的反竞争损害且不能真正促进市场竞争。该派学者莉娜·M. 可汗认为,反垄断法和竞争政策的目的"不应当是提升福利,而是促进市场竞争"⑤(not welfare but competitive market)。由此,新布兰代斯学派将几十年来居于反垄断主流地位的 EBM 模式彻底颠覆,转而寻求一种替代性的分析模式。

三、违法性标准的多维度扩张

新思潮对主流经济学的超越还体现在违法性认定的具体标准方面。

---

① Michael S. Jacobs, *Essay on the Normative Foundations of Antitrust Economics*, An, 74 University of Cincinnati Law Review 219 (1995).
② See, e. g., Ginzburg *v.* Mem'l Healthcare Sys., Inc. 993 Federal Supplement 998, 1015 (Southern District of Texas 1997).
③ See Lina M. Khan, *Amazon's Antitrust Paradox*, 126 Yale Law Journal 710 (2017).
④ 参见[美]莫里斯·E. 斯图克、艾伦·P. 格鲁内斯:《大数据与竞争政策》,兰磊译,法律出版社2019 年版,第 126~128 页。
⑤ Lina M. Khan, *Amazon's Antitrust Paradox*, 126 Yale Law Journal 710 (2017).

在认定垄断行为违法性时,新布兰代斯学派对芝加哥学派具有放松管制色彩的"错误成本分析框架"并不认可,主张对行为违法性认定标准进行多维度的扩张解释。芝加哥学派保守主义倾向的表现,一种是经济理念上的放任自由主义;另一种是在芝加哥学派经济学思想影响下形成的错误成本分析框架(error cost analysis)。新布兰代斯学派主要选取了掠夺性定价、纵向合并等行为的违法性认定标准进行扩张性解释。

(一)对错误成本分析框架的效果反思

芝加哥学派保守主义倾向的表现,除了经济理念上的"放任自由主义"之外,还包括反垄断法适用中的"错误成本分析(error cost analysis)"。错误成本分析框架由芝加哥学派成员弗兰克·H.伊斯特布鲁克法官最初提出,他认为由于人类认知的有限性,适用反垄断法时将不可避免地存在误判现象。如果对正当的市场行为进行惩处,相关企业将再也不敢从事这种行为,其他企业的类似行为同样会被惩处。如果错误地放过了垄断行为,短期内福利会遭受减损,不过垄断高价会吸引新企业进入市场,从而使垄断走向自我毁灭。[1] 这两种错误又被学者总结为假阳性(false positive)错误和假阴性(false negative)错误。[2] 所谓假阳性错误,即原本不属于垄断行为,但被错误地认定为垄断行为进而受到制裁。所谓假阴性错误,即原本属于垄断行为但未被及时识别出来,进而逃脱反垄断法的制裁。无论是假阳性错误还是假阴性错误均会产生成本,于是芝加哥学派对二者的错误成本进行分析,以判断何种错误让社会负担的成本更高。弗兰克·H.伊斯特布鲁克认为,"漏判了不法行为的司法错误可以获得自我矫正,而错误的惩处则难以自我纠正"[3]。原因在于,芝加哥学派所信奉的保守主义经济学理论主张市场具有自我修复、自我矫正的能力,即便从事垄断行为的企业成为"漏网之鱼"也能够获得市场机制的自我矫正,因此假阴性错误的社会成本较低;而假阳性错误由政府干预造成,难以自我矫正,社会成本显然更高。

新布兰代斯学派认为错误成本分析框架以非干预的经济学思想为基础,过于相信市场的自我纠偏能力,可能遗漏具有反竞争性的垄断行为,从而造成过度放松管制的弊端。在芝加哥学派鼎盛时期,错误成本分析框架一度成为美国联邦最高法院的主流分析框架,深刻地影响着美国反垄断的

---

[1] See Frank H. Easterbrook, *The Limits of Antitrust*, 21 Texas Law Review 1 (1985).

[2] See Alan Devlin, Michael Jacobs, *Antitrust Error*, 52 William and Mary Law Review 75 (2010).

[3] Frank H. Easterbrook, *The Limits of Antitrust*, 21 Texas Law Review 1, 3 (1985).

司法实践。由于长期"一边倒"地支持垄断企业,这种过度宽松的反垄断司法框架不断受到非议。有学者认为,"伊斯特布鲁克的分类过于简单。如果仅仅将市场简单视为解决所有问题的良药,把政府干预视为所有问题的根源,这种非此即彼的传统观念在司法实践中可能会适得其反"①。2019年,在美国众议院司法委员会的调查听证中,公开市场研究所(Open Markets Institute)认为自里根时代以来,美国极大地减弱了反托拉斯法的实施力度,市场上的大公司力量极端集中,已经严重制约了政治和商业领域的民主制度。② 即便是后芝加哥学派也认为错误成本分析框架存在着过于信任市场机制的弊端。阿伦·德夫林(Alan Devlin)和迈克尔·雅各布斯(Michael Jacobs)共同认为,一方面假阳性错误成本并不一定高于假阴性错误成本,尤其是就长期视角而言更是如此;另一方面,自由市场力量并非总能及时消除反竞争行为产生的危害。③在错误成本分析框架的影响下,芝加哥学派否认未被及时识别的垄断行为的违法性,极大地缩小了垄断行为违法性认定的空间。对此,新布兰代斯学派要求对垄断行为的违法性认定标准进行扩张性解释,以强化反垄断法的实施力度,而掠夺性定价和纵向合并行为成为新布兰代斯学派论战的重点。

(二)掠夺性定价的违法性标准扩张

芝加哥学派宣称"掠夺性定价、纵向合并及搭售从未或极少减损消费者福利"④,由此否认这些行为的违法性。其中,掠夺性定价行为是《谢尔曼法》第2条和《罗宾逊-帕特曼法》第3条同时明确规定的垄断行为,但上述条款在反垄断司法实践中几乎被芝加哥学派废止。

芝加哥学派成员伯克对20世纪60年代的"犹他派集团诉大陆烘焙案"⑤进行了猛烈抨击,认为被告的低于成本的销售行为并不会损害竞争。"根据该案情况,没有任何经济学理论能够支持竞争损害。与其说被告是因为损害竞争受到指控,倒不如说是因为竞争而受到指控",甚至认为掠夺

---

① Barak Orbach, *The Limits of Antitrust Scholarship*, 91 Texas Law Review 1165 (2013).
② Open Markets Institute Letter to The Honorable Jerrold Nadler, Chairman of the House Committee on the Judiciary, Open Markets (January 17, 2019), https://static1.squarespace.com/static/5e449c8c3ef68d752f3e70dc/t/5ebed365ce9b9a4c2c670a72/1589564266545/Anti-Monopoly-Priorities_Open-Markets-Institute.pdf.
③ See Alan Devlin & Michael Jacobs, *Antitrust Error*, 52 William and Mary Law Review 75 (2010-2011). 学者阿伦·德夫林和迈克尔·雅各布斯总结了错误成本分析框架可能存在的4个问题,本书选择其中2个与经济学理论关联密切的问题作为论述依据。
④ Daniel A. Crane, *The Tempting of Antitrust: Robert Bork and the Goals of Antitrust Policy*, 79 Antitrust Law Journal 835 (2014).
⑤ Utah Pie Co. *v.* Continental Baking Co. 386 U.S. 685 (1967).

性定价"极有可能并不存在"。① 在芝加哥学派经济学理论的影响之下,美国联邦最高法院于20世纪90年代引入"补偿测试"(recoupment test)标准,几乎停止了对掠夺性定价的违法性认定。1993年判决的"布鲁克有限公司诉布朗与威廉姆森烟草集团案"②中,美国联邦最高法院要求原告"必须证明被诉的掠夺性定价行为能够将价格再次抬高且足以弥补降价期间的损失,包括投入资金的利息"③。此即为美国反垄断司法实践中所谓的"补偿测试"标准。

新布兰代斯学派反对将"补偿测试"标准作为违法性认定的标准,试图通过废除该标准来扩大掠夺性定价的解释范围。"补偿测试"标准被作为一种尽量降低假阳性错误的手段而被法院广泛使用。如果作为掠夺性定价受害方的原告不能证明从事掠夺性定价行为的被告在未来能够获取补偿,则法院几乎不会认定低于成本销售构成掠夺性定价。④ 该派学者莉娜·M.可汗认为,尽管掠夺性定价在法律文本上仍属违法行为,但原告想赢得诉讼却很困难。原因在于,目前法院要求原告必须证明被告将来有能力通过提价来弥补亏损。⑤ 大多数诉讼发生在被告低于成本销售阶段,证明被告将来能够通过提价弥补损失,意味着要求原告必须在当下证明未来。在新布兰代斯学派看来,这几乎是不可能的事情。举例来说,亚马逊的成长主要采取了掠夺性定价战略,其从一家书籍零售商一步步成为商业巨头,却几乎没有受到过反垄断处罚。类似亚马逊的平台企业能够在投资者的支持下连续多年承担亏损,从而将竞争对手逐个逐出市场。因此,新布兰代斯学派认为应当废除"补偿测试"标准,扩大掠夺性定价的违法性认定范围。

(三)纵向合并的违法性标准扩张

纵向合并是新布兰代斯学派与芝加哥学派就经济学进行论战的另一个重要领域。所谓纵向合并实质上是同一行业内处于不同生产阶段的企业进行的合并行为,生产商与经销商之间的合并即为典型例证。美国《谢尔曼法》《克莱顿法》《联邦贸易委员会法》等法律均将纵向合并与横向合并一同规定为垄断违法行为,适用相同的违法判断标准。

---

① Robert H. Bork, *The Antitrust Paradox: A Policy at War with Itself*, Basic Books, Inc. Publishers, 1978, p.154.
② See Brooke Group Ltd. *v.* Brown & Williamson Tobacco Corp., 509 U.S. 209 (1993).
③ Brooke Group Ltd. *v.* Brown & Williamson Tobacco Corp., 509 U.S. 209 (1993).
④ See Christopher R. Leslie, *Predatory Pricing and Recoupment*, 113 Columbia Law Review 1695 (2013).
⑤ See Lina M. Khan, *Amazon's Antitrust Paradox*, 126 Yale Law Journal 710 (2017).

然而，芝加哥学派却认为，纵向合并的主要作用在于提升效率，一般不应当认定为垄断违法行为。例如，伯克极力主张"纵向合并能够有效提升效率，并不会损害竞争"[1]。针对纵向合并可能产生的市场封锁和杠杆效应，芝加哥学派都从理论上进行了否定。首先，对于纵向合并可能产生的市场封锁效果，波斯纳认为"收购可以推迟进入，但不会阻止进入"[2]。退一步而言，如果纵向合并不能提升效率，参与合并的企业就难以获得成本优势，同样不会对市场进入产生阻碍作用。这一推论的依据仍在于对纵向合并经济效率的倚重。其次，对于纵向合并可能产生的杠杆效应，芝加哥学派认为企业从一个市场上能够攫取的利润是固定的，如果两种产品需要按比例搭配使用，企业也难以通过向相邻市场扩张的方式来获取更多利润。[3] 芝加哥学派对市场封锁效果和杠杆效应的否定，无疑大大限缩了纵向合并违法性认定的空间。

新布兰代斯学派认为应当重新设定纵向合并的违法性认定标准，尤其是应当对平台领域的纵向合并进行扩张性控制。在新布兰代斯学派看来，芝加哥学派主流经济理论对纵向合并违法性的限缩具有明显的局限性，在平台领域表现得尤其突出。原因在于，目前的企业并购审查主要以货币金额为门槛标准，无法有效识别数据范围和规模所蕴含的竞争价值。[4] 数据具有通用性特征，一个行业内的数据通过算法解读可以深入地反映其他行业的经营信息。平台企业可以通过收集一个行业内的数据来实现削弱另一行业竞争对手的目的，这反映出数据具有明显的杠杆效应。平台企业为了获取数据普遍采取免费模式提供产品和服务，加剧了主流价格理论的局限性。若竞争执法机构缺乏良好的用于评估免费的产品和服务的分析框架，仅仅依靠价格理论，就会造成许多数据驱动型并购未经认真审查而获得通过。[5]新布兰代斯学派认识到芝加哥学派的主流标准存在过度限制违法性认定的问题，要求更加重视数据通用性产生的杠杆作用，从而实现对纵向合并（尤其是平台领域的纵向合并）认定的扩张性解释。

---

[1] Robert H. Bork, *The Antitrust Paradox: A Policy at War with Itself*, Basic Books, Inc. Publishers, 1978, p. 226.

[2] [美]理查德·A. 波斯纳：《反托拉斯法》，孙秋宁译，中国政法大学出版社 2003 年版，第 265 页。

[3] See Richard A. Posner, *The Chicago School of Antitrust Analysis*, 127 University of Pennsylvania Law Review 925 (1979).

[4] See Lina M. Khan, *Amazon's Antitrust Paradox*, 126 Yale Law Journal 710 (2017).

[5] 参见[美]莫里斯·E. 斯图克、艾伦·P. 格鲁内斯：《大数据与竞争政策》，兰磊译，法律出版社 2019 年版，第 265 页。

本 章 小 结

　　从历史过程看,经济学在反垄断法中经历了"缺失—引入—至高—式微"循环扬弃的过程。首先,在美国《谢尔曼法》颁布的过程中以及生效后的一段时期内,经济学处于几乎缺位的状态。《谢尔曼法》的通过主要是以民主、公平等为价值诉求的社会政治运动推动的结果,早期司法则体现出明显的形式主义色彩,此阶段未观察到经济学对反垄断法的实质性影响。其次,哈佛大学开创产业组织理论以后,通过SCP范式将结构主义引入美国反垄断实践之中,经济学开始对反垄断法的实施产生实质性影响。再次,芝加哥学派通过"经济学帝国主义运动"扩张了经济学在法学各领域内的影响,并主张经济学应成为反垄断法的唯一基础,使经济效率在反垄断法中居于至高地位。后芝加哥学派虽然对芝加哥学派进行了一定程度的修正,但并未对经济效率目标提出根本性挑战。在芝加哥学派鼎盛时期,经济学的效率思想在世界主要反垄断辖区广泛传播。最后,随着美国新布兰代斯学派的崛起,芝加哥学派经济学理论受到较大挑战。新布兰代斯学派认为将反垄断法仅仅建立在经济学基础之上过于狭窄,应当同时考虑更为广泛的社会政治基础,经济学只是反垄断法需要考量的因素之一而非全部。在此背景下,经济学又开始从至高走向式微。

第二章 经济学与反垄断法
的冲突机理

经济学与反垄断法的历史关系表明,在反垄断法产生之初,二者并无直接交集。芝加哥学派占据主导地位以后将反垄断法全盘"经济学化",才引发了二者在价值理念、分析模式及案件实践等层面的紧张关系。原因在于,"效率一元论"试图以纯粹的经济逻辑取代多元的法律判断,必然激化两个学科间的潜在冲突。对此,我们需要关注经济学与反垄断法的学科视角差异,探究引发二者冲突的内在机理。

第一节 "效率一元论"与反垄断法之罅隙

芝加哥学派占据主流地位以后,极力推崇以经济学为基础的"效率一元论",将反垄断法的基础局限于经济效率维度。不过,较为极端的"效率一元论"不仅会削减反垄断法的现实基础,而且可能遮蔽反垄断法的多元主体,最终导致反垄断法学科自主性的消解。

一、削减反垄断法的现实基础

(一)"效率一元论"局限于经济学视角

作为一门研究经济系统运行的学科,经济学主要从效率视角研究市场竞争问题。从价值取向上,"效率是经济学的目标"[1]。经济学主要从效率角度研究市场运行过程,竞争机制则属于市场运行过程的重要组成部分。以亚当·斯密为代表的古典经济学理论,将市场机制看作一只"看不见的手"以调节经济活动,而竞争则属于市场机制的重要组成部分。大卫·李嘉图用比较优势的理论倡导贸易自由,同样推崇自由竞争理论。马歇尔在进行微观均衡分析时发现消费者的需求信息传递过程能够支持竞争机制发挥作用,进而可以促使经济达到均衡状态。从斯密到马歇尔都将自由竞争视为最符合经济效率的状态,以完全竞争为市场机制运行的理想状态。

从经济学视角出发,之所以对垄断现象进行法律规制,主要是因为其

---

[1] 柯华庆:《法律经济学的思维方式》,载《制度经济学研究》2005年第3期。

影响了经济系统的运行效率。垄断最初是指市场上仅有一个企业的现象（独占），随着理论发展又加入了少数企业掌控市场的寡头垄断情形。按照张伯伦的说法，市场总是处于纯粹竞争与完全垄断之间的垄断竞争状态。① 约瑟夫·熊彼特（Joseph Schumpeter）则提出创新理论，认为市场竞争并非技术创新的主要机制，经济理论中的均衡状态从未达到过，而是在对垄断的追求过程中不断地移动。② "垄断者，即在某个特定市场上进行销售的唯一企业，面对着不同的价格和产出决定。"③在熊彼特的观点中，市场垄断机制具有比竞争机制更有效率的功能，从而获得了熊彼特的同情和支持。企业合并中的"威廉姆森权衡"存在相似的思路，"如果效率的增大而导致剩余的增加超出了市场支配力的增大而导致剩余的减少，那么就应允许合并"④。也就是说，无论其中的剩余是归垄断者还是归相对方，只要剩余的数量足够大，那么就应该允许合并。沿袭这一思路，经济学福利（效率）概念"完全没有考虑消费者与生产者之间的收入分配问题"⑤。经济学主要立足于效率视角研究垄断现象。即便是反对垄断的经济学观点，也多从垄断降低经济效率、造成社会福利损失等角度论证危害性。

在学科性质方面，产业组织理论虽然直接介入了反垄断实践，但同样属于经济学诸多分支之一。就此而言，无论是哈佛学派、芝加哥学派还是后芝加哥学派，仍未超出经济学的学科范畴。哈佛学派主张通过对竞争性市场结构的维持来防止企业的垄断行为，采取比较严厉的规制态度。芝加哥学派认为市场具有自我调节的能力，更相信来自市场的自发效率机制，甚至将经济效率标准推向绝对地位。相较于哈佛学派严厉的规制思路，芝加哥学派对大企业更加宽容、更加同情。该学派一直致力于推动经济学对反垄断法的引领和主导，甚至明确宣称"反托拉斯法变成了一套经济学的理性原则"⑥。后芝加哥学派以芝加哥学派挑战者的姿态出现，其认为市场并非完美，倾向于通过矫正过度宽松的规制态度提升经济效率。

---

① 参见[美]爱德华·张伯伦：《垄断竞争理论》，周文译，华夏出版社2009年版，第184页。
② 参见[美]约瑟夫·阿洛伊斯·熊彼特：《经济发展理论》，叶华译，中国社会科学出版社2009年版，第80页。
③ [美]赫伯特·霍温坎普：《联邦反托拉斯政策：竞争法律及其实践》，许光耀等译，法律出版社2009年版，第13页。
④ [日]泉田成美、柳川隆：《产业组织理论基础》，吴波、王琳译，机械工业出版社2015年版，第128页。
⑤ [意]马西莫·莫塔：《竞争政策——理论与实践》，沈国华译，上海财经大学出版社2006年版，第12页。
⑥ [美]理查德·A.波斯纳：《反托拉斯法》，孙秋宁译，中国政法大学出版社2003年版，"序言"。

经济学主要从市场竞争的角度研究垄断问题,从而考察垄断是否影响了经济运行效率。基于引入经济学的需要,反垄断法增加了许多经济学技术细节,再加上令人费解的新自由主义抽象概念,无疑扩大了经济分析与法律实践之间的鸿沟。反垄断法的非经济目标被完全抛弃,被模糊不定的消费者福利标准取而代之。与非经济目标一并被抛弃的,还有对产业集中势头的遏制。实际上,为了防止垄断力量危害经济、政治和社会,过度集中的产业结构从一开始就引发了社会关注。[1] 可见,"效率一元论"主要源自经济学立场,对垄断问题的观察仅限于可量化的经济效率、经济福利问题,并不关注经济学维度以外的影响及危害。

(二)垄断问题的社会政治维度遭到忽视

"效率一元论"采取经济学的单一维度看待垄断问题,最大的问题在于抽离了可能更为重要的社会、政治及道德因素。前已述及,反垄断法的最初产生并非经济学推动的结果,而是社会政治运动的产物。经济学运用数理模型抽象地判断垄断对市场效率的减损程度,无疑割裂了反垄断法与社会、政治、文化系统之间的关联。在反垄断法中,经济效率以外的民主、公平等多元价值同样具有重要作用,但却被忽视了。

美国新布兰代斯学派之所以能够兴起,一个重要原因是其对芝加哥学派"效率一元论"的批判及对反垄断法多元价值的再次重视。面对数字经济时代新产生的垄断问题,新布兰代斯学派学者莉娜·M.可汗旗帜鲜明地提出将经济学作为反垄断法的基础过于狭窄,"反垄断是构建民主社会的关键工具和哲学基础"[2]。早在2010年,巴里·C.林恩就已经将大量滋生垄断的社会现象称为"新垄断资本主义"(the new monopoly capitalism),并认为"隐形垄断无处不在"。[3] 即便是主张效率标准一元化的学者也不得不承认,"回顾反托拉斯法立法历史,可以看到对消费者利益及中小企业利益的反复关切,并且包括了多种多样的其他价值——价值的混合体"[4]。经济学将法律视为解决市场失灵问题的外部工具,由此将反垄断法作为一种

---

[1] See Maurice E. Stucke & Ariel Ezrachi, *The Rise, Fall, and Rebirth of the U. S. Antitrust Movement*, Harvard Business Review (Decernber 15, 2017), https://hbr.org/2017/12/the-rise-fall-and-rebirth-of-the-u-s-antitrust-movement.

[2] Lina M. Khan, *The New Brandeis Movement: America's Antimonopoly Debate*, 9 Journal of European Competition Law & Practice 131 (2018).

[3] See Barry C. Lynn, *Cornered: The New Monopoly Capitalism and the Economics of Destruction*, John Wiley & Sons, Inc. 2021, p. 1.

[4] See Robert H. Bork, *The Role of the Courts in Applying Economics*, 54 Antitrust Law Journal 21 (1985).

国家干预之法对待,但经济学研究所立足的"政府—市场"关系范式,无疑存在过于简化和抽象的问题。如果仅仅将反垄断法视为一种与市场相对立的国家干预工具,难免会抽离反垄断法的丰富内涵。[①] 新布兰代斯学派主张回归多元价值时代,弥补了反垄断法"效率一元论"的不足。正是由于重新回应了垄断现象引发的社会政治问题,新布兰代斯学派才引起了学界和实务界的重视和反响。

从法律文本的内容来看,垄断问题的多维面向也贯穿于反垄断法的文本结构,不应被"效率一元论"所掩盖。法律规则是法律价值衍生的枝干,而价值目标则是居于法律内核部位的精神、灵魂。法律规范的刚性规定无不体现着法律价值的柔性指引,法律规范同样彰显着反垄断法多元价值的气质。《中华人民共和国反垄断法》(以下简称《反垄断法》)第20条对垄断协议的豁免规定中,经营者因增进效率、公共利益及经济不景气可以适用豁免规定,而且要求必须"能够使消费者分享由此产生的利益"[②]。国家市场监督管理总局《禁止滥用市场支配地位行为规定》第22条从总体上规定了"不公平"和"正当理由"需要考虑的具体因素,在7项考量因素中,仅1项与经济效率直接相关。[③]

如果仅仅考虑经济效率,不仅容易忽略其他重要的法律价值,而且与反垄断的具体规则相抵牾。从规则与价值之间的关系的角度来看,"法律规则之间根据效力关系形成了特定的阶层构造,属于体系的刚性部分;而法律原则之间根据内容关系形成了客观价值秩序的统一体,属于法律体系的柔性部分"[④]。从法律文本的规定不难看出,反垄断法存在多元价值考量的现实需求。经济学囿于学科视角和话语体系的局限,很少顾及公共利益、公平正义、安全秩序等多元价值目标,而这些恰恰可能是法律体系更为重要的价值目标。因此,仅仅从经济学效率维度透视垄断,未免对反垄断法丰富的现实基础造成过度削减。

---

① See Robert H. Lande, *Consumer Sovereignty: A Unified Theory of Antitrust and Consumer Protection Law*, 65 Antitrust Law Journal 713 (1997).
② 参见《中华人民共和国反垄断法》第20条第2款。
③ 《禁止滥用市场支配地位行为规定》第22条规定,认定"不公平"和"正当理由"需要考虑的因素还包括:(一)有关行为是否为法律、法规所规定;(二)有关行为对国家安全,网络安全等方面的影响;(三)有关行为对经济运行效率、经济发展的影响;(四)有关行为是否为经营者正常经营及实现正常效益所必需;(五)有关行为对经营者业务发展、未来投资、创新方面的影响;(六)有关行为是否能够使交易相对人或者消费者获益;(七)有关行为对社会公共利益的影响。
④ 雷磊:《适于法治的法律体系模式》,载《法学研究》2015年第5期。

二、遮蔽反垄断法的多元主体

"效率一元论"以经济效率为唯一视角,对多元的市场主体以及利益分配公平性缺乏关注。在效率语境下,经济学以其独特的知识体系与解释逻辑,通过最高或最终目标的设定将其他价值排除在法律体系之外。"从经济学角度看,反垄断的理性基础不是垄断所造成的福利转移,而是其造成的福利净损失和其他社会成本。"[①]在效率视角之下,无论是企业合并还是价格歧视,只要剩余总量达到最大,均符合经济效率。比如,垄断企业可以采取完全价格差异的方式定价,针对每个消费者的支付意愿将价格提到最高,从而将全部的消费者剩余转化为生产者剩余,这样的市场同样不存在无谓损失。此时,依照经济学观点,整个市场达到了效率最大化状态。然而,这种歧视性交易行为剥夺了本属于消费者的正当利益,与法律对主体间分配正义的追求并不相符。从组织生产活动的角度来说,市场是有效率的,但市场不能自动产生一套公平的分配系统。对于基于效率产生的剩余归消费者还是企业,经济学则在所不问。资本主义从自由竞争阶段进入垄断阶段所产生的种种社会问题即是明证。因此,虽然经济学并非完全置多元主体的利益于不顾,但显然难以在效率概念下对不同市场主体的利益进行适度关注。

实际上,在法律视域下至少存在垄断者、竞争者、消费者三方主体需要予以关注。反垄断法产生并成长于市场共同体内,是确保竞争机制正常运行的"宪法"。即便在不断地修改演进过程中,反垄断法也从未失去作为协调多元主体利益的"经济宪法"之本色。[②] 市场合作秩序的建造者和维持者即是市场共同体——经济活动的参与者。从人类合作生活场景来看,市场是人类合作秩序在生产、交易领域的具体化,市场共同体本质上仍然是交往秩序上的互惠化。[③] 反垄断法着眼于竞争性市场机制的保护,以此保证经济利益在经营者、竞争者、消费者之间分配的公平性和正当性,从而为市场提供一种制度化的交易环境,使经济系统内生产、流通、消费不受阻碍地正常运行。从"垄断者—竞争者—消费者"三方关系的角度看,在市场共同体协作过程中,三方均不得以垄断力攫取或侵害他方依照竞争秩序所应获取之利益。"高额的垄断收益是以消费者被迫支付高价和被迫接

---

① 王传辉:《反垄断的经济学分析》,中国人民大学出版社2004年版,第5页。
② 参见孙晋:《新〈反垄断法〉开启中国"经济宪法"新征程》,载《中国价格监管与反垄断》2022年第9期。
③ 参见汪丁丁等:《人类合作秩序的起源与演化》,载《社会科学战线》2005年第4期。

受恶劣的交易条件为代价的。"①垄断者所获取的垄断利润实际上就是竞争对手及消费者的损失,与民法意义上的侵权行为十分类似,甚至可以由此证成垄断行为的侵权乃至犯罪属性。竞争法所保护的竞争,对于市场机制而言是配置稀缺资源的手段;对于市场参与者而言,是一种其能够在市场上进行公平竞争的应然规则。② 反垄断法内嵌于市场机制中,是市场共同体利益协调必须具备的法律规范。从这个意义上讲,反垄断法不应当仅仅是实现经济效率的工具,更应当是平衡协调市场主体多元竞争利益的"宪法性框架"。

在诸多主体之间,最容易遭受损害且最容易受到忽视的是终端消费者。对消费者的保护是大多数国家和地区所认可和倡导的立法目标,通过市场竞争来保护消费者合法权益是反垄断法的重要立法目的。在2014年的汽车行业反垄断系列案件中,消费者利益受损的情况同样受到关注。比如,在日本,执法机构认为爱三工业株式会社与竞争对手达成并实施了垄断协议,抑制了相关汽车零部件产业的市场竞争,损害了下游汽车制造商的合法权益和消费者利益。③ 立足于此,"我们可以说,反垄断法是一部实实在在的'消费者权益保护法'"④。经济学家也应当认识到竞争法除了要求提升(整体或消费者)福利,还被允许实现其他法定目的,而这些目的往往是基于立法者的决定,因而必须争取实现。⑤ 比如,对正义的追求是隐藏在反垄断法价值体系之内更深层、更基础的价值基石。效率标准应该在最严格意义上使用,并且需要符合公共利益标准。⑥ 人类对经济领域内的垄断企业进行防范,防止消费者及其他社会主体遭受经济势力侵害成为重要的价值考量,这种质朴的情感诉求虽然简单,但却具有最长久、最坚韧的生命力。正如刑法、行政法等博大精深的公法体系一样,人类对经济巨头垄断势力的担忧和对其他市场主体保护的需求亦凸显了反垄断法的"宪法"属性。如果反垄断法仅仅从效率视角出发,必然会遮蔽市场内垄断者、竞争者、消费者等主体的不同利益诉求。

---

① 王晓晔主编:《中华人民共和国反垄断法详解》,知识产权出版社2008年版,第7页。
② 参见王先林主编:《最新反垄断法条文对照与重点解读》,法律出版社2022年版,第2页。
③ 参见国家发展和改革委员会行政处罚决定书,发改办价监处罚[2014]4号。
④ 王晓晔主编:《中华人民共和国反垄断法详解》,知识产权出版社2008年版,前言第8页。
⑤ 参见[德]乌尔里希·施瓦尔贝、丹尼尔·齐默尔:《卡特尔法与经济学》,顾一泉、刘旭译,法律出版社2014年版,第616页。
⑥ 参见徐士英:《反垄断法实施面临功能性挑战 兼论竞争政策与产业政策的协调》,载《竞争政策研究》2015年第1期。

三、消解反垄断法的学科自主性

"效率一元论"对反垄断法学科自主性的消解主要体现在两个层面:一是在法理学层面,法律经济学从效率视角分析法律现象,使法律体系的自主性面临消解的危险;二是在反垄断法层面,当芝加哥学派明确宣布反垄断法是"一套经济学的理性原则"时,实际上已经否认了反垄断法作为一门法律学科的自主性。

(一)法律经济学否定法律体系的自主性

在法理学层面,"效率一元论"的典型代表是法律经济学。法律经济学实质上是从经济学视角分析法律现象,立足于经济学而非法学立场,"从经济学理论的立场来审视这个世界,并且由此出发来确认、质疑并经常试图改革法律现实"①,无疑掩盖了"法""法律概念""法律推理"等制度内涵。经济学具有内在的一套术语体系和思维方式,更多地将法律作为一种外在对象简化处理,而非关注其内部结构。法律经济学所依托的经济学资源决定了其难以兼顾法律正义价值和内在架构,从而难以支撑法律内部体系的建构与发展。

在法学领域引入其他学科的知识确属必要,但如果过度引入就可能冲击原有学科的知识体系。法学和经济学具有各自的价值导向和社会功能,内在规定存在巨大差异。法学最终以正义为归旨,经济学则以效率分析见长。对此,有学者声称"连接了正义和效率,也就连接了法学和经济学"②。在法律经济学的视野中,经济学占据主导地位,法律是被分析和批判的对象。③ 如果失去法律框架的约束,虽然在用经济学的理论体系来分析相关法律理论体系,但因缺乏对相关法律体系的准确把握和运用,法律的经济分析可能变成一种经济学观点的"法律例证"④。"无论是由法律制度规制,还是发生在法律制度之内,大多数活动都是经济分析者分析的材料。"⑤因此,"法律经济学分析几乎从定义上就否认法律的自主性"⑥。

---

① [美]圭多·卡拉布雷西:《法和经济学的未来》,郑戈译,中国政法大学出版社2019年版,第2页。
② 熊秉元:《正义的成本》,东方出版社2014年版,第260页。
③ 参见[美]圭多·卡拉布雷西:《法和经济学的未来》,郑戈译,中国政法大学出版社2019年版,第7页。
④ 周林彬:《中国法律经济学研究中的"非法学化"问题——以我国民商法和经济法的相关研究为例》,载《法学评论》2007年第1期。
⑤ [美]理查德·A.波斯纳:《法理学问题》,苏力译,中国政法大学出版社2002年版,第442页。
⑥ 参见[美]理查德·A.波斯纳:《超越法律》,苏力译,中国政法大学出版社2001年版,第22页。

实际上,法学与经济学是完全不同的两个学科体系,存在着天然差异,具有截然不同的分析视角和立场。经济学以效率最大化为终极目标,而法学更注重利益在不同主体间的分配公平性,在价值导向层面存在天然差异。"社会系统必须同时维持其内在的确定性和自动维护面对环境的界限。"①法学的核心理念即是关注利益分配公平性,不受任何理念约束的效率追求必然对法学的价值体系产生重大伤害。经济学主要遵从市场的逻辑,对于组织人类的生产活动来说,市场是有效的,但市场并不能自动产生一套公平的分配系统。从这个意义上说,整个法律体系都需要经济学、社会学、政治学等学科提供基础养料,所有部门法均存在着一定程度的不自足性。如果为了追求高度专业的经济分析而把绝大部分资源投入经济学,那法学何以成为法学?② 作为一个交叉学科,法律经济学主要以经济效率视角,将法律逐步带离公平、正义、自由、秩序等价值场域,而这恰恰使法律面临着丧失自主性的危险境地。

(二)经济分析进路否定反垄断法的自主性

科斯曾说:"我被反垄断法烦透了!价格涨了,法官就说是'垄断性定价';价格跌了,就是'掠夺定价';价格不变,就是'勾结定价'。"③这实际上是以经济逻辑取代法律逻辑,以效率价值代替公平价值,对反垄断法具有明显的消解作用。"芝加哥学派的法律经济学在反托拉斯领域取得了最为彻底的胜利。"④源自经济学领域的经济分析进路以效率目标为终极追求,要求反垄断法各项制度均体现经济效率的指引。在理论层面,许多反垄断法学者将效率价值引入反垄断法并作为核心判断标准。比如,有学者将经济效率作为反垄断法的核心目标,认为"反垄断法的核心目的是促进经济效率,而消费者福利的改善则是经济效率提高的必然结果"⑤。也有学者对反垄断法的经济逻辑进行专门研究后,认为"反垄断法应选择效率规制模式"⑥。还有学者表明,在反垄断法的价值体系中,"效率价值处于

---

① [法]达尼洛·马尔图切利:《现代性社会学:二十世纪的历程》,姜志辉译,译林出版社 2007 年版,第 58 页。
② 参见成凡:《社会科学"包装"法学?——它的社会科学含义》,载《北大法律评论》编辑委员会编:《北大法律评论》总第 12 辑,北京大学出版社 2006 年版。
③ 《人文经济讲座第七期成功举行,薛兆丰破解反垄断真相》,载人文经济学会微博 2015 年 11 月 29 日,https://weibo.com/p/1001603914617482017345。
④ Daniel A. Crane, *Chicago, Post-Chicago, and Neo-Chicago*, 76 The University of Chicago Law Review 1911 (2009).
⑤ 颜运秋:《反垄断法立法目的与保护消费者权益》,载《社会科学家》2005 年第 5 期。
⑥ 胡甲庆:《反垄断法的经济逻辑》,厦门大学出版社 2007 年版,第 308 页。

最高位阶,构成该部门法的价值目标"①。

在经济学极端效率视角下,需要警惕其对反垄断法自主性的侵蚀。芝加哥学派至今仍宣称,在经济学的指导下反托拉斯已然发展出了一套连贯的、原则性的及可行的规则体系。② 在曾举行的人文经济讲座上,不止一位经济学家以经济效率为由否认《反垄断法》存在的必要性。甚至有经济学家断言:"反垄断法在美国是一部地地道道的恶法,在中国的危害还更严重。"③为何《反垄断法》在实施过程中会遭遇来自经济学的质疑和抵制?反过来讲,经济学研究为何会出现否认反垄断法存在必要性的观点,以及我国经济学研究能否为反垄断法的实施提供恰切的分析工具?这些都是我国经济分析与反垄断法的衔接问题,更为本质的就是经济学与法学两个学科如何实现价值认同的问题。在人文经济讲座上有学者得出的应当废除反垄断法之惊人结论,主要是受经济分析进路效率分析的影响,忽视了法律的本质在于利益分配的公平性。

经济学的效率导向和量化模型对反垄断法是有益的、必要的。然而,"这并不意味着在实践中就可以否定规则和规则分析的作用,以经济分析代替法律的规则分析"④。作为建立在现代市场经济之上的新兴法律学科,反垄断法仍受制于以经济效率、经济分析工具等外部视角为主的研究范式,从"法律""规则""制度""逻辑体系"等内部视角作出的研究尚显不足。反垄断法的本质是法学而非经济学,其承载着为市场塑造竞争秩序、提供稳定行为预期的功能及建构自主体系的使命。反垄断法作为一部需要实施的法律,同样担负着将法律规范适用于案件事实的任务。基于此,不仅有国外学者提出"如果反垄断真的需要发挥作用,它必须首先成为一部'法'"⑤,而且有国内学者提出需要"实现从外部证成到内部证成的转向……最终达至反垄断法之法律属性的内部证成目的,使之具有可操作性"⑥。通过修改立法、制定指南规章及公布指导案例来充实、细化反垄断法规则体系,正是我们为增强反垄断法规范性所做的不懈努力。

---

① 陈莉、胡晓爽:《效率:反垄断法的价值目标》,载《唯实》2008 年第 1 期。
② See Joshua D. Wright et al., *Requiem for A Paradox: The Dubious Rise and Inevitable Fall of Hipster Antitrust*, 51 Arizona State Law Journal 293(2019).
③ 《人文经济讲座第七期成功举行,薛兆丰破解反垄断真相》,载人文经济学会微博 2015 年 11 月 29 日,https://weibo.com/p/1001603914617482017345。
④ 沈敏荣:《法律限度》,法律出版社 2003 年版,第 47 页。
⑤ Harry First, *Is Antitrust "Law"*? Antitrust, Vol. 10:1, p. 12(1995).
⑥ 王亚南:《分析实证语境下反垄断复合法律关系的法理反思——反垄断法之法律属性的内部证成》,吉林大学 2012 年博士学位论文,第 4 页。

从经济效率视角来看,反垄断法通常被赋予经济政策的定位。"要使竞争发挥作用,尤其依赖于一种适当的法律制度的存在,这种法律制度的目标在于既维护竞争,又使竞争尽可能有力地发挥作用。"①现在研究的主流观点倾向于将反垄断法视为一种不同于传统法学的法政策,认为反垄断法旨在纠正市场竞争中出现的立法平等而实质不平等的现象,属于政府干预市场过程中形成的一种"政策平衡"②;甚至有学者将反垄断法直接冠之以反垄断政策之名,"竞争法是典型的'政策法',竞争政策则是典型的'法政策'"③。无论是经济学家数量在反垄断案件中的激增,还是反垄断执法中规制文化对法律文化的替代,均造成反垄断法的政策性大于法律性。④反垄断法似乎成为一种工具之法、政策之法。因此,经济效率的绝对化很大程度上难以兼顾反垄断法的内部体系建构,不仅无法为市场主体提供稳定的行为规则,而且具有消解反垄断法的学科自主性的危险。

第二节 结果导向与行为指引之相左

经济学以效率为价值目标,一些经济问题需要借助经济分析工具测度后才能得到"效率/非效率"的结果。对应到反垄断法上,竞争行为是否具有合法性不是取决于企业的行为模式,而是取决于其是否符合经济学的测量结果,具有明显的结果导向性。在理想状态下,反垄断法为企业提供的应当是"允许/禁止"的行为指引,竞争行为的合法性应据此认定,而非取决于极不确定的经济分析结果。在此意义上,经济分析的结果导向与法律规范的行为指引功能明显相左,难以为企业的经营活动提供稳定的法律预期。

一、经济分析的结果导向性

(一)以经济分析结果认定案件事实

EBM模式主要依靠经济分析结果而非行为方式来认定案件事实,从而决定企业竞争行为的合法性。EBM模式的提出者,美国联邦最高法院的伯克法官对美国反托拉斯法中的"规范模式"(Normative Model)进行批

---

① [英]弗雷德里希·奥古斯特·冯·哈耶克:《通往奴役之路》,王明毅等译,中国社会科学出版社1997年版,第63页。
② 参见孙笑侠:《法的现象与观念》,山东人民出版社2001年版,第11页。
③ 史际春、赵忠龙:《竞争政策:经验与文本的交织进化》,载《法学研究》2010年第5期。
④ See Harry First, *Is Antitrust "Law"*? Antitrust, Vol. 10:1, p.9(1995).

判,认为这种模式仅适用于传统司法活动,对垄断现象描述的精确程度远不如经济学理论。① 在芝加哥学派占据主流地位以后,经济分析亦成为反托拉斯法的主要分析进路,美国研究反托拉斯法的著作多以经济分析为主要内容,从法律规范角度研究垄断现象的学术成果则较为少见。

在此背景下,反垄断案件中法官对企业竞争行为的分析主要依赖经济分析,看其是否符合经济效率结果——如果符合经济效率,则认为不具有违法性;如果不符合经济效率,则一般认为具有违法性。波斯纳认为,"阻止共谋的最好方式不是把《谢尔曼法》第1条的执法集中在认定刑法意义上的共谋事实或固定价格企图上……这些传统意义上的共谋是否存在,并不重要;重要的是,判断市场价格是否通过共谋被抬高到了竞争水平之上"②。因此,EBM模式之下,经济学已经成为反垄断法实施的基础和依据,一项企业竞争行为是否具有违法性取决于经济分析的结果。这就意味着案件的裁决将直接取决于经济学理论,而非企业的行为方式。在反垄断案件裁决过程中,相关市场界定、竞争损害认定等将与经济学关系密切,也是决定案件事实的关键因素。企业行为是否造成某种经济损害将直接交由经济学家决定,而且多数情况下只能通过经济分析进行评估。③

在许多案件中,经济分析直接决定了案件事实,甚至一些经济分析会改变对案件事实的认定。美国通过普通法系传统以开创"先例"的方式将经济分析引入司法案件并作为认定案件事实的依据,从而直接形成作为裁判基础的案件事实。以掠夺性定价为例,该行为是反垄断法传统上一种典型的违法行为,但引入经济分析之后却扭转了该行为具有竞争损害的司法观点。美国"松下电器公司诉詹尼斯无线电公司案"④即代表经济学理论深刻地影响了掠夺性定价竞争损害的事实认定。该案基本案情为:詹尼斯无线电公司是一家美国消费电器制造商,其依据《谢尔曼法》第1条控告松下电器公司为了将竞争对手逐出市场,密谋从事掠夺性定价行为。美国联邦最高法院最终拒绝支持詹尼斯无线电公司的诉讼请求。原因在于,美国联邦最高法院依据芝加哥学派经济学理论,认为掠夺性定价不具有可实施性。该案判决书引用了伯克法官的著作,"正如伯克所述,这种密谋的成功本质上具有不确定性,短期内必定遭受损失,长期获利却有赖于成功地消

---

① See Robert H. Bork, *The Antitrust Paradox: A Policy at War with Itself*, Basic Books, Inc. Publishers, 1978, p.72-73.
② [美]理查德·A.波斯纳:《反托拉斯法》,孙秋宁译,中国政法大学出版社2003年版,第3页。
③ 参见[美]戴维·J.格伯尔:《市场界定的全球标准:经济学的潜在功能》,丁亚琦译,载王晓晔主编:《反垄断法中的相关市场界定》,社会科学文献出版社2014年版,第298页。
④ See Matsushita Electric Industrial Co. v. Zenith Radio Corp., 475 U.S. 574 (1986).

除竞争……鉴于此,评论者普遍认为掠夺性定价计划很少能够实施,成功就更罕见了"①。芝加哥学派认为掠夺性定价不符合理性经济人的假设,实施者前期投入的成本很可能无法收回。在此意义上,企业以低于成本的价格销售商品是符合经济效率的,因而不具有竞争损害性。在芝加哥学派获得主导性地位后,经济学对反垄断法的影响越来越显著,企业行为的违法性认定也更加依赖经济分析结果。经过"经济分析—案件事实—裁决结果"等环节的传导,经济分析对案件的裁决结果往往具有决定性影响。申言之,经济分析结果在很大程度上决定着案件事实,而案件事实的认定直接导向裁决结果,这就是 EBM 模式之下经济学运用于反垄断案件实践可能具有的结果导向性。

目前,EBM 模式在反垄断案件中仍然占据着主导地位,案件事实认定仍主要取决于经济分析结果。在芝加哥学派的推动之下,"EBM 模式代表了美国的正统观念,并且受到了学者、官员和律师的极力追捧"②。此种模式之下,司法判决对经济分析完全开放,甚至可以直接将其作为裁判的依据。由此意味着,经济分析在某种意义上已经获得了作为裁判标准的正式法律渊源地位。在作用环节上,相关市场界定、市场支配地位及反竞争效果认定等均是影响案件裁决结果的关键环节,极其依赖经济分析工具的运用。实质上,经济分析往往决定了案件裁决结果。因此,有学者总结,"在美国反托拉斯法中,经济学分析为评判一个行为是否触犯反垄断法提供了基本的标准"③。不只有美国,这种在认定反垄断案件事实时对经济分析的依赖性在我国表现得也十分明显。在"奇虎 360 诉腾讯案"中,最高人民法院认为即使腾讯一方占据市场支配地位,对于其行为是否具有竞争损害的违法性判断,也应取决于积极效果和消极效果的对比。④ 对于积极效果和消极效果的重视,恰恰说明反垄断案件的事实认定在很大程度上由经济分析结果而非行为方式所决定。

(二)以经济学理论指导案件裁判

经济学作为非法律因素被引入推理过程,对反垄断案件裁决往往具有举足轻重的影响。在反垄断案件的裁决中,法律适用需要借助文本规范这一大前提。具体而言,作为大前提的构成要件 T 的构成要素呈现出多元化

---

① Matsushita Electric Industrial Co. *v.* Zenith Radio Corp. ,475 U. S. 574 (1986).
② [美]戴维·J. 格伯尔:《市场界定的全球标准:经济学的潜在功能》,丁亚琦译,载王晓晔主编:《反垄断法中的相关市场界定》,社会科学文献出版社 2014 年版,第 298 页。
③ [美]戴维·J. 格伯尔:《市场界定的全球标准:经济学的潜在功能》,丁亚琦译,载王晓晔主编:《反垄断法中的相关市场界定》,社会科学文献出版社 2014 年版,第 298 页。
④ 参见最高人民法院民事判决书,(2013)最高法民三终 4 号。

特征,即构成要件 T 包含不止一项构成要素,还可以细分为 T_1、T_2、T_3 等多个并列的要素。在法律推理中,比较棘手的是无法对 T_1、T_2、T_3 等各要素确立固定的权重等级,只能根据个案具体情况进行分析。

反垄断法需要经济学理论作为实质性工具对构成要件进行补充。实际上,构成要件 T 通常需要分解为多个不同的具体要素,从而为经济学理论的引入留下空间。如果反垄断法规定某种垄断行为的构成要件为 T,则对于某企业实施的行为 S 是否构成垄断行为 T,需要判断 S 中是否包含 T_1、T_2、T_3 等构成要素,经济学发挥作用的空间即在于论证在判定行为 S 的过程中,需要选取哪些要素,哪些要素在认定中将发挥核心作用。比如,我国《反垄断法》第 23 条的内容为认定市场支配地位所参考的各项因素,包括经营者在相关市场的市场份额及相关市场竞争状况、经营者的财力和技术条件、其他经营者对该经营者的交易依赖程度、其他经营者进入相关市场的难易程度等,这些具体因素的重要性及个案所选取的对象均难以在事前确立,也就难以在三段论推理中获得确定的大前提。如在"奇虎 360 诉腾讯案"中,法院就认为"上述因素需要根据个案情况具体考量,每一个因素均不一定具有决定性作用……市场支配地位是多因素综合评估的结果"[1]。可见,在特定案件中,构成要素的选取、衡量过程具有明显的开放性特征,需要经济学理论对标准性规则进行填补,而这种填补过程往往导出案件最终结果。

反垄断法在面对经济分析时应当保持自身的界限和框架,整合作为分析工具的经济学因素而不是陷于经济学语境中。同时,经济学理论不断发展变化,哈佛学派、芝加哥学派、后芝加哥学派交织更替,不断有新的理论流派获取主流地位,今天的正统理论可能很快会被新思想所取代。司法毕竟有自身的逻辑,可以受理论影响和接受理论工具,但并不应局限于理论,更不能简单地只采纳特定学说。[2] 在引入经济学理论时,不能夸大这些"超越法律"因素的作用,更不能以英美法系特有的经验主义传统来否定大陆法系已经发展成熟的法律解释技术。[3] 以经济分析为主导的框架可能也与我国反垄断法体系存在着冲突。

---

[1] 参见最高人民法院民事判决书,(2013)最高法民三终 4 号。
[2] 参见孔祥俊:《论反垄断法的谦抑性适用——基于总体执法观和具体方法论的分析》,载《法学评论》2022 年第 1 期。
[3] 参见孙笑侠:《法律人思维的二元论兼与苏力商榷》,载《中外法学》2013 年第 6 期。

二、规范分析的行为指引性

(一)法律规范的预期功能

法律规范具有行为指引功能,一般性地指引着人类的活动预期。"法律规范的种类包括授权性规范、禁止性规范和义务性规范,这些规范无不是告诉人们该做什么、不该做什么,使人们的行为符合法律规范的要求。"[①]英美法系主要通过法官造法的案例实现对人类行为的指引,大陆法系则主要通过令行禁止性质的法律规范实现对人类行为的指引。

在司法裁判中,法律规范对行为预期的指引主要体现为两种进路:一是司法过程的"创造论",即通过法官创造先例实现对行为的指引。正如本杰明·N.卡多佐(Benjamin N. Cardozo)所说:"司法过程的最高境界并不是发现法律,而是'创造'法律。"[②]经济学之所以能够率先在美国进入案件实践之中,与美国判例法传统密不可分。二是司法过程的"保守论",主要表现为以三段论推理形式适用已经明确制定的法律规范。约翰·H.梅利曼(John H. Merryman)曾言:"大陆法系审判过程所呈现出来的画面是一种典型的机械式活动的操作图。"[③]依据法律规范指引行为活动的方式在大陆法系国家最为流行。在大陆法系传统下,作为大前提的法律规范对人类行为的指引承担着主要作用。在我国,司法裁判活动的要求主要是"以事实为依据,以法律为准绳"。此即意味着,"以法律规范为司法裁判的依据、框架和基础"[④],法官必须以正式的法律渊源为依据。

美国 EBM 模式将经济学理论及模型工具直接作为反垄断案件裁判依据,相当于赋予了经济学正式法律渊源的地位,此种将"效率=合法""非效率=违法"的做法难以提供明确的行为指引。在市场活动中,经营者所需要的是具有明确行为模式的法律规范指引。案件裁判通常涉及区分法律问题和事实问题。法律问题主要围绕大前提的发现、选择展开,以法律构成要件的形式为事实材料选取相应的规范依据。事实问题主要负责将客观事实转化为法律事实,通过大前提裁剪出相应的小前提,从而为法律适用做准备。"在司法裁判领域中,法官应当根据事先确立的、权威的渊源作出裁判,不能随意违背法律。"[⑤]作为法律推理的大前提,"法律渊源是司

[①] 付子堂主编:《法理学初阶》,法律出版社2009年版,第95页。
[②] Benjamin Nathan Cardozo, *The Nature of the Judicial Process*, Yale University Press, 1921, p. 166-167.
[③] [美]约翰·亨利·梅利曼:《大陆法系》,顾培东等译,法律出版社2004年版,第36页。
[④] 参见雷磊:《法教义学的基本立场》,载《中外法学》2015年第1期。
[⑤] 王云清、陈林林:《依法裁判的法理意义及其方法论展开》,载《中国法律评论》2020年第2期。

裁判中基于制度性权威并具有规范拘束力的裁判依据"[1]。不仅如此,法律渊源在裁判过程中也存在着适用优势,比如"上位法优于下位法""制定法优于习惯法"等,甚至对不同法律渊源的引证顺序都存在着明确的规定。[2] 这些规则的主要目的是为人类活动提供明确的行为指引。

我国并不绝对排斥经验知识,但也需要对这些非法律要素进行严格的审查。[3] 当司法适用法律学说等其他社会规范之时,司法者不仅需要思考该种社会规范的合法性,还要思考如何实现合法适用,此时也需要方法提供支撑。[4] 我国对经济学理论、心理学知识及法律学说等社会科学知识的引入非常谨慎,不会直接将其作为案件裁判的依据。虽然有学者认为,"在现代社会中,以认知心理学、社会心理学、行为科学、法律经济学等为代表的社会科学研究已经对司法裁判过程产生相当重要的影响,今天的司法裁判已经无法满足于生硬的法条和机械的逻辑"[5],但是在中国,案件裁判的主要依据仍然应当是法律法规等正式的法律渊源,而非不具有规范性的非法律标准。即便对裁判中涉及的习惯等较为常见的非规范因素,我国也往往通过立法活动赋予其正式的法律渊源地位。[6] 中国更多地受到大陆法系传统的影响,已经形成较为稳定的法律解释模式,与源自英美法系的判例法传统有所不同。因此,尽管我国在司法裁判中已经开始尝试运用经济学、心理学等经验性知识,但对社会活动具有普遍指引功能的仍然是具有明确行为模式的法律法规。

(二)构成要件的定性功能

1. 一般法律理论下构成要件的定性功能

规范分析对人类行为的指引体现为法律规范文本,通过构成要件对违法行为的明确规定实现。构成要件理论主要源于民法适用中的方法论技

---

[1] 雷磊:《指导性案例法源地位再反思》,载《中国法学》2015年第1期。
[2] 如《最高人民法院关于裁判文书引用法律、法规等规范性法律文件的规定》第2条规定:"并列引用多个规范性法律文件的,引用顺序如下:法律及法律解释、行政法规、地方性法规、自治条例或者单行条例、司法解释。同时引用两部以上法律的,应当先引用基本法律,后引用其他法律。引用包括实体法和程序法的,先引用实体法,后引用程序法。"
[3] 对经济学理论、心理学知识以及法律理论等社会科学知识在司法裁判中运用的讨论,可以参见以下文献:彭中礼:《论法律学说的司法运用》,载《中国社会科学》2020年第4期;王云清:《司法裁判中的社会科学:渊源、功能与定位》,载《法制与社会发展》2016年第6期;侯猛:《司法中的社会科学判断》,载《中国法学》2015年第6期。
[4] 彭中礼:《论法律学说的司法运用》,载《中国社会科学》2020年第4期。
[5] 王云清:《司法裁判中的社会科学:渊源、功能与定位》,载《法制与社会发展》2016年第6期。
[6] 对于法律规范之外的民间习惯能否作为法律渊源,争议由来已久。2020年公布的《民法典》通过第10条"法律没有规定的,可以适用习惯"之规定赋予了习惯正式的法律渊源地位,并设置了"不得违背公序良俗"的审查条件。

术,目的是将形形色色的生活事实提炼为待法律裁决的案件事实。"在适用法律时,人们要审查生活事实是否满足法定构成要件。若满足,则产生法律中规定的法律后果。要将作为小前提(Untersatz)的具体生活事实归纳至法律要件这一大前提(Obersatz)下,结论就是法律后果,它被规定于调整具体情况的法律中。"①就法律规则的逻辑结构而言,满足构成要件是请求权成立的前提条件,其与法律后果一并形成了请求权成立的法律基础,即请求权基础。② 根据请求权基础理论,一项法律行为能否获得法律支持主要取决于是否符合法定的构成要件。"请求权的产生取决于已知的案情是否准确满足请求权基础的各个抽象构成要件。"③从生活事实到法律后果,主要经过"生活事实—构成要件—法律后果"等推导阶段,构成要件在其中起着不可或缺的转换作用。

在法律发展过程中,构成要件理论逐步从民法领域拓展到刑法领域,经过漫长的发展历程成为对行为的成熟分析框架。在一般法律理论中,构成要件因符合对行为分析的案件推理需求而受到重视。原因在于,构成要件属于法律规则在案件中的适用条件,为案件事实认定提供了特征化的事实原型。④ 刑法理论上的构成要件主要"表示犯罪行为的类型性不法内容的要素总和"⑤。在侵权法中,只有满足全部构成要件,才能判定侵权人一方的赔偿责任,欠缺一个或几个法定构成要件,侵权人则不承担责任。在判定侵权人对被侵权人承担法律责任时,需要满足的主观和客观条件即是侵权责任的构成要件。⑥ 可见,法律适用过程实质上就是对行为分析的过程,而对行为分析的核心理论就是构成要件理论。在一般法律理论中,确定请求权基础的构成要件能够实现法律判断过程的确定性和可预期性。

2. 垄断行为认定对构成要件理论的引入

鉴于构成要件理论对行为指引的明确性,反垄断法一直尝试将构成要件理论作为重要的分析方式。而且,作为一种禁止性的行为类型,垄断行

---

① [德]汉斯·布洛克斯、沃尔夫·迪特里希·瓦尔克:《德国民法总论》,张艳译,中国人民大学出版社 2012 年版,第 44 页。
② 参见[德]汉斯·布洛克斯、沃尔夫·迪特里希·瓦尔克:《德国民法总论》,张艳译,中国人民大学出版社 2012 年版,第 44 页。
③ [德]汉斯·布洛克斯、沃尔夫·迪特里希·瓦尔克:《德国民法总论》,张艳译,中国人民大学出版社 2012 年版,第 44 页。
④ 参见雷磊:《法律规则的逻辑结构》,载《法学研究》2013 年第 1 期。
⑤ 蔡桂生:《构成要件论》,中国人民大学出版社 2015 年版,第 20 页。
⑥ 参见张新宝:《侵权责任构成要件研究》,法律出版社 2007 年版,第 1 页。

为在一定程度上也适用针对行为分析的构成要件理论。因此,无论是反垄断法的理论研究还是司法实践均尝试引入构成要件理论对垄断行为进行分析,希望能为市场经营活动提供明确的行为指引。

在理论研究中,构成要件理论已经成为学者对垄断行为分析的重要工具。例如,在滥用市场支配地位的研究中,针对共同市场支配地位认定的理论难题,时建中教授将共同市场支配地位分解为四个核心构成要件:(1)具有协调的动机;(2)存在反复的相互作用或高频互动;(3)存在较高的市场透明度;(4)缺乏充分有效的竞争约束。[①] 王先林教授对垄断协议的分析同样采用构成要件理论,选取"实施主体""表现形式""限制竞争效果"三个要素进行分析。[②] 在对掠夺性定价进行研究时,王晓晔教授运用构成要件理论将其分为"低于成本定价""排挤竞争对手的可能性""获取垄断利润的可能性""行为的不合理性"等四个构成要件。[③] 此外,有学者在分析滥用市场支配地位案件时,明确采取"二阶层、四要件"的分析方法对"利乐案"进行分析。[④] 在对垄断行为的分析中,有学者同样运用构成要件的思维方式,将联合行为(卡特尔)分为"行为主体""形式要件""实质要件""效果要件"等四个构成要件要素。[⑤] 尽管对具体要素的选取不尽相同,但作为一种行为分析范式,构成要件理论已经成为学者们共识性的分析工具。

在反垄断实践中,我国司法机关同样尝试运用构成要件分析范式进行案件裁决。比如,"深圳市斯维尔科技有限公司诉广东省教育厅、广联达软件股份有限公司侵犯公平竞争权纠纷案"(以下简称"斯维尔诉广东省教育厅案")[⑥]是我国司法机关审理的首例行政垄断案件,该案产生了广泛的社会影响。在审理过程中,法院即运用了构成要件理论对垄断行为进行分析。该案主要事实为:2014年3月,广东省教育厅组织"工程造价基本技能"省级比赛,指定广联达软件股份有限公司(以下简称广联达公司)的独家软件和相应设备作为赛事软件,涉嫌行政垄断。案件裁决的关键在于被诉的行政行为是否符合行政机关滥用行政权力排除、限制竞争行为的规

[①] 参见时建中:《共同市场支配地位制度拓展适用于算法默示共谋研究》,载《中国法学》2020年第2期。
[②] 参见王先林:《竞争法学》(第2版),中国人民大学出版社2015年版,第191~192页。
[③] 参见王晓晔:《王晓晔论反垄断法》,社会科学文献出版社2010年版,第198页。
[④] 参见袁嘉、郝俊淇:《滥用市场支配地位搭售行为的认定辨识——以"利乐案"为例》,载《理论与改革》2015年第4期。
[⑤] 参见赖源河编审:《公平交易法新论》,中国政法大学出版社2002年版,第233~252页。
[⑥] 参见广东省广州市中级人民法院行政判决书,(2014)穗中法行初字第149号。

定。广东省广州市中级人民法院进一步指出此种滥用行为应当具备以下三个构成要件：一是主体为行政机关和法律、法规授权的具有管理公共事务职能的组织；二是行政机关及相关组织有限定或者变相限定单位或者个人经营、购买、使用其指定的经营者提供商品的行为；三是行政机关及相关组织在实施上述行为过程中滥用行政权力。针对前两个构成要件，广东省教育厅属于行政主体应无异议，而广东省教育厅指定涉案赛项独家使用广联达公司的相关软件，已符合上述指定交易的构成要件。第三个构成要件因广东省教育厅不能证明经正当程序、合理使用行政权力，最终承担举证不能的败诉责任。在案件事实认定过程中，尤其是对广东省教育厅的行为是否属于限定交易的认定，广东省广州市中级人民法院主要根据其下发的赛事规程文件而非经济分析完成了案件事实的认定。因此，通过对行政垄断三个构成要件的法律解释，广东省广州市中级人民法院最终认定广东省教育厅构成滥用行政权力排除、限制竞争。

此外，在"广东粤超体育发展股份有限公司与广东省足球协会、广州珠超联赛体育经营管理有限公司垄断纠纷申请再审案"（以下简称"粤超公司诉广东足协案"）中，法院同样引入构成要件的分析范式，认为横向垄断协议行为包括三个构成要件："行为主体是具有竞争关系的经营者；达成了固定商品价格、限制商品数量、分割市场、限制新技术、联合抵制交易等属于垄断协议内容的协议、决定或其他协同行为；行为具有排除或限制竞争的效果。"[①]从法律适用角度，构成要件理论有助于将案件所涉的客观事实与法律规范预设的规范事实相对比，从而判定所涉行为是否为反垄断法所禁止的行为。

然而，构成要件理论在反垄断法中的运用很难取得像侵权法、刑法等领域一样的理想效果。根源在于，垄断行为分析不仅仅取决于行为模式，而且有赖于效率分析、经济理论等经济学知识的运用。若依据芝加哥学派的主张——经济学成为反垄断法的唯一理性原则，那么垄断行为的认定则完全依赖经济分析结果，并无构成要件理论的用武之地。即便构成要件理论在我国开始受到重视，但除了上述不涉及或较少涉及经济分析的案件之外，其发挥作用的空间也极其有限。在大量运用经济分析的案件中，粗线条的构成要件并不能有效约束经济学理论是否能够引入或多大程度引入，从而产生明显的"牛栏关猫"效应。

---

① 最高人民法院民事裁定书，(2015)民申字第2313号。

三、结果导向对行为预期性的冲击

（一）经济分析的"目的程式"特点

EBM 模式以经济学上的效率目标为导向，以经济分析结果认定案件事实，进而影响案件结论。有学者将之与传统案件中法律预先制定构成件及法律效果的"条件程式"相对应，称为反垄断法适用的"目的程式"。① 这种具有"目的程式"特点的法律适用方式可能会产生明显的预期悖论。"目的程式"突出表现在更多地追求立法者或司法者意欲的目标，而非关注法律主体的行为模式。与之类似，有学者认为反垄断法的决定模式不同于一般法的决定模式，属于一种基于"目的—手段"的决定模式。② 一般法的决定模式是由法律预先确定的标准所限定的，是一种可预见的、稳定的法律输出；反垄断法的决定模式更多地关注目的而不是文本。EBM 模式以经济学为基础，将经济效率作为是否违法的唯一评判标准，由此导致反垄断法本身是一种手段，可因实现目标的改变而改变。③ 对经济效率的绝对追求，使反垄断法对经济目标的关注远远超过了行为模式的稳定性，从而产生了法律可预期性的悖论。

在"目的程式"之下，反垄断法的可预期性悖论主要体现为过于依赖经济分析进路。反垄断法的知识内容大量直接借鉴自经济学。比如，从概念体系上讲，反垄断法中存在着商品价格、生产数量、支配地位、滥用行为及市场集中度等诸多经济术语；在分析框架方面，基本遵从哈佛学派、芝加哥学派及后芝加哥学派的反垄断分析进路，将需求替代、供给替代、SSNIP 测试及赫芬达尔-赫希曼指数（Herfindahl-Hirschman Index，以下简称 HHI 指数）等作为分析工具，对经营者竞争行为的排除、限制竞争效果进行分析。现在面临的一个重要问题是，如何将经济学问题转化为法律问题。在建构目的方面，经济学与法学差异明显，以完全不同的二值代码为学科的建立导向。其中，经济学以"效率/非效率"为二值代码，法学以"合法/不合法"为二值代码。经济学术语与法学概念的形成，难免受到各自学科建构目的差异的影响。经济学追求效率，创造术语以运用于或纳入效率框架为目的，法学概念创制的目的在于分析人类的行为。正因为如此，才有学者说"经济学上的概念，归摄于法律体系中，赋予法律的内涵，必须能落实

---

① 参见苏永钦：《经济法——已开发国家的任务与难题》，载《民法经济法论文集》，1988 年。转引自赖源河编审：《公平交易法新论》，中国政法大学出版社 2002 年版，第 36 页。
② 参见潘丹丹：《反垄断法不确定性的意义研究》，法律出版社 2015 年版，第 57 页。
③ 参见潘丹丹：《反垄断法不确定性的意义研究》，法律出版社 2015 年版，第 57~58 页。

于实务践行上"①。从学科分野维度,反垄断法属于法律系统而不属于经济学分支。反垄断法是为了指引市场中的经营者建立预期行为规则制定的,而不仅仅是实现效率的法律手段。

以效率为追求的"目的程式"主要源自判例法传统,未必符合成文法传统国家对法律可预期性的追求。美国反托拉斯 EBM 模式以及相应的判例法传统,与其经验主义哲学基础有着密不可分的关系。EBM 模式主要以经济学理论来处理反垄断事务。从哲学基础上看,EBM 模式属于经验主义分支,适用该模式进行案件裁判更为重视经验因素的作用,较少关注法律框架的理性建构。波斯纳认为在反托拉斯等较为棘手的案件中,法律条文只能发挥基本的导向作用,大量的非法律知识(大部分为经济学知识)成为可供法官参考的政策指南。② 基于经验主义传统,经济学根据实践需求自然而然地被应用于反托拉斯案件之中。在缺乏深厚的判例法传统的前提下,贸然引入经济学理论作为裁判依据可能造成反垄断法实施的混乱。正如哈特(Hart)所举的"进教堂脱帽"的例子,③判例法采取"照我做的去做"的先例来确定路径,对适用环境的识别能力要求较高,需要法官长期的司法实践经验积累。普通法的反托拉斯经济分析遵从判例法制度,能够根据不同的案例创设不同的规则。当一个规则确定之后,适用时需要注意所处的场域是否符合规则确定时的环境。"对反垄断司法的价值定位最根本的还在于了解反垄断法产生的社会经济背景及其观念基础。"④在判例法传统下适用的 EBM 模式,引入成文法传统国家或地区之后则可能产生严重的可预期性悖论问题。

(二)经济分析的行为指引困境

法律的一项重要功能是为社会主体提供明确的行为指引,可预测性和确定性对于法律体系而言不可或缺。"在现代社会,人们总是要求法律决定既具有高度的可预测性,又具有高度的正当性。法律决定的可预测性程度越高,人们有效安排和计划自己生活的可能性就越大……如果法律决定

---

① 何之迈:《公平交易法专论》,中国政法大学出版社 2004 年版,第 8 页。
② 参见[美]理查德·A. 波斯纳:《法理学问题》,苏力译,中国政法大学出版社 2002 年版,第 168 页。
③ 针对大陆法系立法传统和英美法系判决先例传统,哈特以"进教堂脱帽"的例子予以阐明。首先,父亲在做礼拜前告诉儿子:"在进入教堂之时,每一个男人和男孩都要脱掉他的帽子。"这是在比喻大陆法系的理性主义演绎方法传统。其次,父亲在进入教堂之前先脱掉他的帽子,并对儿子说"在这样的情况下,这是正确的行为举止",要求其在以后类似的场景中也这样做。这是在比喻英美法系经验主义的归纳方法,并提出判决先例对场景的识别要求。参见[英]哈特:《法律的概念》(第 2 版),许家馨、李冠宜译,法律出版社 2011 年版,第 114 页。
④ 刘水林:《反垄断法的观念基础和解释方法》,法律出版社 2011 年版,第 3 页。

不具有可预测性或可预测性的程度非常低,生活在社会中的人就不可能在理性的基础上计划和安排自己的生活,社会生活就不可能正常进行。"①社会主体从事社会活动需要稳定的行为预期,确定性和稳定性是对行为规则的基本要求。法律是行为规则的重要制度构成,除个别倡导性、宣言性规范外,"大部分的法规则都同时是国民的行为规范及法院或机关的判断规范"②。可见,法律作为一套社会规则体系,其独特之处就在于能够为人们提供稳定的行为指引。

反垄断法作为市场领域中的一部重要法律,应当为市场主体提供明确、可预期的行为规则。以经济学为基础的 EBM 模式将经济分析结果作为案件裁决的依据,很难为市场活动提供明确的行为预期。一部依靠经济分析结果来确定违法性的法律,既不能告诉经营者应该做什么,也不能告诉法官、执法者如何裁决。市场主体对行为规则的预期是经济分析进路面临的困境。"经济学的公开意图,是为了使政策制定者们对某个政策的成本或效率进行评价。"③申言之,经济分析更大程度上适合立法领域对规则科学性的评估,而不是直接用于案件裁决。在市场活动中,经营者能够根据既有法律规范对自身的行为后果进行清晰的预判,从而决定哪些行为可以从事、哪些行为不可以作出,这才是法律规则的重要意义。芝加哥学派所主张的 EBM 模式完全遵从经济学的分析思路,不仅可能与社会伦理、政治哲学存在潜在的冲突,更重要的是难以为企业活动提供有效的规则预期。法律规范作为指引人类行为的一种规则体系,应具有稳定性、确定性、可预期性,如此才能发挥明确的指引作用。如果以经济学理论主导反垄断法的实施,则很大程度上取代了法律的规则体系,进而损害了反垄断法的确定性和可预期性。

可见,无论从立法还是法律实施角度,经济学所具有的结果导向性均难以提供稳定的行为指引。从立法功能角度,法律规则的主要目的就是指导人们的行为,如果行为规则呈现过强的模糊性和不确定性,其存在的效果和意义就会大打折扣。"法律的一个基本属性就是确定性,正是基于这个性质,法律的规则分析仍是法律分析的基本方法。"④制定法律的目的很大程度上是用于指导实践,一部连违法性都难以确定的法律,显然也很难

---

① 舒国滢、王夏昊、雷磊:《法学方法论前沿问题研究》,中国政法大学出版社 2020 年版,第 178 页。
② [德]卡尔·拉伦茨:《法学方法论》,陈爱娥译,商务印书馆 2003 年版,第 132 页。
③ [美]赫伯特·霍温坎普:《联邦反托拉斯政策:竞争法律及其实践》,许光耀等译,法律出版社 2009 年版,第 74 页。
④ 沈敏荣:《法律限度》,法律出版社 2003 年版,第 50 页。

为人们的交易安排或经济活动提供合理预期。经营者、消费者需要明确的市场行为规则,反垄断执法机构、法院也需要确定性的规则指引。从法律实施角度,法律制度的重要功能是可以引导社会主体的行为预期。鉴于标准性规则的开放性特点,大量的经济学内容被引入反垄断案件中用于解释或填补规则漏洞,实际上已经超越形式推理而成为一种实质推理方式,而推理结论完全取决于经济分析结果而非行为规则。当经济分析的不确定性无法得到有效解决时,相关案件的裁决则难免陷入"法不可知,则威不可测"的状态,反垄断法对经营者的指引功能将难以实现。若缺乏对主体行为的指导和预期作用,反垄断法存在的意义也将大打折扣。

第三节 经济学流派变动性与法律确定性之矛盾

有学者认为,经济分析能够通过经济学工具保持裁决的连贯性,对于增进反垄断法的可预测性与确定性具有不可小觑的作用。① 但转换到法律立场,得出的结论可能恰恰相反。作为一门社会科学,经济学并不像数学、物理一样具有可反复验证的规律性。而且,经济学派别林立,呈现纷繁复杂的多元学说局面。经济学理论流派的变动性,既可能在宏观层面造成反垄断法实施力度的周期性起落,又可能在微观层面增加反垄断案件技术专断的风险。

一、反垄断经济学的流派差异

经济学发展至今流派纷呈,包括亚当·斯密引领的自由主义经济学以及约翰·M. 凯恩斯(John M. Keynes)创立的干预主义经济学。同时,著名的经济学家多不胜举,比如马克思、李嘉图、熊彼特、马歇尔、萨缪尔森、哈耶克(Hayek)、道格拉斯·C. 诺思(Douglass C. North)、约瑟夫·斯蒂格利茨(Joseph Stiglitz),等等。他们都对垄断问题进行了研究,从不同维度提出了相应的理论主张。然而,对反垄断实践产生直接影响的仍主要是源自美国的产业组织理论,该经济学分支产生之后,不同理论流派均对反托拉斯案件产生了显著影响。因此,本书所指反垄断经济学主要是产业组织理论,主要针对产业组织理论内部的哈佛学派、芝加哥学派及后芝加哥学派等之间的理论变迁和学术观点比较。

---

① See Douglas H. Ginsburg & Eric M. Fraser, *The Role of Economic Analysis in Competition Law*, 55 Journal of National School of Administration 6 (2010).

(一) 产业组织理论三大流派的思想更替

经济学研究往往会出现差异巨大甚至截然不同的理论流派,产业组织理论经历了"哈佛学派—芝加哥学派—后芝加哥学派"的演变历程,其背后代表着"结构主义—行为主义—行为主义有限反思"的经济学思想的交互更替。在美国产业组织理论的发展过程中,不同流派均对反垄断实践产生了重要影响。由于不同的学术流派所持的理论主张不尽相同,对反垄断案件的影响也存在明显差别。如果完全依照不同学术流派的理论观点裁决案件,显然将与反垄断法的确定性产生重大矛盾。

哈佛学派的核心思想是重视市场结构,认为高度集中的市场结构是垄断产生的根源。贝恩等经济学家的代表性理论成果即为重视市场结构的SCP 范式,亦即市场结构决定市场行为,市场行为决定市场绩效。在这组单向决定关系中,具有决定性作用的是市场结构。市场集中度高可能使大企业丧失创新的动机、更容易达成合谋,而市场结构影响市场行为,这些行为将进一步影响企业的盈利状况、销售成本等市场绩效。所以,在哈佛学派主导时期,美国的反托拉斯法尤其重视市场结构,通常以市场集中度指数、HHI 指数等指标对市场结构的集中程度进行量化分析。同时,著名的"杠杆理论"认为巨头企业在一个市场中的支配地位会传导到其他市场。[①] 在重视市场结构的思想基础之上,哈佛学派对企业的市场地位有着天然的防范态度,通常采取诸如拆分大企业等较为严格的规制措施。

芝加哥学派将关注的焦点由市场结构转向市场行为,认为影响市场效率的并不一定是市场结构,企业的垄断地位反而可能是有效率的表现。在芝加哥学派主导下,相对于企业的市场地位,反托拉斯法更为关注市场行为对经济效率的影响,只要不对经济效率(表述为消费者福利,实际上为整体福利)造成损害,即便是巨头企业也不会受到反托拉斯法的规制。一个明显的例子是芝加哥学派对企业纵向合并的态度转变,即芝加哥学派认为所有的纵向合并行为均不会对经济效率产生损害,这些行为都应是不违法的。[②] 因此,芝加哥学派的核心思想是行为主义,这实际上源于新古典自由主义的不干预理论,主张大型企业采取放松管制的反垄断政策。

---

① "杠杆理论(leverage theory)"又称"传导理论",持该理论立场的学者认为,企业在一个领域的支配地位能够通过合并其他企业传导到另外的市场,因此对企业合并持较为严格的态度。

② See Herbert J. Hovenkamp, *Harvard, Chicago, and Transaction Cost Economics in Antitrust Analysis*, Antitrust Bulletin, 2012, p. 615.

芝加哥学派的市场完全假说并不符合市场运行的实际状况，后芝加哥学派开始对其进行一定程度的反思和矫正。后芝加哥学派采用比芝加哥学派更为丰富、复杂的模型，运用博弈论、信息不完全理论、沉淀成本及声誉效应等工具，对芝加哥学派行为主义导致的过度放松管制现象进行研究。自20世纪90年代开始，后芝加哥学派理论学说在实践中逐渐对反垄断案件的裁决结果产生一定影响。比如，美国联邦最高法院在对"柯达案"①的纵向垄断协议认定中，聚焦于消费者的"锁定效应"（lock-in effect）和信息不完全理论，最终认定柯达公司与零配件公司达成的协议属于反托拉斯法规定的违法行为。该案中，后芝加哥学派运用其理论观点提出机会主义行为、昂贵的信息及不完全竞争市场理论等不同于芝加哥学派的理论工具。② 后芝加哥学派挑战了芝加哥学派的绝对效率观，为反垄断实践提供了更为丰富、多元的考量因素。当然，由于仍遵从芝加哥学派的效率范式，后芝加哥学派的反思和矫正是极其有限的。

（二）三大流派学术观点的差异比较

"事实上，经济学和哲学有诸多共同之处——不同的人会提出不同的理论学说。"③虽然哈佛学派、芝加哥学派与后芝加哥学派同属于经济学上的产业组织理论，但在学术观点上存在明显差异。经济学流派之间的思想理论变迁是影响反垄断法实施力度的重要因素，亦是造成反垄断法不确定性的主要根源。产业组织理论三大流派在理论基点、价格目标、市场失灵、政府干预、市场进入壁垒、违法性认定原则、垄断力量来源、企业合作、掠夺性定价及结构性救济方法等方面均不尽相同，如表2-1所示。

---

① See Eastman Kodak CO. *v.* Image Technical Services, Inc. 504 U. S. 451, 1992.
② 参见[美]J. E. 克伍卡、L. J. 怀特编著：《反托拉斯革命——经济学、竞争与政策》，林平、臧旭恒等译，经济科学出版社2014年版，第560~561页。
③ Robert D. Atkinson & David B. Audertsch, *Economic Doctrines and Approaches to Antitrust*, The Information Technology & Innovation Foundation, January 2011, https://d1bcsfjk95uj19.cloudfront. net/files/2011antitrust. pdf#ECONOMICS%20AND%20ANTITRUST:%20SCIENCE%20OR%20DOCTRINES #:~:text = Many%20economists%20like%20to%20portray%20their%20field, p. 2.

表 2-1　哈佛学派、芝加哥学派与后芝加哥学派学术观点比较

比较对象	哈佛学派	芝加哥学派	后芝加哥学派
理论基点	市场结构	市场行为	市场行为
价值目标	效率与公正目标的混合	配置效率	配置效率
市场失灵	难以自我矫正	可以自我矫正	部分自我矫正
政府干预	支持	反对	部分支持
市场进入壁垒	存在	不存在	一定程度存在
违法性认定原则	本身违法原则	合理原则	合理原则
垄断力量来源	源于市场	源于政府	部分源于市场
企业合作	存在共谋嫌疑	除了个别行为，应支持企业合作	存在共谋嫌疑
掠夺性定价	可能存在	倾向于不存在	可能存在
结构性救济方法	支持	不支持	无明显倾向

注：本表格主要参考了罗伯特·D.阿特金森（Robert D. Atkinson）和戴维·B.奥德什（David B. Audertsch）两位学者的总结，并对部分内容进行了增补，其中理论基点、市场失灵及违法性认定原则等比较对象为本书总结增加。See Robert D. Atkinson & David B. Audertsch, *Economic Doctrines and Approaches to Antitrust*, The Information Technology & Innovation Foundation, January 2011, https://d1bcsfjk95uj19.cloudfront.net/files/2011antitrust.pdf#ECONOMICS%20AND%20ANTITRUST:%20SCIENCE%20OR%20DOCTRINES#:~:text=Many%20economists%20like%20to%20portray%20their%20field, p.8.

第一，理论基点差异。前述思想更替部分实际上着眼于哈佛学派、芝加哥学派与后芝加哥学派的理论基点，即三大理论流派的理论核心。其中，哈佛学派对市场结构尤其重视，认为市场结构对市场行为、市场绩效均起着决定性作用。在此问题上，芝加哥学派与后芝加哥学派均持不同看法，认为起决定作用的并非市场结构而是企业的市场行为，因此将理论基点转移至市场行为。尽管芝加哥学派与后芝加哥学派对市场行为的具体观点仍存在一定差异，但二者均认为企业的市场行为应当成为反垄断法分析的主要对象，这点同哈佛学派有着根本分歧。

第二，价值目标差异。反垄断法的价值目标在美国的争议最为激烈，主要表现为经济目标和非经济目标的争议。即使抛开非经济目标，三大流派之间所追求的经济目标也不尽相同。哈佛学派基于结构主义理念尤其关注中小企业利益，很大程度上考虑了公平价值。有学者将 SCP 范

式贬斥为"民粹主义方法"(populist approach)①,这未免失之偏颇。原因在于,哈佛学派作为一个重要的经济学流派,在关注市场结构的同时并未将经济效率目标完全抛弃,因此属于效率与公平目标的结合。此后的芝加哥学派与后芝加哥学派则大不相同,完全以经济效率为指引并将之作为反垄断法的唯一目标。

第三,对待市场失灵与政府干预问题的立场差异。在市场失灵和政府干预的问题上,三大流派展现出了完全不同的立场。哈佛学派认为市场失灵客观存在,需要政府对高度集中的市场结构进行干预。芝加哥学派秉持放任自由主义,认为市场具有完全的自我矫正和修复能力,从而反对政府对市场失灵的主动干预。"对于为什么避免干预(或需要干预)的问题,芝加哥学派声称,大多数情况下能够实现自动有效运转的是市场机制而非法院。后芝加哥学派的观点恰恰相反。"②后芝加哥学派认为芝加哥学派的市场完全假设过于理想化,虽然市场具有一定的自我矫正能力,但仍然需要政府的主动干预。

第四,对市场进入壁垒的认知差异。哈佛学派学者贝恩率先对市场进入壁垒展开研究,认为市场进入壁垒是允许企业按照高于成本价收取费用而同时阻碍其他企业进入的所有市场因素。芝加哥学派则完全否认市场进入壁垒的存在,认为即便对规模效应和网络效应等引入也不会造成市场进入障碍。③ 芝加哥学派对市场进入壁垒的一味否认受到了后芝加哥学派的批评。比如,在企业合并领域,基于评估市场进入条件和衡量市场力量的新实证技术的发展,后芝加哥学派倾向于研究伯克所忽略的特定合并及其他形式的行为。④ 这实际上是指后芝加哥学派通过博弈论等经济学理论对市场进入壁垒展开了更为深入的讨论,最终证实了可能存在市场进入壁垒。

第五,采取的违法性认定原则不同。美国反托拉斯法发展出本身违法

---

① Robert D. Atkinson & David B. Audertsch, *Economic Doctrines and Approaches to Antitrust*, The Information Technology & Innovation Foundation, January 2011, https://d1bcsfjk95uj19.cloudfront.net/files/2011antitrust.pdf#ECONOMICS%20AND%20ANTITRUST:%20SCIENCE%20OR%20DOCTRINES#:~:text=Many%20economists%20like%20to%20portray%20their%20field, p. 8.

② Michael S. Jacobs, *Essay on the Normative Foundations of Antitrust Economics*, 74 North Carolina Law Review 219 (1995).

③ See Herbert Hovenkamp & Fiona Scott Morton, *Framing the Chicago School of Antitrust Analysis*, University of Pennsylvania Law Review, Vol. 168:7, p. 1843-1878(2020).

④ See William E. Kovacic, *The Antitrust Paradox Revisited: Robert Bork and the Transformation of Modern Antitrust Policy*, 36 Wayne Law Review 1413, 1466 (1990).

原则与合理原则,对世界大多数反垄断辖区均产生了重要影响。在违法性认定方面,哈佛学派更多地适用本身违法原则,该原则在1940—1974年的美国反托拉斯法历史上占据了主导地位。芝加哥学派则对合理原则情有独钟。在获得主流地位以后,该学派的学术观点陆续被引入反托拉斯分析中并占据了越来越高的权重。① 后芝加哥学派在违法性认定问题上则与芝加哥学派保持了一致,同样倚重合理原则进行经济分析。

第六,对市场垄断力量来源的认识不同。哈佛学派基于对市场结构的研究,认为企业的垄断力量主要源于高度集中的市场结构。芝加哥学派基于非干预主义的思想,主张市场内的垄断力量主要源于政府许可,而非市场之内。后芝加哥学派则对芝加哥学派的极端观点进行了一定程度的纠偏,认为垄断力量的存在源于市场的可能性。

第七,对企业合作行为的态度不同。对于企业合作行为,亚当·斯密已经指出,同行很少聚集在一起,除非它们合谋抬高价格或垄断市场。哈佛学派对企业合作行为非常警惕,尤其认为高集中度的市场结构可能为共谋创造条件。芝加哥学派认为企业合作往往能够产生经济效率,除非企业合作行为属于横向共谋或划分市场等核心卡特尔,否则其不应当受到干涉。后芝加哥学派持中间立场,认为企业合作是否损害经济效率需要依据个案进行分析。

第八,对掠夺性定价的态度不同。在掠夺性定价方面,哈佛学派和后芝加哥学派基本上持相同立场,而芝加哥学派则截然相反。哈佛学派观点通常认为,为了获得市场份额而进行的激进定价是具有反竞争性的,尤其是低于成本的定价行为。原因在于,低于成本定价只是为了获得市场支配地位,此后企业将提高价格,获得超常利润。后芝加哥学派也认为通过掠夺性定价获得市场份额的行为可能具有反竞争性,但在反对程度上不如哈佛学派激烈。② 芝加哥学派则认为掠夺性定价不符合经济理性,为其加上了回收成本要件,从而大幅增加了掠夺性定价违法性认定的难度。③

第九,对结构性救济方法的态度不同。哈佛学派作为结构主义的倡导

---

① 参见叶卫平:《在经济分析与法律形式主义之间》,载张守文主编:《经济法研究》总第20卷,北京大学出版社2018年版。
② See Robert D. Atkinson & David B. Audertsch, *Economic Doctrines and Approaches to Antitrust*, The Information Technology & Innovation Foundation, January 2011, https://d1bcsfjk95uj19.cloudfront. net/files/2011antitrust. pdf # ECONOMICS% 20AND% 20ANTITRUST:% 20SCIENCE% 20OR%20DOCTRINES#:~:text=Many%20economists%20like%20to%20portray%20their%20field, p. 8.
③ See Lina M. Khan, *Amazon's Antitrust Paradox*, 126 Yale Law Journal 726 (2017).

者,为了维护竞争性的市场结构,对拆分企业等结构性救济方法抱有极大热情。这点在 1945 年"美国诉铝业公司案"及 1968 年《合并指南》中均得到充分体现。而芝加哥学派作为结构主义的反对者,对结构性救济方法则相当排斥,在其主导时期美国并购审查几乎处于最宽松的阶段。后芝加哥学派对结构性救济方法尚未表现出强烈的立场倾向。一方面,后芝加哥学派认为在芝加哥学派主导下,并购反托拉斯执法和司法均过于宽松,需要通过部分恢复结构性推定来重振横向并购执法;另一方面,后芝加哥学派声明自己并非主张适用 20 世纪 60 年代的横向并购控制政策或先例。[①] 对于结构性救济方法的适用,后芝加哥学派显然处于哈佛学派与芝加哥学派两个极端之间的中间立场。

由于经济学已经深入地渗透至反垄断法,各理论流派提出的理论主张亦影响着反垄断法的实施过程。"与反垄断法密切相关的哈佛学派、芝加哥学派、后芝加哥学派及新芝加哥学派川流不息,博弈论、交易成本经济学、奥地利学派、效能竞争、新布兰代斯学派等理论异彩纷呈。"[②]尤其是三大流派关于"结构主义/行为主义""效率目标/非效率目标"之间的争议,深刻地影响着反垄断法实施的力度。不过,由于很难在立法中直接规定某一学派理论或某种分析工具的正统地位,所以产业组织理论内部仍呈一种多元共存状态,各理论流派不同程度地对反垄断实践发挥作用。

二、不同流派对反垄断实践的周期性影响

随着不同学派主导地位的变迁,反垄断法的实施力度也呈现涨落起伏的周期性变化。产业组织理论三大流派对美国反托拉斯法的影响最为显著,哈佛学派、芝加哥学派、后芝加哥学派使反托拉斯法的实施力度呈现"严厉—宽松—宽松矫正"的起伏变化,为经济学与反垄断法之间关系的实践考察提供了较为完整的样本。

(一)哈佛学派时期的严格规制

经济学理论流派变动对反垄断实践的周期性影响,从美国的反托拉斯法历史实践可以窥其全貌。哈佛学派基于对市场结构的考虑,提出产业组织理论上的 SCP 范式,这种结构主义的经济学理论深刻地影响了美国 20 世纪 30 年代至 70 年代初的反托拉斯实践。彼时,美国的反托拉斯实践呈

---

① 参见[美]罗伯特·皮托夫斯基等:《超越芝加哥学派——保守经济分析对美国反托拉斯的影响》,林平、臧旭恒等译校,经济科学出版社 2013 年版,第 216~244 页。
② 孔祥俊:《论反垄断法的谦抑性适用——基于总体执法观和具体方法论的分析》,载《法学评论》2022 年第 1 期。

现较为严厉的色彩,这种严厉态度在立法、司法及执法中均有所体现。

首先,在反托拉斯立法及规则完善方面,美国通过了新的法律以弥补企业并购中存在的漏洞,强化了市场结构规制方面的法律规范。哈佛学派产生之后,严格的结构主义深刻地影响了当时的立法思潮。1950年通过的《塞勒-凯弗尔法》增加了资产并购的情形,从而弥补了1914年《克莱顿法》关于企业合并审查规定的漏洞,以此强化了对市场结构规制的力度。在参议院辩论时,凯弗尔(Kefauver)对当时高度集中的市场结构发出一系列疑问:"我想我们正处于一个必须对经济集中问题作出重要决定的时刻。难道我们要让国家经济落入少数几家公司之手吗?……难道我们任由企业高层的管理人员远离生产场所,人民的命运交由从未见过甚至根本不知道的人来决定?或者,我们是否应该保护小企业、地方性企业和经营企业的自由?"①

具体而言,在哈佛学派结构主义影响下,《塞勒-凯弗尔法》对《克莱顿法》进行了两点重要修改。一是弥补了资产并购不受反垄断审查的法律漏洞。将资产并购纳入企业合并的审查范围主要基于两个方面的考虑:一方面,1914年《克莱顿法》通过之时,并购资产的情形仍较为少见,因此该法仅仅规定了股票收购。后资产并购情形日益增多,成为企业并购审查的漏洞。另一方面,资产并购②更容易诱发竞争问题。原因在于,资产并购经常由企业私下里达成,极容易被忽视。二是将审查的并购类型明确地扩展至所有的并购行为,而不仅仅限于直接竞争对手之间的横向并购。这就意味着,除了横向并购之外,纵向并购和混合并购均通过《塞勒-凯弗尔法》第7条被明确纳入并购审查的范围。这两点修改与哈佛学派的结构主义思想保持了高度一致性,均直接指向了降低美国彼时的产业集中度。

其次,在反托拉斯司法方面,美国法院不仅更加关注市场结构本身,而且侧重于采用本身违法原则进行规制,较为严厉。这一时期法院主要强调市场结构和本身违法原则,典型案件除"美国诉铝业公司案"外,"布朗鞋案"③也体现了较为严厉的结构主义思想。1955年,大型综合性制鞋企业布朗制鞋公司通过合并并购了全国制鞋零售商金尼制鞋公司。美国联邦贸易委员会认为该并购可能实质性影响制鞋业的竞争或极容易导致垄

---

① See Rudolph J. R. Peritz, *Competition Policy in America: History, Rhetoric, Law*, Oxford University Press, 1996, p.196.
② 原文表述为"股票收购"(stock acquisition),似为笔误,因此作者进行了更正。See Rudolph J. R. Peritz, *Competition Policy in America: History, Rhetoric, Law*, Oxford University Press, 1996, p.197.
③ Brown Shoe Co. *v.* United States, 370 U.S. 294 (1962).

断,遂根据《克莱顿法》第 7 条对其提出的诉讼要求予以禁止。从市场占有率角度,布朗制鞋公司和金尼制鞋公司的市场份额加起来仅占全国制鞋业的 4.4%、全国零售额的 2.3%。尽管如此,法院认为虽然双方的市场份额总体上看比较低,但在特定细分市场份额仍然过高。最终,美国联邦最高法院裁定政府一方胜诉,宣布该并购行为无效。

该案在反垄断法历史上亦属于较为严厉的反垄断裁决,隐藏在背后的则是结构主义思想对司法理念的渗透及影响。由首席大法官厄尔·沃伦(Earl Warren)撰写的法院判决书,主要集中在保护美国制鞋业的分散型市场结构(特点是有大量小型、独立的制造商和零售商),从而免受强大制造商主导性零售市场产生的早期威胁。① 沃伦法官严厉控制大企业、维护分散性市场结构的理念产生了重要影响。可见,美国联邦最高法院进入沃伦时代之后,更加注重公平目标,反映到反垄断诉讼中则是更严格地限制大企业的扩张,维护小企业的独立经营。从源头上看,这种积极主动的司法理念植根于哈佛学派的经济学理论。② 实际上,从 20 世纪 30 年代后期开始,整个美国反托拉斯力量已经非常活跃,反映了司法系统对企业规模无限扩张的深度疑虑,同时其也在探索减轻政府一方的证明责任以强化反垄断力度。由于合理原则可能帮助被告逃脱惩罚,很多学者建议法院减轻原告的证明责任,由此使得本身违法原则再次勃兴。至 20 世纪 60 年代中期,企业高级管理人员认识到反垄断法的钟摆已经远离了 20 世纪 20 年代及 30 年代初期的宽松态度。③ 具有保守主义倾向的波特·斯图尔特(Potter Stewart)法官在一则异议意见中表明,在适用《克莱顿法》第 7 条(企业并购)时,他看到的唯一连贯性是"政府总是赢"(the government always wins)。④ 因此,无论从司法理念还是适用原则方面,美国反托拉斯司法实践在哈佛学派影响下均体现出较为严厉的色彩。

最后,哈佛学派时期较为严厉的反托拉斯色彩还体现在执法指南方面。哈佛学派特别强调结构性因素,尤其关注市场集中度、市场进入壁垒以及市场结构与寡头垄断之间的关联。与此同时,基于对市场进入壁垒、便利通谋或者杠杆效应的考虑,美国反垄断执法机构对纵向垄断行为也强

---

① Brown Shoe Co. *v.* United States, 370 U. S. 294 (1962).
② 参见[美]赫伯特·霍温坎普:《联邦反托拉斯政策:竞争法律及其实践》,许光耀等译,法律出版社 2009 年版,第 65 页。
③ See William E. Kovacic & Carl Shapiro, *Antitrust Policy: A Century of Economic and Legal Thinking* (1999). 14 Law & Economics 43 (2003).
④ United States *v.* Von's Grocery Co., 384 U. S. 270 (1966).

化了执法力度,被一些学者认为近乎偏执。① 1968年美国司法部第一次颁布了1968年《合并指南》,同时囊括了横向和非横向合并类型并引入了新的经济分析工具,以体现对市场结构的重视。1968年《合并指南》重点引入了相应的经济分析工具——四企业集中度(以下简称CR4)及八企业集中度(以下简称CR8)。CR4指市场中四个最大企业的市场份额总和,比如,若某市场上四家最大企业的市场份额分别为30%、20%、15%、15%,则CR4值为80%。根据1968年《合并指南》的规定,若CR4值接近或超过75%,则可以被视为高度集中型市场(Market Highly Concentrated);若CR4值不足75%,则属于次高度集中型市场(Market Less Highly Concentrated)。② 反托拉斯执法机构根据不同的市场类型再进一步结合参与合并企业的市场份额,决定是否批准相关合并。与之相类似,CR8则代表市场中八个最大企业的市场份额总和。虽然反托拉斯指南主要供反托拉斯执法机构适用,但法院在裁决案件时也往往将其作为重要参考,故包含在合并指南中的结构主义思想和工具同时又对反托拉斯司法案件产生着影响。因此,从20世纪40年代到70年代美国一直深受哈佛学派结构主义思想的影响,对垄断行为采取比较严厉的反托拉斯政策。此外,20世纪60年代后期,美国联邦贸易委员会在并购审查中运用寡头垄断和垄断竞争的后古典主义理论(postclassical theories),更严格地阻止大型企业的合并。③

在如何规制经济垄断的问题上,哈佛学派主张通过对竞争性市场结构的维持来防止企业的垄断行为,比较严厉的规制态度深刻地影响了美国反托拉斯实践。由于对市场结构过于关注,哈佛学派倾向于限制企业规模,维持分散化的市场结构,显现结构主义过于凌厉的特点。比如,禁止合并、拆分企业等措施运用于反垄断实践时表现得过于简单与生硬,未能兼顾企业扩张可能具有的规模效应与经营效率。"哈佛学派的市场结构方案在理论和实践上都明显存在问题。特别是维护竞争性市场结构可能会与规模经济发生矛盾,限制规模经济的发展。"④哈佛学派也因此招致芝加哥学派的无情批判,一定程度上成为芝加哥学派崛起的诱因。

---

① 参见[美]赫伯特·霍温坎普:《联邦反托拉斯政策:竞争法律及其实践》,许光耀等译,法律出版社2009年版,第62页。
② U. S. Dep't of Justice Merger Guidelines(1968), Part I. HORIZONTAL MERGERS.
③ See Rudolph J. R. Peritz, *Competition Policy in America*: *History*, *Rhetoric*, *Law*, Oxford University Press,1996, p.199.
④ 王晓晔:《反垄断法》,法律出版社2011年版,第14页。

(二) 芝加哥学派时期的极端放松

芝加哥学派认为市场具有自我调节、自我矫正的能力,相较于市场结构其更注重市场行为的反竞争效果,对大企业持较为同情的立场。在反托拉斯法的实施方面,芝加哥学派认为哈佛学派的结构主义过于严苛,应当采取更宽松的规制措施。从 20 世纪 70 年代至 90 年代,芝加哥学派的放松管制理念处于绝对主导地位,虽然自 20 世纪 90 年代开始有后芝加哥学派的掣肘,但其理念至今仍居于主流地位。在司法实践领域,伯克、波斯纳、伊斯特布鲁克等法官通过判例将芝加哥学派理论直接运用至司法实践。在反垄断指南方面,芝加哥学派直接主导了美国 1982 年《合并指南》的颁布过程。① 无论在司法领域还是在执法领域,芝加哥学派均深刻地影响了反托拉斯法的实施力度,使得美国反托拉斯实践进入放松管制时期。

首先,在反托拉斯司法领域,芝加哥学派重新恢复了合理原则的司法运用,大大缓和了案件裁决的严厉程度。曾经在"芝加哥贸易商会诉美国案"②被明确提出的合理原则,一直未得到充分运用。芝加哥学派占据主流地位以后,积极推动合理原则的司法运用,由此极大地减缓了反托拉斯法的实施力度。1977 年,在"大陆电视公司诉 GTE 西尔维尼亚公司案"③中,美国联邦最高法院依据合理原则判决被告胜诉,终止了垄断协议长期适用本身违法原则的局面。该案中,原告大陆电视公司(Continental T. V., Inc.)是被告 GTE 西尔维尼亚公司(GTE Sylvania Inc.)的经销商,在未经授权的情况下向其他地区扩展销售范围,因此被终止了经销合同。大陆电视公司向法院提起诉讼,主张被告违反了《谢尔曼法》。加利福尼亚州北部地区法院依照先例"施文案"④所适用的本身违法原则判决被告败诉。美国联邦最高法院则认为本案属于纵向非价格限制协议,应当适用合理原则,且被告的行为符合经济效率,据此推翻了加利福尼亚州北部地区法院判决。刘易斯·鲍威尔(Lewis Powell)法官代表多数意见,表明"垂直限制竞争协议允许生产商在分销产品时提升一定程度的效率,从而促进了品牌间的竞争。这些'可取之处'蕴含在每个支持合理原则的判决中。经济学家已经确认,利用这些限制方式,生产商能够更有效地与竞争对手

---

① See Douglas H. Ginsburg & Eric M. Fraser, *The Role of Economic Analysis in Competition Law*, 55 Journal of National School of Administration 6 (2010).
② Chicago Board of Trade *v.* United States, 246 U. S. 231 (1918).
③ Continental T. V., Inc. *v.* GTE Sylvania Inc., 433 U. S. 36 (1977).
④ United States *v.* Arnold, Schwinn & Company, 388 U. S. 365, 87 S. Ct. 1856, 18 L. Ed. 2d 1249.

展开竞争"①。由此,通过经济分析,美国联邦最高法院将合理原则引入案件裁决过程。实际上,此前1974年的两个案例②表明法院结构主义的强硬立场已经松动,开始考虑企业并购可能产生的经济效率。此后,随着芝加哥学派主要人物伯克和波斯纳的声名鹊起,经济学被更为全面地引入反托拉斯法的实施过程,合理原则逐步成为反托拉斯法案件裁决的主要原则。相应地,反托拉斯司法更加有利于被告,呈现前所未有的宽松状态。

其次,新的分析工具被引入反托拉斯指南,降低了原有分析工具的严苛程度。随着芝加哥学派的影响日深,新的分析工具被逐步引入反托拉斯指南,从而替代了哈佛学派时期较为严格的分析工具。美国1982年《合并指南》逐步放弃了哈佛学派严厉的结构主义思想,转而更加关注企业效率分析和价格理论。比如,该合并指南采用了新的分析工具——HHI指数。相较于CR4指数而言,HHI指数能够提供更多企业规模差异的信息,因为CR4指数并不关心市场中四家最大企业的规模分布状况,而HHI指数则更灵活地反映了企业间的规模差异,显得不如CR4指数那么僵硬。

与此同时,芝加哥学派将以价格分析为基础的SSNIP测试也引入新指南。美国司法部将SSNIP测试作为反垄断分析的重要工具,实质上是通过以价格为基础的效率衡量市场行为对竞争效果的正反面效果。SSNIP测试属于假定垄断者测试(Hypothetical Monopolist Test,HMT)的一种重要类型,也是对需求交叉价格弹性理论的延伸与应用。美国司法部引入SSNIP测试主要用于相关产品市场界定,假设某种产品的价格出现小幅但显著且非暂时性的上涨,如果相当大比例的购买者可能因而转向其他产品,则继续扩展该市场的产品种类。③ SSNIP测试建立在产品价格基础之上,是芝加哥学派价格理论的典型体现。此后,SSNIP测试在1984年、1992年、1997年及2010年等历次合并指南的修改中一直得以延续。芝加哥学派的放松管制理念及相应的价格工具对美国反托拉斯产生了颠覆性影响,又被称为"反托拉斯革命的第二波"④,很大程度上减缓了哈佛学派结构主义的严苛程度。

此外,与芝加哥学派经济学理论不谋而合的是里根时代放松管制的施

---

① Continental T. V. , Inc. *v.* GTE Sylvania Inc. , 433 U. S. 36 (1977).
② See United States *v.* General Dynamics Corp. , 415 U. S. 486 (1974); United States *v.* Marine Bancorporation, Inc. , 418 U. S. 602 (1974).
③ See 1982 Merger Guidelines, U. S. Department of Justice.
④ 参见[美]J. E. 克伍卡、L. J. 怀特编著:《反托拉斯革命——经济学、竞争与政策》,林平、臧旭恒等译,经济科学出版社2014年版,"导言"。

政方针。里根在1980年总统竞选中的胜利标志着政府干预时代的正式结束。在里根总统看来,政府应当建立自由市场和鼓励私有财产权功能的发挥。无论是里根时代还是布什时代的竞争政策,均坚守自由市场理念并致力于保护"企业话语权"。① 对于美国联邦最高法院,里根在重要事项、法官任命及专家证言等方面均给予了强力支持,②大大强化了美国司法系统的放松管制理念。因此,无论在司法方面还是在执法方面,芝加哥学派的放任自由理念均产生了深刻影响,使反托拉斯规制处于极度宽松的历史时期。

(三)后芝加哥学派时期的中性矫正

从20世纪90年代开始,后芝加哥学派的理论观点和分析工具开始在反托拉斯实践中产生影响。后芝加哥学派以挑战者的姿态出现,认为芝加哥学派主张的市场完全假设并不成立,很难自动克服垄断、提升经济效率。在反托拉斯法实施方面,后芝加哥学派对芝加哥学派主导下过度放松管制的态势十分担忧。罗伯特·皮托夫斯基等学者充分表达了这种忧虑:"几乎所有人又对反托拉斯的解释方法与执法的演化方向心存不安。具体的担心包括,偏爱经济模型而置事实于不顾,倾向于假设自由市场机制可以治愈所有市场失灵,相信只有'效率'才是唯一重要的;而最重要的是,不支持严格执法,哪怕只有一丝辩护的可能性就甘愿批准可疑的交易。正如20世纪60年代沃伦时期的法院认为政府每次都是对的,目前的最高法院多数派经常在所谓'现代经济分析'的基础上,确保支持反托拉斯的立场总是落败。"③由此,后芝加哥学派开启了对芝加哥学派长期过度放松管制的矫正之旅。

1. 对反垄断司法的矫正

后芝加哥学派理论开始影响美国反托拉斯司法的标志性案例是"柯达案"④。该案中的柯达公司主要制造和销售高速复印机和显微摄影设备,也向客户提供零件和维修服务。同时,市场上也存在小型独立服务机构(Independent Service Organizations,ISOs)对柯达设备提供修理和保养。

---

① See Rudolph J. R. Peritz, *Competition Policy in America: History, Rhetoric, Law*, Oxford University Press, 1996, p. 8.
② See Maurice E. Stucke & Ariel Ezrachi, *The Rise, Fall, and Rebirth of the U. S. Antitrust Movement*, Harvard Business Review (December 15, 2017), https://hbr.org/2017/12/the-rise-fall-and-rebirth-of-the-u-s-antitrust-movement.
③ [美]罗伯特·皮托夫斯基等:《超越芝加哥学派——保守经济分析对美国反托拉斯的影响》,林平、臧旭恒等译校,经济科学出版社2013年版,第3页。
④ See Eastman Kodak CO. v. Image Technical Services, Inc. 504 U. S. 451, 1992.

ISOs 的服务价格远低于柯达,一些用户认为 ISOs 的服务质量更高,由此 ISOs 与柯达公司售后服务形成了市场竞争。柯达公司遂与零件公司达成协议,不允许后者向 ISOs 继续提供零件,仅向使用柯达维修服务的设备购买者出售零件。ISOs 认为柯达公司构成了垄断行为,向法院提起了反托拉斯诉讼。柯达公司提出抗辩,主设备市场(the primary equipment market)与售后市场(derivative after market)属于同一市场;按照经济学理论,在主设备市场存在竞争的情况下,售后市场不可能存在反竞争行为。

不久后发生的"布鲁克有限公司诉布朗与威廉姆森烟草集团案"[1]认定被告的掠夺性定价行为可能产生阻碍竞争对手进入市场的效果,进一步反映了后芝加哥学派的理论主张,该案一定程度上代表着该学派对美国联邦最高法院的影响。

上述案件背后体现的是后芝加哥学派的理论主张,即市场并非如芝加哥学派预设的那般完美,市场的不完善反而更普遍且持续存在。市场进入实质上也并非易事,"经过 20 世纪 80 年代后的实证分析,芝加哥学派所主张的迅速进入并没有发生"[2]。此后,后芝加哥学派理论学说在司法实践中逐渐产生影响,对过度放松管制起到了明显的矫正作用。

2. 对反垄断指南的矫正

20 世纪 90 年代的美国反垄断指南则是体现后芝加哥学派理论的另一重要领域。在芝加哥学派时期,既没有广受关注的反托拉斯运动,也没有执法机构发起的具有影响力的反托拉斯案件。除了卡特尔外,其他类型的反托拉斯执法几乎销声匿迹了。尤其是对于企业间的横向合并,政府部门几乎不再进行反垄断执法;对企业间的纵向合并进行的执法则更加稀少,有记录的最近一次执法案件还停留在 1979 年。[3] 面对芝加哥学派在企业合并方面的纵容态度,后芝加哥学派通过对企业合并指南的修改进行矫正。

美国司法部和联邦贸易委员会于 1992 年联合发布了《横向合并指南》,其思想基础即为后芝加哥学派理论。[4] 通过对市场进入壁垒及产品

---

[1] See Brooke Group Lt. d. *v.* Brown & Williamson Tobacco Corp. 509 U. S. 209,1993.
[2] [日]泉田成美、柳川隆:《产业组织理论基础》,吴波、王琳译,机械工业出版社 2015 年版,第 11 页。
[3] See Maurice E. Stucke & Ariel Ezrachi, *The Rise*, *Fall*, *and Rebirth of the U. S. Antitrust Movement*,Harvard Business Review(December 15, 2017), https://hbr.org/2017/12/the-rise-fall-and-rebirth-of-the-u-s-antitrust-movement.
[4] Jonathan B. Baker, *A Preface to Post-Chicago Antitrust*, SSRN Electronic Journal, 2002, p. 19.

差异化的关注,新的合并指南在一定程度上矫正了芝加哥学派对 1982 年和 1984 年指南规定的过于宽松的合并标准。一方面,在市场进入壁垒方面,1984 年指南仅仅从反面规定当市场进入壁垒不存在时,司法部不阻止该合并行为,①而并未规定何为市场进入壁垒,以及认定市场进入壁垒应该考量哪些因素。而 1992 年《横向合并指南》明确规定了对市场进入壁垒的考察方法,即合并后该市场内的企业是否能够共同或单独将价格提升至合并前的水平而仍然有利可图。② 此种情况下,若维持提升后的价格,则必然要减少产出;而如果减少的产量能够迅速被新的市场进入者所补充,则表明市场进入壁垒很低。这说明 1992 年《横向合并指南》更倾向于贝恩(结构主义)的市场进入壁垒定义,而偏离了斯蒂格勒(芝加哥学派)的思想。③ 另一方面,在产品差异化方面,1982 年和 1984 年指南均认为,若合并企业之间存在明显的产品差异化,对市场竞争产生的影响就会较小,因而将产品差异化作为合并审查分析中的有利因素。1992 年《横向合并指南》明显受到后芝加哥学派博弈论的影响,倾向于认为一些市场条件下产品差异化有利于企业单方面涨价行为,从而使合并更容易被认定为反竞争行为。④ 可见,1992 年《横向合并指南》更多地体现了后芝加哥学派思想,从而在很大程度上矫正了芝加哥学派对企业合并的过度宽容。

最后,需要说明的是,尽管本书仅选择了产业组织理论三大流派作为考察主线,但并不否认其他经济学流派对反垄断法实施的影响。例如,早在 20 世纪 50 年代,就已经有学者提出"(当前的)经济分析中,'完全竞争理论'已经被放弃,取而代之的是更为复杂和多元的'可竞争理论'"⑤。美国反托拉斯法专家赫伯特·霍温坎普(Herbert Hovenkamp)曾提出疑问:"反托拉斯政策应当采用哪种经济学?"⑥不同理论学派均对反垄断法的实施具有一定的影响作用,反垄断法与经济学密不可分。然而,在法律规范并无实质性变化的情况下,这种周期性变化实质上是经济学理论的变化所致。因此,不可忽视经济学理论流派的变动不居性给反垄断法实施带来的

---

① 如果某一市场进入非常容易,现有竞争者无法长期维持高价格,则司法部不阻止该合并行为。See 1984 Merger Guidelines, §3.3.
② See 1992 Merger Guidelines, §3.0.
③ 参见[美]赫伯特·霍温坎普:《联邦反托拉斯政策:竞争法律及其实践》,许光耀等译,法律出版社 2009 年版,第 590 页。
④ 参见[美]赫伯特·霍温坎普:《联邦反托拉斯政策:竞争法律及其实践》,许光耀等译,法律出版社 2009 年版,第 75 页。
⑤ E. T. Grether, *Economic Analysis in Antitrust Enforcement*, 4 Antitrust Bulletin 55 (1959).
⑥ [美]赫伯特·霍温坎普:《联邦反托拉斯政策:竞争法律及其实践》,许光耀等译,法律出版社 2009 年版,第 76 页。

负面影响,尤其是对案件事实认定的确定性及行为可预期性的损害。

三、理论分歧对垄断案件事实认定的不确定性影响

在既有法律体系中,反垄断法受经济学的影响最深刻,也最为独特。一是如同其他部门法一样,反垄断法受到经济学"成本—收益"工具对制度效率性的评判。二是经济学的价值观念、知识及术语直接进入法律规范体系,成为反垄断法的价值理念、法律概念、规范结构的有机组成部分。[①]三是经济学直接参与反垄断案件事实的认定过程,甚至决定着案件事实认定结果。后两点是其他法律分支所不具备的,尤其是案件事实认定表现出明显的独特性。然而,"一旦法律被经济分析紧密束缚,必须考虑经济学思想快速变动对法律本身造成的不确定性"[②]。反垄断案件事实认定有赖于经济学,绝不能忽视经济学理论分歧带来的不确定性影响。

(一)垄断案件事实认定对经济学的依赖性

案件裁决主要包括事实认定和法律推理两个阶段,而经济学的反垄断实践功能主要体现在事实认定阶段。反垄断事实的认定很难单独依靠传统的法律涵摄完成,往往需要借助专业的经济分析工具,由此产生对经济学的依赖性。作为一种颇具争议性的市场现象,垄断有其深刻的经济学内涵。相对而言,规范分析方法缺乏统计数据与经验基础,经济学定量分析则能补充这方面的短板。比如,实证数据、分析工具、理论框架,甚至争议焦点、证据审查、案件结果的经济意义等均属于经济学的知识范畴。市场竞争具有高度复杂性的特点,仅仅依靠法律解释技术和抽象的价值理念已经难以承担反垄断案件裁决的任务。面对专业、复杂的经济现象,需要引入经济学理论对案件事实进行分析。在较为复杂的市场环境下,经济学(尤其是定量分析技术)能够为案件事实认定提供经验数据基础。

在反垄断执法中,事实认定过程往往涉及经济学知识的运用。对于疑难复杂的垄断案件,一般会引入经济分析进行事实认定。比如,在"阿里巴巴集团二选一案"的行政处罚决定书中,对于阿里公司是否具有市场支配地位这一事实问题,执法机关除了分析市场份额之外,还引入了经济分析工具 HHI 指数和 CR4 指数。"根据平台服务收入市场份额,2015—2019年,中国境内网络零售平台服务市场的 HHI 指数(赫芬达尔-赫希曼指数)分别为 7408、6008、6375、5925、5350,CR4 指数(市场集中度指数)分别为

[①] 参见朱战威:《植入与冲突:反垄断法中经济学的功能边界》,载《北方法学》2021 年第 3 期。
[②] Douglas H. Ginsburg & Eric M. Fraser, *The Role of Economic Analysis in Competition Law*, 55 Journal of National School of Administration 6 (2010).

99.68、99.46、98.92、98.66、98.45，显示相关市场高度集中，竞争者数量较少。近5年来，当事人市场份额较为稳定，长期保持较强竞争优势，其他竞争性平台对当事人的竞争约束有限。"①通过 HHI 指数和 CR4 指数的引入，中国境内网络零售平台服务市场的结构和集中度都得以直观体现，而更容易判断阿里公司所处的市场地位。

在反垄断司法中，EBM 模式更是旗帜鲜明地提出以经济学为案件裁判的依据。从法律适用技术角度，经济分析已经超越普通人感性认识和传统的法律解释技术，需要经济学家的深度参与，这是经济学在反垄断法中存在的一个重要基础。因此，必须借助经济学家所提供的专业知识进行反垄断案件的事实认定。在我国已裁决的反垄断案件中，较为疑难的案件均有经济学家参与，以提供相应的经济分析支持。我国反垄断案件中经济学运用争议最大、最为典型的案件是"奇虎360诉腾讯案"②，该案发生于互联网领域，属于经济学运用的前沿问题，涉及互联网平台、双边市场特性及相关市场界定等一系列复杂的经济分析问题。庭审过程中，双方都聘请了代表自己一方立场的经济学家参与庭审。该案中，假定垄断者测试分析方法的两个重要类型 SSNIP 测试与 SSNDQ 测试受到显著关注。一审法院选择了 SSNIP 测试方法，二审法院在经过对比、讨论 SSNIP 测试可适用性的基础上，最终将 SSNIP 测试调整为 SSNDQ 测试，将后者作为相关市场界定的经济学工具。③ 这个过程属于案件事实的技术认定过程，其中经济学家发挥着至关重要的作用。

除此之外，反垄断案件事实认定主要包括相关市场界定、市场地位认定及竞争效果评估等环节。经济学可以将相关市场界定、需求替代、供给替代等经济事实以纯粹的方式呈现，这样能够在很大程度上解决事实认定中的难题。比如，计量经济学能够以先进的测量工具或复杂的跨国试验提供所需要的数据基础，从而解决芝加哥学派和后芝加哥学派围绕市场所产生的事实认定问题。④ 反垄断实践中需要更细致地观察应该在哪些领域

---

① 国家市场监督管理总局行政处罚决定书，国市监处〔2021〕28号。
② 参见最高人民法院民事判决书，(2013)最高法民三终4号。
③ SSNIP 测试在确定一个基准价格的基础上，假定价格在一定时期内进行 5%～10% 的上涨，以此观察消费者对产品需求量的反应；SSNDQ 测试则将产品价格替换为产品质量进行观察。参见最高人民法院民事判决书，(2013)最高法民三终4号。
④ See Michael S. Jacobs, *Essay on the Normative Foundations of Antitrust Economics*, 74 University of Cincinnati Law Review 219 (1995).

以经济学理论为依据,经济分析在实践中有何优势。① 廓清经济学在事实认定中的功能范围,对于反垄断案件裁决思维的明晰化、逻辑化具有重要作用。

垄断事实认定对经济学的依赖性表明,经济学及经济学家对反垄断案件裁决发挥着难以替代的独特功能。不仅是反垄断法,在社会分工日益专业化的背景下,整个法律体系都面临如何应对非规范要素进入司法裁判的问题。② 我国尚缺乏系统的理论对此进行深入探讨。然而,确定无疑的是,复杂性相对较高的垄断案件必须有经济学家的参与。随着现代科技手段的迅猛发展,具有专门知识的专家在案件裁决中的作用日益重要。反垄断案件事实认定具有较强的专业性,由此奠定了经济学家介入反垄断实践的基础。经济学家具有丰富的经济学知识,能够为案件处理提供专业的技术支撑,更有助于案件事实的认定。无论是英美法系还是大陆法系,均允许经济学家在反垄断案件中更多地发挥作用。

(二)自由与干预思想冲突对实践影响的不确定性

经济学理论并非整齐划一、观点一致的理论体系,必须考虑经济学理论的立场分歧性对反垄断案件事实认定的影响。从类型划分来看,经济学理论根据不同标准至少可以包括微观经济学、宏观经济学、数理经济学、动态经济学、福利经济学、经济思想史等,此间又存在着许多不同的理论流派。③ 即便是对垄断现象本身的研究,也存在一系列针锋相对的意见,经历过一次又一次波澜起伏、错综复杂的大辩论。经济学家龚维敬提炼了有关垄断理论的主要争议,包括垄断产生与发展的原因、垄断理论与竞争理论优劣之争、垄断与竞争的利弊之争等 18 项之多。④ 但经济学的理论争议归根结底在于政府与市场的关系问题,故经济学理论从大脉络上可以分为两支,一为国家干预主义,二为市场自由主义。

国家干预的经济思想通常被视为反垄断法产生的基础,不过当其走向极致时又会否认反垄断法的存在。在亚当·斯密式放任自由主义主导的经济时期,国家干预的制度很难大量产生。反垄断法作为国家干预的重要法律形式,往往借助国家干预的立法思潮产生。比如,美国《谢尔曼法》正

---

① 参见[德]乌尔里希·施瓦尔贝、丹尼尔·齐默尔:《卡特尔法与经济学》,顾一泉、刘旭译,法律出版社 2014 年版,第 619~620 页。
② 参见侯猛:《司法中的社会科学判断》,载《中国法学》2015 年第 6 期。
③ 参见高鸿业主编:《西方经济学(微观部分)》(第 4 版),中国人民大学出版社 2007 年版,第 2 页。
④ 参见龚维敬:《垄断理论的争议——经济学家精彩对话》,上海财经大学出版社 2008 年版,第 154~198 页。

是在放任自由主义遭遇垄断问题挑战之时得以颁行。此后,凯恩斯通过《就业、利息与货币通论》表达了对政府的计划与管控的信任与倡导,积极主张政府对市场的经济活动进行干预与介入,从而形成了体系化和系统性的国家干预学说。不过,当国家干预走向极致,也就压缩了反垄断法存在的空间。政府组织经济的作用发挥到极致即是计划经济,此时政府安排一切生产、流通、分配及消费。计划经济将政府万能、无限理性、信息充分等作为前提条件,主要通过政治决策机制指导经济生活。此时,政府理性已经替代市场决策,行政命令已经消灭商品交易,反垄断法也即丧失存在的客观基础和必要性。然而,20世纪90年代东欧剧变、苏联解体宣告了计划经济的破产。所以,人类不得不接受并不完善的市场,通过市场组织经济活动。

自由主义思想是经济学另外一个重要分支,天然排斥反垄断法的介入,却在客观上促成了反垄断法的产生。人类采取何种方式安排经济活动,应当由政府干预还是市场调节,一直是经济学家争议的核心问题。无论亚当·斯密还是弗里德曼均坚定地认为市场是组织经济活动的不二之选。哈耶克亦主张"在安排我们的事务时,应该尽可能多地运用自发的社会力量,而尽可能少地借助于强制"①。依此,人类经济生活应当在竞争机制作用下充分发挥个人的创造力和自由天性。只要市场机制能够以自由的、竞争性的方式运行,同行抢占市场出售产品的压力将促使企业以最低廉的价格销售。② 这种观点将反垄断法视为政府干预的方式,对反垄断法采取天然防备的态度。市场机制作用的完全发挥有赖于以下几种理想假设③:一是不存在市场进入壁垒;二是所有的卖方和买方均拥有完全信息(包括诸如成本、价格及所有可替代性的商品或服务的信息);三是市场中商品或服务的可替代性;四是零交易成本。但实际上,市场并非完美,奉行自由主义的市场经济在发展中又遭遇了垄断问题。为了保护自由竞争的市场机制,人类不得不通过反垄断立法的形式对垄断问题作出回应。从思想基础角度看,美国反托拉斯立法更多地受自由主义理念的影响,对垄断规制的立法及配套措施都渗透着对自由主义的精神追求。可见,竞争法的目的是保护自由,但手段却呈现限制自由的外观,由此呈现的是目的与手

---

① [英]弗雷德里布·奥古斯特·冯·哈耶克:《通往奴役之路》,王明毅等译,中国社会科学出版社1997年版,第44页。
② See Christopher L. Sagers, *Antitrust*, Woters Kluwer Law & Business, 2014, p. 24.
③ See Christopher L. Sagers, *Antitrust*, Woters Kluwer Law & Business, 2014, p. 25.

段的二重变奏。①

经济学理论的立场分歧建立在不同的知识观基础上,二者对垄断问题的认识也不尽相同。"'干预派'建立在市场失败的知识观的基础上,'自由派'建立在政府失败的知识观的基础上。这种知识观的根本对立直接造成垄断性质认定的分歧。"②从反垄断政策与法律出台的背景看,基本上是自由主义经济学思想决定了市场经济体制的选择,而反垄断法则建立在市场经济基础之上。有趣的是,恰恰是自由主义对反垄断法充满了防备与警惕,唯恐国家通过此种法律形式对经济干预过深。经济学这种追求自由却又不得不以干预为手段的二重变奏,在秩序自由主义者那里得到集中体现。依秩序自由主义者的观点,"要使竞争发挥作用,不仅需要适当地组织某些编制,如货币、市场和信息渠道——它们之中有些是私人企业从来不能充分提供的——而且它们有赖于一种适当的法律制度的存在,这种法律制度的目标在于既维护竞争,又使竞争尽可能有力地发挥作用"③。EBM模式将经济学作为案件裁决依据,意味着经济学理论争议将直接左右裁决结果。因此,在 EBM 模式之下,必须充分重视因理论立场不同对案件事实认定产生的不确定性影响。

(三)法官可能难以对经济学内容进行实质性判断

经济学理论运用于反垄断案件时存在较大的技术专断性风险。原因在于,垄断事实认定往往需要依靠大量的经济学术语和知识,比如供给、需求、结构主义、行为主义、替代性分析模型等经济学内容,需要依赖经济学家的专业知识对垄断事实予以认定。④ 经济学家参与案件裁判的风险来源有二:一是经济学往往通过数理公式、数理模型将自己装扮为具有客观性的自然科学;二是法官往往具有法学背景而非经济学背景,面临着巨大的知识挑战,很难识别不同经济学理论和模型的高下优劣。

1. 经济学具有自然科学的外观特征

经济学的数理分析往往涉及微积分、线性代数和数理统计等数学公式和模型,使得其呈现自然科学的客观性外观。近代以来,经济学在马歇尔的努力下,逐渐从人文学科和历史学科中脱离出来,进而成为一门与物理

---

① 参见江帆:《竞争法的思想基础与价值共识》,载《现代法学》2019 年第 2 期。
② 潘丹丹:《反垄断法不确定性的意义研究》,法律出版社 2015 年版,第 7 页。
③ [英]弗雷德里布·奥古斯特·冯·哈耶克:《通往奴役之路》,王明毅等译,中国社会科学出版社 1997 年版,第 63 页。
④ 参见朱战威:《经济学家参与反垄断案件庭审的制度重构》,载《甘肃政法大学学报》2021 年第 6 期。

学相类似的独立学科。① 对数学知识的引入,则使经济学明显地区别于其他社会科学,获得了类似自然科学的外观。在反垄断案件中,"许多经济学家喜欢把他们的领域描绘成一门科学,从而充当着经济真理的唯一掌握者"②。在司法裁判中,经济学依赖其量化分析的技术性也常常将自己装扮成科学证据。③ 面对经济学与数学知识对反垄断实践的影响,霍温坎普提出以下两种极端做法尤不可取:第一,举手认输,干脆放弃努力,不再试图形成一套由经济学假定所推动的连贯的反托拉斯政策。第二,迅速抓住每一种听起来有理的经济学理论,并努力将其吸收进反托拉斯政策分析。④ 然而,目前的主流理论不加批判地接受了貌似科学的经济学理论。

然而,尽管经济学有着数理知识的外观,但这并不能改变其作为社会科学的性质。从学科属性角度,经济学是一门不折不扣的社会科学。即便对垄断问题本身,经济学也并未像自然科学一样呈现可重复验证的一致性、规律性,而是陷入了长期的观点争议。"在经济学基本原理中,垄断一向成为最有争议的一种理论。长期以来,学者对垄断的一些基本理论都持有不同的见解。"⑤比如,"HHI 与 CR4 哪个的预测能力更强,取决于关于相对规模与行为的许多假设,而这些假设并不能放之所有的市场或企业而皆准"⑥。后芝加哥学派主张法院和执法机构需要改进经济方法,进而判断是否有必要对市场采取干预措施。⑦ 由此造成的结果是,"经济学家们

---

① 参见白永秀、任保平主编:《影响世界的 20 位西方经济学家思想述评》,中国经济出版社 2011 年版,第 153 页。
② Robert D. Atkinson & David B. Audertsch, *Economic Doctrines and Approaches to Antitrust*, The Information Technology & Innovation Foundation, January 2011, https://d1bcsfjk95uj19.cloudfront.net/files/2011antitrust.pdf#ECONOMICS%20AND%20ANTITRUST:%20SCIENCE%20OR%20DOCTRINES#:~:text=Many%20economists%20like%20to%20portray%20their%20field, p. 2.
③ 在证据学上,科学主要包括自然科学和社会科学。物理学、化学、生物学等研究自然规律的科学被称为自然科学。与之相对应,心理学、经济学、社会学等研究人的动机、交往、组织及社会环境的科学被称为社会科学。社会科学虽然很难像自然科学一样进行精准预测,但仍然具有一整套系统的研究方法。因此,经济学虽然不属于严格意义上的自然科学,但仍然以证据形式出现在司法裁判之中。
④ 参见[美]赫伯特·霍温坎普:《联邦反托拉斯政策:竞争法律及其实践》,许光耀等译,法律出版社 2009 年版,第 79 页。
⑤ 龚ляющ敬:《垄断理论的争议——经济学家精彩对话》,上海财经大学出版社 2008 年版,"前言"。
⑥ [美]赫伯特·霍温坎普:《联邦反托拉斯政策:竞争法律及其实践》,许光耀等译,法律出版社 2009 年版,第 566 页。
⑦ See Michael S. Jacobs, *Essay on the Normative Foundations of Antitrust Economics*, 74 University of Cincinnati Law Review 219 (1995).

对竞争的观点以及竞争是否能为市场上的企业行为提供合理解释缺乏一致性"①。在观点纷呈的经济学理论中,经济学家始终未能寻找到一致的客观规律性。"尽管符号的技术性越来越强,但越来越清楚的是,经济学的多数相关结论并不能在严格意义上得到验证。"②可见,即便经济学引入了数理知识,也仅仅具有自然科学的外观,而非获得了关于垄断问题的客观的、终极的答案。若仅仅依赖经济学认定案件事实,将难免存在技术专断的风险。

2. 法官对经济学内容的识别能力有限

法官所接受的主要是法律教育,难以对经济学理论、经济学模型的优劣高下进行有效识别,由此可能造成裁判权的旁落。"经济知识的发展主要靠的是统计分析,而不是精心描述的案例研究,靠的是微积分的适用,而不是解释概念。"③实际情况是,法官更多地依靠概念、规则进行含义解释和逻辑分析,很少接受有关数学、计量经济学运算的专业训练。"反垄断法上最普遍、最经常出现的问题就是,合理性调查的经济学概念与法院和实施机构的管理之间存在的紧张关系。"④如果法官想要实现对经济学理论、模型的有效审查,无异于重读一次经济学专业。在法律专业人员所不擅长的领域,与经济学相关的反垄断案件裁判可能面临挑战。这种情况下,反垄断法的实施不仅将会因知识壁垒而举步维艰,而且可能因经济学家掌握着数理知识而面临着技术专断的风险。

反垄断案件的技术专断风险来自经济学知识的专业性。当法官无法判断经济学家观点的真伪时,很可能只能被迫选择接受。"如果不论专家们建议什么,政策制定者们都盲目地予以颁布,而并不真的懂得专家们说的是什么,则这种对于技术专家的过分依赖就会导致某种集权主义。"⑤美国法院认识到了来自经济学知识的挑战,即"在审查复杂的经济学知识时,法院的作用是非常有限的,既没有能力也不适合作经济领域的决定,(而且也难以胜任)分析、解释、评估谜语一般的竞争利益,包括那些需要

---

① [英]马赫·M.达芭:《反垄断政策国际化研究》,肖兴志等译,东北财经大学出版社2008年版,第21页。
② [美]赫伯特·霍温坎普:《联邦反托拉斯政策:竞争法律及其实践》,许光耀等译,法律出版社2009年版,第79页。
③ [美]罗伯特·考特、托马斯·尤伦:《法和经济学》,张军等译,上海三联书店、上海人民出版社1994年版,第11页。
④ [美]基斯·N.希尔顿:《反垄断法:经济学原理和普通法演进》,赵玲译,北京大学出版社2009年版,"作者序"。
⑤ [美]赫伯特·霍温坎普:《联邦反托拉斯政策:竞争法律及其实践》,许光耀等译,法律出版社2009年版,第79页。

据以作出裁决而又浩如烟海的数据。"①在反垄断案件裁决中,对于经济学家如何进入案件分析,案件裁决者应当如何应对,始终缺乏明确的法律规则和理论成果。"法院和实施机构通常无法掌握充分的信息去严格判断一个受挑战的实践是否具有经济合理性。"②更为棘手的是,当经济理论之间存在明显的冲突与分歧时,法官应该采取哪种理论? 比如,在理论研究方面,后芝加哥学派挑战了芝加哥学派的绝对效率观,司法实践中是否一定要抛弃芝加哥学派观点而采取后芝加哥学派观点,或者反之?"经济学家也许会指责法院的分析过于草率,然而人们在查看经济学文献时也徒劳无获,不能为反垄断机构或法院提供有用的专业指南。在芝加哥学派所认为的'存在单一垄断利润所以就一定有效率'和博弈论所认为的'不存在效率就会是限制竞争的'这两种观点之间存在一个巨大的鸿沟。在这二者之间,并不存在能够解释什么样的产品结构会出现在市场中的经验证据。"③因此,为了防止技术专家对司法裁判的控制,避免"伪科学""假冒专家"裹挟案件裁判结果,有必要对参与案件的经济学家进行制度约束和程序控制。

本章小结

基于对技术分析的实践需求,反垄断法引入了经济学作为辅助工具。然而,经济学在介入反垄断法体系后大有反客为主之势,试图以纯粹的经济学逻辑取代法律逻辑,这必然引发两个异质性学科之间的冲突。经济学与反垄断法之间的冲突主要表现在价值体系、知识结构及案件实践等三个层面,二者之间存在着较大的张力。

在价值体系层面,经济学主要尊崇效率价值,试图颠覆反垄断法的多元价值体系。EBM 模式以经济学为依据将经济学效率作为反垄断法的唯一价值目标,与法律体系的自由、民主、平等、公平等多元价值产生了冲突。在知识结构层面,经济学以效率为评判标准,具有鲜明的结果导向性,与规范分析的行为导向性明显相左。经济学追求生产、交易中的利润最大化,以经济效率为目标,而法律的功能则在于为人类提供一套相对稳定的

---

① United States v. Topco Assocs., Inc., 405 U. S. 596,609,611-12(1972).
② [美]基斯·N.希尔顿:《反垄断法:经济学原理和普通法演进》,赵玲译,北京大学出版社 2009 年版,"作者序"。
③ [美]杰伊·皮尔·乔伊主编:《反垄断研究新进展:理论与证据》,张嫚、崔文杰等译,东北财经大学出版社 2008 年版,第 112 页。

行为准则。由此可见,仅仅依靠经济分析很难为市场主体尤其是经营者提供明确的行为指引。在案件实践层面,经济学流派的变动性与法律确定性之间矛盾突出。一方面,从宏观周期视角出发,反垄断经济学流派的变动性使反垄断法实施呈现宽严不一的起伏状态。在不同时期,诸如掠夺性定价、企业并购等竞争行为受到的法律评判可能截然相反。另一方面,从案件裁决的微观视角出发,不同经济学家可能持有相互分歧的理论立场,究竟采取何种理论学说并无确切标准。综上,由于在价值导向、学科目的、具体内容及方法等方面存在差异,反垄断法与经济学不可避免地产生了各种碰撞和冲突。

第三章 经济效率在反垄断法中的功能限度

经济效率在反垄断法中具有重要的价值指引功能。即便如此,我们也应当深刻地认识到,经济效率并非唯一的、绝对的,而是反垄断法多元价值体系中的类型之一。因此,应当对过度极端的"效率一元论"予以纠偏,从而更为科学地实现经济效率在反垄断法价值中的功能定位。

第一节 经济效率在反垄断法中的正向功能

经济学主要研究如何实现资源的有效配置,以"效率/非效率"为二值代码,将实现效率作为终极目标。经济学之所以将垄断现象纳入研究范围,主要原因在于垄断可能阻碍市场运行效率。

一、经济学的效率逻辑

(一)经济学以效率为终极目标

经济学将实现效率作为追求的终极目标。经济学家亚当·斯密提出的"看不见的手"理论,实际上是对市场机制配置资源的效率性描述,内含对市场效率的褒奖。"由于每个人都努力把他的资本尽可能用来支持国内产业,都努力管理国内产业,使其生产物的价值都能达到最高限度,他就必然竭力使社会的年收入尽量增大。确实,他通常既不打算促进公共的利益,也不知道他是在什么程度上促进那种利益。由于宁愿投资支持国内产业而不支持国外产业,他只是盘算他自己的安全;由于他管理产业的方式目的在于使生产物的价值能够达到最大限度,他所盘算的也只是他自己的利益。在这场合,像在其他许多场合一样,他受一只看不见的手的指导,去尽力达到一个并非他本意想要达到的目的。也并不因为是否出于本意,就对社会有害。他追求自己的利益,往往使他能比在出于本意的情况下更有效地促进社会的利益。"[①]概言之,市场机制能够产生自发的、符合经济效率的运行结果。当然,亚当·斯密并未对市场机制如何产生、产生何种效

[①] [英]亚当·斯密:《国富论》(下卷),郭大力、王亚南译,商务印书馆2014年版,第30页。

率进行进一步论证,仅仅以定性的方式提出了"看不见的手"理论。市场机制如何产生效率以及效率种类,则由其他经济学家持续展开。

此后,现代经济学试图引入数学分析方法对市场机制的效率进行数理证明,由此将经济学推向数理化时代。新古典经济学奠基人马歇尔把数学引入经济学之中,使数量关系分析法演变为边际增量分析法并提出均衡价格理论,由此开创了边际主义革命。① 随后,萨缪尔森通过著作《经济分析基础》结束了以微积分为基础的边际主义革命,将分析方式从以文字和图形为主转变为以数学和推理为主。② 科斯以经济效益原则为标准探寻企业作为经济组织形成的原因,认为企业的边界存在于内部生产的成本与外部市场交易的均衡线,③从"成本—收益"的角度说明企业的本质就是内部生产的组织成本比外部的交易成本更低。值得注意的是,即便数理经济学的工具形式不断变化,其核心仍然围绕市场机制的效率展开。萨缪尔森曾言,"西方经济学最伟大的成就之一就是理解亚当·斯密论点的确切含义……在这种制度中整个社会经济是最有效率的"④。归根结底,数理工具不过是经济效率的另一种表达。

在效率类型方面,基于分配考量的帕累托效率尤其受到关注。帕累托效率又被称为帕累托最优,主要是指在一种资源配置状态下,任意改变都不可能使至少一个人的状况变得更好,而又不再使其他任何人的状况变得更差,那么这种资源配置状态就是最优的。⑤ 帕累托效率对经济学产生了深远的影响,主要证明了市场("看不见的手")的内在自我调节功能。帕累托效率进一步发展出福利经济学的两个基本定理:一是在某些条件下,竞争性均衡是符合帕累托效率的;二是假设规模收益非递增,任何一个有效率的帕累托资源配置都可以分散化为一个竞争性均衡。⑥ 帕累托效率的主要目的在于对有限的资源进行最大化利用,其是实现配置效率的理想目标。无论是帕累托效率还是其他类型的效率,均为经济效率的具体表现。经济学以实现效率为出发点和最终目的已经成为广泛共识——"效率

---

① 参见白永秀、任保平主编:《影响世界的20位西方经济学家思想述评》,中国经济出版社2011年版,第154~159页。
② 参见白永秀、任保平主编:《影响世界的20位西方经济学家思想述评》,中国经济出版社2011年版,第228页。
③ See Ronald H. Coase, *The Nature of the Firm*, 4 Economica 386 (1988).
④ [美]保罗·萨缪尔森、威廉·诺德豪斯:《经济学》,萧琛主译,人民邮电出版社2008年版,第246页。
⑤ 参见高鸿业主编:《西方经济学(微观部分)》(第4版),中国人民大学出版社2007年版,第330页。
⑥ 参见丁秀斌、金寅圭:《解读经济学中的"效率"》,载《山西财经大学学报》2004年第1期。

是经济学的目标"①。由此可见,经济学将效率作为终极目标。

(二)经济学对垄断的效率评判

垄断之所以受到经济学的否定评价,主要是因为其影响了市场运行效率。亚当·斯密将市场机制看作一只"看不见的手",倡导自由竞争而反对市场垄断。他认为"独占提高了利润率,但使总额不能增高到和没有独占的时候一样"②,实际上直指垄断降低了市场效率、减损了市场总福利。无论是亚当·斯密还是此后的经济学家,对垄断现象的研究均主要从效率尺度展开。

主流经济学观点认为垄断会阻碍市场运行的效率,因此支持市场竞争而反对垄断。从亚当·斯密到马歇尔都将自由竞争的经济体制视为最符合经济效率的状态,提出了完全竞争假说。大卫·李嘉图主要着眼于经济贸易中的比较优势理论,主张以每个市场主体在经济分工中的专长来促进市场效率,支持自由竞争的市场机制。马歇尔认为消费者需求主张经由竞争机制传递给生产者,通过生产者对生产过程、产量、价格的调整达到市场均衡状态。张伯伦认识到市场并非总处于完全竞争的理想状态,而是处于纯粹竞争与完全垄断之间的垄断竞争状态。③ 同时认为"在垄断竞争条件下,不仅劳动而且所有的要素,得到的都要少于其边际物质产品的市场等价物"④,从而支持垄断影响经济效率的判断。

从企业内部视角来看,经济学研究表明垄断同样会阻碍企业内部运行效率。经济学家哈维·莱宾斯坦(Harvey Leibenstein)同约瑟夫·法雷尔(Joseph Farrell)等通过对企业内生产非效率更深入的考察,发现了影响企业内部生产非效率的员工性格、选择理性、企业管理等因素,这种更为重视企业人事、管理制度的理论被称为"X非效率"(X-inefficiency)。⑤ 在莱宾斯坦等学者的理论中,垄断主要起降低外部竞争压力,进而带来企业内部"X非效率"的消极作用。与"X非效率"作用一样,新制度经济学同样认为垄断企业内部存在非效率的问题。具体为,科斯从交易费用角度考察企业规模对运行效率的影响,并引入交易成本作为企业运行的约束条件。⑥ 此后,菲尔(Fare)和迈克尔·洛弗尔(Michael Lovell)通过实证研究的方

---

① 柯华庆:《法律经济学的思维方式》,载《制度经济学研究》2005年第3期。
② [英]亚当·斯密:《国富论》(下卷),郭大力、王亚南译,商务印书馆2014年版,第189页。
③ 参见[美]爱德华·张伯伦:《垄断竞争理论》,周文译,华夏出版社2009年版,第184页。
④ [美]爱德华·张伯伦:《垄断竞争理论》,周文译,华夏出版社2009年版,第220页。
⑤ 参见毕泗锋:《经济效率理论研究述评》,载《经济评论》2008年第6期。
⑥ 参见[美]罗纳德·H.科斯:《论经济学和经济学家》,罗君丽、茹玉骢译,格致出版社、上海三联书店、上海人民出版社2014年版,第8页。

法将经济效率进一步分解为纯技术效率、配置效率和规模效率等三个具体部分。① 技术效率、配置效率、规模效率等概念均是对经济效率的进一步划分,遵循了"不浪费资源"的基本理念。可见,经济学主要以效率为尺度来研究垄断现象并认为其对市场机制具有阻碍作用。

与主流观点略有不同的是,约瑟夫·熊彼特认为垄断可能具有提高经济效率的作用。他反对静态地看待市场均衡,而是主张更多地从动态维度考虑市场竞争过程,认为驱动经济增长的因素主要是创新。相应地,创新并非通过市场竞争来获得,甚至相反,企业主要在追求垄断地位的过程中实现创新。在熊彼特的观点中,垄断比竞争机制更能促进经济效率,企业在追求垄断过程中产生的"创造性毁灭"构成了经济效率的动力来源。② 就此而言,约瑟夫·熊彼特的动态竞争观反而对垄断持更加宽容的态度。综上所述,尽管存在不同观点,但经济学主流观点仍是支持竞争而否定垄断,认为垄断存在着降低效率、减缓创新、造成社会福利损失等一系列弊端。

二、效率逻辑对反垄断法的支持功能

(一)提供了制度评价的效率标准

从宏观视角出发,经济学介入反垄断法同时发生在"经济学帝国主义运动"背景之下。得益于芝加哥学派的推动,经济学理论向社会学、法学、政治学等社会科学领域广泛拓展,对社会制度的效率性进行评价。经济效率对法律制度的评价主要体现为法律经济学。同其他法律分支一样,反垄断法同样接受经济学的效率评价。就此而言,经济效率在反垄断法中充当着制度科学性的一般性评价标准。

20 世纪 60 年代起,在芝加哥学派学者波斯纳、奥利弗·威廉姆森(Oliver Williamson)、斯蒂格利茨等的努力下,经济学开始对法律规则、制度实施的实际效果进行优劣评判。"微观经济学的数量分析和行为理论与每个人文学科的传统分析模式相结合,使这些人文学科都产生了革命性影响。"③经济学方法最初运用于侵权法和合同法,形成了法律经济学的最初雏形;④后期向其他法律领域(如反垄断法、刑法等)广泛地扩展,最终形成

---

① 参见毕泗锋:《经济效率理论研究述评》,载《经济评论》2008 年第 6 期。
② 参见[美]约瑟夫·熊彼特:《资本主义、社会主义与民主》,吴良健译,商务印书馆 1999 年版,第 174~175 页。
③ 沈敏荣:《法律限度》,法律出版社 2003 年版,第 45 页。
④ See Steven G. Medema, *Debating Law's Irrelevance: Legal Scholarship and the Coase Theorem in the 1960s*, 2 Texas A&M Law Review 159 (2014).

了一整套以"成本—收益"分析为基础的理论体系——法律经济学。① 反垄断法是经济学与法律结合的典型成果,其制度科学性首要地受到经济效率分析工具的评判。

经济效率分析工具的广泛运用,对我国法学的价值体系研究也产生了重要影响,效率价值由此受到前所未有的重视。有学者将法律价值主要分为秩序、正义、自由和效益等基本类型。② 其中,效益价值是指"从一个给定的投入量中获得最大的产出,即以最少的资源消耗取得同样多的效果,或者以同样的资源消耗取得最大的效果"③。此时,效益价值仅仅具有朴素的经济学"成本—收益"分析观念,而尚未引入更为复杂的量化分析模型。桑本谦教授曾利用该分析方法对法律责任分配的科学性进行分析。④

随着实践的深入,理论界开始从经济学视角对法律制度进行评估、分析,进而评判法律制度的科学性和适当性。而此时,经济学效率往往成为评判标准。在侵权法责任的规则设定中,有学者从经济学效率出发作出如下解释:B开车时因接听A打来的电话,导致撞向路边树木造成损失,责任应当由A还是由B来承担?根据侵权法的基本理论,A不承担责任已经在法学界内达成共识,但侵权理论对责任划分的依据及合理性何在?从经济学成本角度分析,可以判定A不一定知晓B当时在开车,而B有权拒绝接听,对避免车祸所付出的成本最低。因此,基于避免车祸成本最低的角度,责任应当由B承担。

可见,经济学能够通过"成本—收益"分析方法对法律规则的建构作出解读及评判。经济学以效率为工具,对法律理论中的不符合效率原则的观点进行批评。比如,针对法学理论中的"理性辩论规则",有学者认为"倘若现实的司法程序满足了'理性辩论规则'的全部条件,司法的信息费用就会攀升到无法想象的地步"⑤。基于程序设计及执行成本的考虑,法律经济学主义者批评该理论设计忽视了执行成本,完全不符合经济学效率原则。

就研究方法而言,经济学以其"成本—收益"范式为法学"权利—义

---

① 新近研究表明,理论界已经开始出现法律经济学与法和经济学之间的进路分歧。详见[美]圭多·卡拉布雷西:《法和经济学的未来》,郑戈译,中国政法大学出版社2019年版,第7页。
② 张文显:《法哲学范畴研究》,中国政法大学出版社2001年修订版,第195页。
③ 张文显:《法哲学范畴研究》,中国政法大学出版社2001年修订版,第213页。
④ 参见桑本谦:《"法律人思维"是怎样形成的——一个生态竞争的视角》,载苏力主编:《法律和社会科学》第13卷第1辑,法律出版社2014年版。
⑤ 桑本谦:《法理学主题的经济学重述》,载《法商研究》2011年第2期。

务"分析范式引入了新的视角。"法律经济学采用经济学的理论与分析方法,研究特定社会的法律制度、法律关系以及不同法律规则的效率。"①在"成本—收益"范式下,法律制度需要符合效率最大化的要求。从这一角度,法律经济学的最大贡献是用经济学思维去解释法律制度设计的合理性。② 通过法律经济学分析工具在法律理论、法律规则中的运用,可以清楚地识别其效率最大化的立场。正是基于此种方式,法律经济学将经济效率引入法律价值体系,构成了反垄断法价值变革的理论背景。由于经济效率对制度科学性的评判不仅限于反垄断法,而是同时适用于所有的法律制度,故其具有一般性和普适性。

（二）丰富了反垄断法的价值体系

"反垄断法领域的问题,受益于经济分析最多"③,这说明了经济效率价值在反垄断法中的重要程度。经济学对垄断现象的研究基本上围绕效率问题展开,必然使反垄断法价值层面受到经济效率的渗透。作为与经济学结合得最为紧密的学科,反垄断法已经成为法律经济学的典型领域。实际上,产业组织理论产生以后,经济效率以前所未有的速度被引入反垄断法之中,成为反垄断法日益重要的价值指引。

虽然产业组织理论的不同流派存在分析进路差异,但无疑都围绕着经济效率展开。哈佛学派着眼于市场整体效率,将市场结构作为企业反竞争行为和低绩效的决定性因素,注重通过维持竞争性市场结构实现经济效率。④ 芝加哥学派则毫不隐讳地提出效率最大化主张,色彩鲜明地对反托拉斯法进行批判及改造。伯克法官表示反托拉斯法仅仅具有一个合理性目标,而且这个目标仅能从经济学理论中获得,⑤同时主张"经济分析目前的运用还如此片面和不充分,应当继续推进经济分析运用直至反托拉斯法成为经济学的一套理性原则"⑥。此后,波斯纳法官直接声称"反托拉斯法

---

① 于立、吴绪亮：《试析反垄断经济学的学科定位——兼评布西罗塞〈反垄断经济学手册〉》,载《经济与管理研究》2009 年第 4 期。
② 参见[美]理查德·A.波斯纳：《法律的经济分析》,蒋兆康译,法律出版社 2012 年版,第 33 页。
③ See Robert H. Bork, *The Role of the Courts in Applying Economics*, 54 Antitrust Law Journal 21 (1985).
④ See Herbert J. Hovenkamp, *Harvard, Chicago, and Transaction Cost Economics in Antitrust Analysis*, 55 Antitrust Bulletin 613 (2012).
⑤ See Robert H. Bork, *The Antitrust Paradox: A Policy at War with Itself*, Basic Books, Inc. Publishers, 1978, p. 51.
⑥ Robert H. Bork, *The Role of the Courts in Applying Economics*, 54 Antitrust Law Journal 23 (1985).

的唯一目标应当是促进经济学意义上的效率"①。凭借着对美国反托拉斯法的实践主导,芝加哥学派实际上已经获得了主流地位,利用经济学效率的引入改变了反托拉斯法原有的价值体系。尽管后芝加哥学派进行了一定的反思和批判,但仅限于分析工具、经济模型选择的改进,并未脱离经济学效率语境。

无论是作为理论基础还是实践工具,产业组织理论(尤其是芝加哥学派)已将效率引入了反垄断法领域并占据了主导地位。在解决垄断非效率问题方面,虽然哈佛学派、芝加哥学派及后芝加哥学派的视角和进路有所差异,但均围绕着经济效率的提升展开。因此,产业组织理论使反垄断法产生的最大的变革,就是引入了经济效率作为价值指引。

(三)佐证了反垄断实践的正当性

经济学以效率最大化为追求目标,认为垄断一定程度上会阻碍经济效率的实现,从而为反垄断法提供理据和支撑。在经济学语境下,最富有效率的是完全竞争市场。不过,这仅仅是一种理想假设,实践中往往因为不完全竞争而影响市场效率。现实中存在的往往是不完全竞争市场,不完全竞争市场(尤其是垄断型市场)可能会造成配置非效率(外部效率损失)和生产非效率(内部效率损失)。② 在经济学理论上,通常围绕配置效率和生产效率来研究垄断问题。

配置效率主要是指帕累托效率。对于某种既定的资源配置状态,当所有的帕累托改进均无法持续进行时,就实现了帕累托最优状态。垄断的弊端在于其造成了配置非效率,这种效率损失主要表现为两点:一是不完全竞争条件下企业故意减产造成的效率损失,主要是指优势企业故意限制产量,造成规模经济不能充分展开而形成浪费;二是行业进入壁垒中资源配置不均,主要是指垄断企业通过提高竞争对手进入相关行业的难度,对资源在不同行业间的配置效率造成损害。

生产效率可以用"产出/投入"公式来表示,目的在于解决一定投入量下产出多少的问题。生产非效率的前提涉及生产可能性边界,生产可能性边界代表企业在既定资源和技术条件下能够生产商品的最优组合,符合帕累托效率原则。但是,如果企业在生产可能性边界以内的资源组合点生产,存在不减少一种产品的前提下增加另一种产品生产的空间,则并未达到生产中的最优状态,这便是生产非效率。垄断的一个弊端即在于其造成

---

① [美]理查德·A.波斯纳:《反托拉斯法》,孙秋宁译,中国政法大学出版社2003年版,第3页。
② 参见胡甲庆:《反垄断法的经济逻辑》,厦门大学出版社2007年版,第63~64页。

了企业的内部生产效率损失,这种效率损失主要表现为企业在生产可能性边界以内生产,无法达到企业内部生产规模的效率最大化。新古典经济学对企业生产非效率作了简化讨论,认为企业会自动改进这种非效率状态,使其向着生产可能性边界移动,从而自动修复这种非效率状态。随着经济学理论的发展,新的理论认为新古典经济学对企业内部效率损失的解释并不合理,企业不具有自动实现效率最大化的条件。由于垄断与规模经济存在千丝万缕的联系,在学者莱宾斯坦的理论中,垄断因素主要起着降低外部竞争压力,进而影响企业生产"X非效率"的消极作用。新制度经济学则从交易成本角度考察了企业的生产效率。与"X非效率"观点一样,新制度经济学认为新古典经济学忽略了生产过程中的企业组织问题。除此之外,哈耶克、弗里德曼及斯蒂格勒等其他学者都从不同角度观察、测评了垄断对企业生产效率的影响。

可见,经济学以实现效率为出发点和最终归旨,将效率最大化作为追求的理想模型。虽然现实中几乎不可能达到效率最大化,但主流研究基本上朝着这个方向推进。这一理论体系中,垄断就是通往经济效率道路上的"摩擦力"。尽管不同经济学流派采取的视角和进路不尽相同,但对垄断现象批判的根源均可归结为其阻碍了经济效率的实现。一言以蔽之,经济学理论对垄断现象的关注主要围绕着经济效率展开,始终遵循着效率逻辑。

第二节 经济效率定位极端化的反思及匡正

经济学与反垄断法属于性质相异的两个学科体系,具有不同的价值理念、知识结构及话语体系,经济学以效率最大化为学科指引,反垄断法所归属的法学将实现公平正义作为最终归旨。经济效率与法律公平各具正当性,从而使得价值冲突的解决面临特殊困境。

一、反垄断法的极端效率化反思

如果坚持以经济效率为反垄断法的终极价值目标,势必为反垄断法带来不可承受之重,甚至可能造成"反垄断法向效率促进法的沦丧"[1]。在功能定位上,反垄断法并非效率促进法,亦非"经济政策工具"。

(一)反垄断法并非效率促进法

依照经济分析进路,反垄断法应当成为经济学的一套理性原则,这实

---

[1] 参见兰磊:《反垄断法唯效率论质疑》,载《华东政法大学学报》2014年第4期。

际上是将反垄断法预设为一部效率促进法。如果仅仅看到反垄断法的效率维度而忽视其他丰富的价值内涵，无疑会导致反垄断法从"经济宪法"降格为效率促进法。① 实际上，垄断者、竞争者及消费者等多元市场主体间此消彼长的利益关系构成了经济生活的基本图景。作为市场共同体竞争的"宪法性框架"，反垄断法蕴含着丰富的伦理性因素。早已有学者敏锐地指出，"整个反托拉斯过程是经济实践、经济理论与伦理观念交织作用、相互影响的过程"②。从分配公平性角度看，反垄断法"关注的重点是防止财富从消费者向具有市场势力的公司'不公平地'转移"③。即使将经济学效率作为重要维度，反垄断法实质上维护的也是市场竞争机制下正常运转的利益分配机制。但经济学将垄断局限于经济效率语境之下，一味追求对资源的配置效率，较少关注市场主体的行为意义及经济利益分配的公平性。实际上，竞争机制为利益的正当性提供了界分标准：在竞争机制正常运行之下获得的经济利益是正当的，而扭曲了市场竞争机制之后获取的为违法收益。垄断则是竞争机制下利益分配正当性的破坏者。无论对反垄断法具体目标存在着多大分歧，各国选择制定反垄断法的基本前提就是认识到，垄断行为破坏了竞争正常展开时的利益分配规则。

垄断现象虽然产生于经济系统，但与人类的生活整体息息相关。在市场共同体内部，反垄断法以保护性规则防止经营者滥用经济力量（垄断力量）侵害其他经营者和消费者，维护市场共同体合作秩序的稳定。过度的效率尊崇则难免掩盖市场主体之间的利益分配机制。无论抽象经济学理论看起来多么完美，经济学家都必须承认竞争对市场所得利益的转移十分必要。④ 虽然各国反垄断法的立法模式有所差异，但其多元价值目标基本为各国所共同认可。"事实上，任何国家的竞争法都不会是一元论，即仅限某个唯一的目的"⑤。各国反垄断法普遍采取多元目的，而非将效率价值绝对化，所考量的实际上是垄断之"恶"对多元市场主体的不同损害。反垄断法作为建立在经济系统之上的规范性规则，必然将因约束人类行为而超越经济系统本身，与社会、政治、文化等多个系统相联系。将某种经济或

---

① 参见兰磊：《反垄断法唯效率论质疑》，载《华东政法大学学报》2014年第4期。
② 臧旭恒：《从哈佛学派、芝加哥学派到后芝加哥学派——反托拉斯与竞争政策的产业经济学理论基础的发展与展望》，载《东岳论丛》2007年第1期。
③ Robert H. Lande, *Wealth Transfers as the Original and Primary Concern of Antitrust: The Efficiency Interpretation Challenged*, 34 The Hastings Law Journal 65 (1982).
④ ［英］马赫·M.达芭：《反垄断政策国际化研究》，肖兴志等译，东北财经大学出版社2008年版，第21页。
⑤ 王晓晔：《王晓晔论反垄断法》，社会科学文献出版社2010年版，第64页。

社会问题上升为立法是人类多元价值博弈的结果,法律的价值追求亦必定以多元的方式存在。即便作为经济学家,斯蒂格利茨亦认为"反垄断政策并非建立在精细的经济分析基础上,它实际上是对社会和民主要求的响应"①。尽管反垄断法的多元价值在一定时期内被芝加哥学派的"效率一元论"所掩盖,但从未消失于反垄断法的历史与现实中。

从法律功能来看,反垄断法同样更适合作为利益分配规则而非效率促进工具。过于理想化地赋予反垄断法经济促进功能,实际上是对反垄断法的错误定位。易言之,经济增速主要是经济学的研究目标,而非反垄断法的立法目的。促进经济增长的因素有很多,反垄断法甚至不能被视为影响经济增速的主要因素。反垄断法对效率的尊重体现在利益分配过程中尽量不违背客观经济规律,不损害经济运行效率。从本质属性而言,法律规则最擅长的就是平衡主体之间的利益分配关系。美国曾将垄断行为作为一种特殊侵权行为处理,并且规定了违反反托拉斯法的刑事责任。"从20世纪70年代中期,美国法庭建立了相关标准,要求提出私人诉讼的原告必须证明他们已经提出反垄断赔偿并且已经遭受'垄断损害'。"②根据《法国民法典》第1382条的规定,任何行为使他人受损害者,损害时因自己的过失而致使损害发生之人对该他人负赔偿的责任。1850年,法国法院曾运用该条规定来处理竞争类案件,将竞争行为视为一种侵权行为。如果过度强调经济效率,将抽离反垄断法的丰富内涵,使其沦为纯粹的效率促进法。基于此,反垄断法可以作为内嵌于市场机制的一种"制度事实",成为市场共同体在竞争机制下实现利益分配正当性的"宪法性框架"。

(二)反垄断法亦非经济政策工具

如果将反垄断法作为一部效率促进法对待,不仅会忽略反垄断法作为利益分配规则的本质功能,而且会使其沦为经济政策工具。反垄断法不仅在制定过程中渗透着大量的经济政策因素,其实施频率、力度均需要考虑经济运行状况。根据不同时期的经济形势,反垄断法的实施力度会进行相应的调整。反垄断法就是经济政策的一种具体类型——反垄断政策,③这

---

① [美]约瑟夫·E.斯蒂格利茨:《美国真相:民众、政府和市场势力的失衡与再平衡》,刘斌等译,机械工业出版社2020年版,第69页。
② William E. Kovacic, *Competition Policy in the European Union and the United States: Convergence or Divergence in the Future Treatment of Dominant Firms?* 4 Competition Law International 8 (2008).
③ 许多经济学家在论及反垄断法时均会以反垄断政策代替,比如,科瓦契奇和夏皮洛在研究中均将反垄断法直接称为反垄断政策。See William E. Kovacic & Carl Shapiro, *Antitrust Policy: A Century of Economic and Legal Thinking*, 14 Law & Economics 43 (2003).

体现了反垄断法工具性的一面。然而,即便经济学能够通过数理模型证明垄断具有阻碍效率的经济危害性,也并不代表反垄断法适合作为经济效率的正向促进工具。不切实际的期待,反而会造成反垄断法的功能异化和自主性丧失,彻底沦为经济政策的附庸。

退一步而言,即便认同经济学对效率的单向度追求,反垄断法也未必是合适的经济政策工具。原因在于,不同的经济学流派可能提出完全相左的经济理念和政策工具,从而对反垄断法提出完全相左的要求甚至否认反垄断法存在的必要性。比如,围绕政府与市场的关系问题,经济学领域存在着放任自由与政府计划两种完全不同的思想。尽管二者目标均在于实现对经济效率的追求,但所依赖的主体和预设的实现进路均相差甚远。前者完全依赖市场,否定政府的介入和干预;后者则完全倚重政府,排斥市场功能的发挥。两种理论之下均难有反垄断法的容身之地。放任自由相信市场能够自动克服运行中出现的问题,主张政府应甘于做消极的"守夜人"。这实际上完全否认了政府对经济的干预,政府除了作为"守夜人"不再享有任何职能,从而消除了反垄断法的存在前提。政府计划主张以国家理性代替个人理性,取消市场分配机制。这实际上是由政府直接决定整个社会的生产分配,同样不存在反垄断法的经济基础。所以,从经济实践层面讲,即便认可了效率价值的唯一性,反垄断法也未必能够成为合适的政策工具。

在本质属性上,反垄断法应为内嵌于市场机制的固有法,而非国家干预市场的经济政策工具。仅仅在国家干预语境下,将反垄断法作为政府干预市场的一种政策工具,可能掩盖反垄断法的丰富内涵。从经济政策角度出发,波斯纳将反托拉斯法视作调节经济活动的工具,将反托拉斯法称为"经济学的理性原则"[1],而这与反托拉斯法作为法律的角色定位存在明显冲突。原因在于,作为国家干预工具的政策法角色容易将反垄断法置于变动不居的政策环境之中,从而掩盖其作为法律的丰富内涵。在经济学视域下,反垄断法通常作为制度工具的整体形象出现,其内部结构难以得到重视。若沿此路径循环,反垄断法的丰富品格及多元主体之间的博弈关系将难以得到深入关注,只能作为一种国家干预的技术法或政策法,毫无独立性和体系性可言。"如果处于中心位置的不是无条件地维护竞争、信任竞争这种'发现过程'的结果,而是滥用竞争政策,以贯彻某些政治目的,那

---

[1] [美]理查德·A. 波斯纳:《反托拉斯法》,孙秋宁译,中国政法大学出版社2003年版,"序言"。

么竞争法将由此失去力量和作用。"①恰如民法是市域社会的固有法,反垄断法亦内嵌于市场机制且致力于维护竞争过程,同样是市场机制的固有法。在市场机制固有法的定位之下,反垄断法不仅是国家干预市场之法,更是保护市场主体参与竞争过程的框架性法律。由此观之,反垄断法实为维护市场机制的宪法性框架,具有自身独立内涵和价值追求,从而保障市场主体的自由竞争。

就中国而言,"反垄断法不是一般的部门法,而首先有宏大的政治使命和政治目标,旨在对竞争自由、市场结构和市场运行进行宏观性和基础性的调整,甚至以此传导更为重大的政治使命,因而决定着经济的安全和繁荣"②。有学者已经意识到经济政策③与反垄断法之间的不同,认为"规制(政策)更倾向于针对特定产业,并且主要涉及直接的定价机制、产品标准或市场准入条件。相较而言,反垄断法的适用更为宽泛,并侧重维持某些基本竞争规则"④,从而更加深入地区分了竞争政策与反垄断法的主要区分,并认可了反垄断法作为市场主体行为规范的基本定位。

总之,从反垄断法本质属性来看,其既难承担效率促进法之重任,亦不应成为经济政策工具,二者均过于极端且具有片面性。反垄断法的主要功能应是指引市场中的经营者建立稳定的行为预期,而不仅仅是作为国家调节市场的经济政策工具。可见,经济效率并不适合作为反垄断法的终极价值目标。

二、多元价值冲突的平衡之道

特定价值的极端化必然对其他价值类型造成伤害,从而引发价值冲突问题。价值冲突解决的难点在于各价值类型均具有正当性,属于"价值之争"。无论是经济效率还是其他价值,均需要寻求多元价值之间相互协调的平衡路径。

---

① [德]何梦笔主编:《秩序自由主义》,董靖等译,中国社会科学出版社2002年版,第85页。
② 孔祥俊:《论互联网平台反垄断的宏观定位——基于政治、政策和法律的分析》,载《比较法研究》2021年第2期。
③ 竞争政策在美国被称为反托拉斯政策,在经济学语境中主要是指与国家权力行使相关的竞争法律与政策,竞争政策在很大程度上指各国制定的反垄断法。例如,马西莫·莫塔教授将竞争政策定义为:"一整套旨在确保市场竞争不以有害于社会的方式受到限制的政策和法律。"参见[意]马西莫·莫塔:《竞争政策——理论与实践》,沈国华译,上海财经大学出版社2006年版,第20页。
④ 参见[美]迈克尔·D.温斯顿:《反垄断经济学前沿》,张嫚等译,东北财经大学出版社2007年版,第1~2页。

(一)价值冲突属于"价值之争"

价值之争不同于是非之争,其各具正当性,很难获得界限分明的终局性解决方案。"自由、秩序、公正、平等和效率等价值类型,无论是从其自身内涵的理论角度,还是从各民族与时代之侧重与偏好的经验角度,均难以寻获能够帮助我们将其中特定层级架构与位阶格局予以证成的普适性论据。"[1]由于法学理论中多元价值冲突的现象一直存在,学者们为解决价值冲突问题已经进行了不懈努力并取得了可资借鉴的研究成果。根据既有研究成果,现代社会所面临的难题有两种类型,抽象的价值冲突和具体的利益冲突。[2] 相对于利益冲突的可弥补性,价值冲突所引发的问题处理起来异常复杂。自由、秩序、公平、平等和效率等价值的冲突始终伴随人类社会的发展,围绕这些价值产生的争议从未达成具有终局意义的定论。

就各种价值力量对比而言,尚未有某种价值在法律体系中能够完全排除其他价值而获得独占地位。诸种价值之间不可避免地存在冲突,这是法学乃至整个社会科学不可回避的一个难题。在各种对立且不可调和的价值冲突中,每种价值都竭力赢得其追随者的信奉。但经过世界的"祛魅"之后,价值领域的"一神论"也不复存在。任何价值都有一定的局限性和存在领域,平等、自由、安全和公共利益均不能绝对化,不能孤立地、单独地表现为终极性的排他价值从而获得绝对的尊崇地位。[3] 在价值高度分化的现代社会,通过确立为社会各群体所普遍接受的价值共识,以化解价值冲突[4]的过程并非一项非此即彼的单项选择题,也并不存在绝对的正误之分,而是各价值之间相互冲突、协商、达成共识的过程。在价值领域呈现各价值相争的情况下,再机械地固守某种价值的中心地位,难免误入歧途。[5]

当效率企图取代其他法律价值时,不同价值之间的冲突倾向进一步暴露。在法律领域,效率对其他价值造成的损害更为常见,也更受关注。这亦构成了反垄断法价值冲突解决的理论背景。效率论建立在功利主义哲学根基上,而功利主义在法学中早已受到正义体系不止一次地质疑和批判。约翰·罗尔斯(John Rawls)的《正义论》正是针对功利主义提出的系

---

[1] 陈征楠:《法律价值的系统论格局》,载《中国法学》2022年第2期。
[2] 参见王学辉、张治宇:《国家治理价值体系现代化与行政法学理论基础的重构——以"诸神之争"为背景的分析》,载《行政法学研究》2014年第4期。
[3] 参见[美]E.博登海默:《法理学——法哲学及其方法》,邓正来、姬敬武译,华夏出版社1987年版,第200页。
[4] 王学辉、张治宇:《国家治理价值体系现代化与行政法学理论基础的重构——以"诸神之争"为背景的分析》,载《行政法学研究》2014年第4期。
[5] 参见卓泽渊:《法的价值总论》,人民出版社2001年版,第150页。

统性替代方案。罗纳德·德沃金(Ronald Dworkin)曾发出疑问:"我们有义务使财富最大限度地增长吗?"以此批评功利主义所主张的"整个社会的利益在全部财富之中存在着"的荒谬性。[1] 功利主义的前提是人都是理性的、自私的,能够对自身利益作精确的最大化测算,进而以模拟市场交易的方式行事。在功利主义语境下,法律被简化为一种可以量化的利益工具,与具有丰富伦理内涵的法律系统明显不兼容。各种价值之间似乎并不存在截然的对错之分,如何面对这场各具正当性的价值之争,是需要继续思考和求解的问题。

(二)"价值之争"的多种平衡方案

既然价值冲突具有"价值之争"的特点,意味着诸价值之间的地位是大致平等的,没有绝对的高下之分。对价值冲突的解决方案,至今尚未达成普遍性共识。众多具体解决方案也只能在所建构的理论体系中适用,转换国家、切换语境则又面临同样的选择困境。面对不同价值之间的冲突,学者们发展出多种学说、提出种种方案以寻求解决之道。

域外学者从不同的视角提出不同的解决方案。罗斯科·庞德(Roscoe Pound)着眼于各种法令的实际制定、发展和适用,提出了三种平衡价值冲突的方法:一是在对整个利益方案都不产生损害的前提下,寻求并发展一种能够协调各方利益冲突和重叠的方案。二是依照一定时间和地点的文明法律假说来进行评价,当某种特定价值获得权衡和认可后,可作为调整各方利益关系的基本准则。三是一种关于社会秩序(当然包括法律秩序)的公认的、传统的权威性观念,这种被法律所吸收的权威性同时指涉有关理想秩序的图景,而并非一定时间和地点的社会秩序的投射甚至是理性化的投射。[2] 罗尔斯提出能够包容协调多种价值的"公平的正义"体系,[3]作为功利主义学说的替代方案。尤尔根·哈贝马斯(Jürgen Habermas)则转向程序求解,提出作为程序主义法律范式的商谈理论。[4] 自然法思想将法律秩序视为理性的外化,试图建构一种来自纯粹理性的价值体系。法律究竟包括哪些具体价值并无确切定论。然而,至少正义、自由、秩序、公平、效率等作为法律价值需要协调发展是已经达成共识的。

中国学者立足于本土资源,对价值冲突的解决方案也进行了不懈探

---

[1] 参见[美]R.德沃金:《法律帝国》,李常青译,中国大百科全书出版社1996年版,第255页。
[2] 参见[美]罗斯科·庞德:《通过法律的社会控制》,沈宗灵译,商务印书馆2010年版,第66~71页。
[3] 参见[美]约翰·罗尔斯:《正义论》,何怀宏等译,中国社会科学出版社2009年版,第3页。
[4] 参见[德]尤尔根·哈贝马斯:《在事实与规范之间:关于法律和民主法治国的商谈理论》,童世骏译,生活·读书·新知三联书店2014年版,第144页。

索。卓泽渊教授在考察利害原则、苦乐原则、法的价值等级体系论及法的价值中心论的传统原则之后，认为这些原则均存在理论缺陷，不适合作为解决方案。然后，经过对价值冲突问题的探索，他提出了"基本价值必须遵从""法定价值优先""适当成本""最佳效益""补偿有余"等几项处理价值冲突的基本原则。① 付子堂教授针对价值冲突列举了利害原则、苦乐原则、价值位阶原则、个案平衡原则和比例原则。② 谢鹏程教授针对公平与效率之间的冲突，提出"执其两端，用其中于民""中无定体，随时而在"等解决思路。③ 从中可以看出，解决价值冲突问题是一项复杂工程，学者们各有立足点和相应主张，很难建立起一套结构固定、高度量化、可参照使用的价值冲突解决方案。

总体而言，不同的实践场景可能具有不同的价值排序方式，价值冲突解决需要寻找具体实践场景。反垄断法构成了价值协调的一个独特场景，经济学效率价值和法律正义追求在此处重合。此种意义上，为一般路径下经济效率的定位提供了极其重要的背景性前提，反垄断法似乎可以作为价值冲突的具体场景或实现场域。

第三节　经济效率在反垄断法价值中的功能定位

诚然，作为维护市场机制的"经济宪法"，反垄断法应当尊重市场规律并避免损害市场的运行效率。然而，不可回避的问题是，经济效率在反垄断法中应当如何定位，以及其是否存在相应的功能边界。由此需要进一步回答反垄断法中经济效率的功能定位是什么、如何实现与其他法律价值的协调等更深层问题。

一、经济效率功能定位的理论根基

虽然芝加哥学派主张将经济效率作为反垄断法的唯一价值目标，但这与法律正义价值体系存在严重冲突，二者难以兼容。因此，来源于经济学的"效率一元论"存在过于强势和偏激的缺陷，应当兼顾法律正义价值体系的要求。

（一）秩序自由主义的思想镜鉴

德国弗莱堡学派的秩序自由主义，与反垄断法的多元价值诉求不谋而

---

① 参见卓泽渊：《法的价值总论》，人民出版社2001年版，第147~158页。
② 付子堂主编：《法理学进阶》，法律出版社2010年版，第71页。
③ 参见谢鹏程：《基本法律价值》，山东人民出版社2000年版，第256~258页。

合,能够为"效率一元论"问题的解决提供镜鉴。弗莱堡学派将经济、政治与法律统合考量,主张要创建一个"有运作能力和合乎人类尊严"的奥尔多(Ordo)秩序,而其中竞争秩序是不可或缺的保障机制。[①] 该学派开创者瓦尔特·欧肯(Walter Eucken)认为竞争性的经济体制并非简单的效率问题,应同时具有经济繁荣和民主宪政两方面的价值。[②] 弗莱堡学派对反垄断法的多元价值定位与其起源有着密不可分的联系。在第二次世界大战期间,秩序自由主义思想逐渐成为德国竞争法乃至欧盟竞争法的思想基础。当时德国纳粹政权因集权需要,对具有垄断特征的卡特尔企业非但不采取禁止措施,反而采取强烈的支持态度,有关反对企业垄断、企业联合的法律基本处于被废止的状态。而在远离德国政治和经济中心的西南边陲,弗莱堡大学城正在酝酿一场影响欧洲战后社会秩序的新思想,即秩序自由主义。欧盟竞争法深受德国弗莱堡学派的影响,具有更为明显的法律多元价值特征。

弗莱堡学派兼顾经济繁荣和民主宪政的思想传统,更早可以追溯至德国早期处理卡特尔的实践经验。德国最常见的垄断行为就是卡特尔,即反垄断法意义上的垄断协议,故德国竞争法又被称为卡特尔法(Cartel Law)。在近代工业化过程中,德国企业间更倾向于以投资扩大生产规模的形式彼此合作分享市场,而不是采取竞争的形式推动工业进程。19世纪90年代后期,德国卡特尔组织已经形成席卷全国的浪潮,因其对供应商及非成员的侵略性,德国帝国法院已经开始审理卡特尔案件纠纷。1897年,德国帝国法院判决的"萨克森州木纸浆案"(Saxon Wood Pulp Case)[③]是有关卡特尔的典型案例。由于当时尚未颁布正式的卡特尔立法,德国帝国法院判决基本上采取法律解释的方法,于契约自由和商业自由之间权衡。通过解释商业自由所涉及的"公共利益"目标,德国帝国法院认定协议是木纸浆行业在遭受严重困难的处境中达成的,目的是防止木纸浆生产商大量破产,因此该卡特尔协议是合法的。该案中,德国帝国法院通过传统法律解

---

① 参见[德]何梦笔主编:《秩序自由主义》,董靖等译,中国社会科学出版社2002年版,第30页。
② 参见[德]瓦尔特·欧肯:《经济政策的原则》,李道斌等译,中国社会科学出版社2014年版,"中文第一版序言"。
③ "萨克森州木纸浆案"的基本案情如下:萨克森州的木纸浆生产商经过协商成立一个卡特尔组织,约定所有的成员都要经过一个中间商销售纸浆,否则要按照协议的约定进行惩罚。此后,其中一个生产商违反约定,绕过指定的中间商将产品直接卖给其他客户。卡特尔组织依据协议对其作出惩罚,但该生产商拒绝支付罚款,认为卡特尔协议违反了工商业自由的原则。参见[美]戴维·J.格伯尔:《二十世纪欧洲的法律与竞争》,冯克利、魏志梅译,中国社会科学出版社2004年版,第110页。

释的方法处理卡特尔协议,①裁判焦点是卡特尔协议是否违反了工商业自由原则,使此后卡特尔协议一旦出现在法律场域,就与德国民法解释技术紧密结合。由此需要对纯粹的合同自由进行限制,而为了妥当确定限制的幅度,德国竞争法必须与法律自由价值相关联。

欧肯在反思"自由经济"和"集中管理经济"失败的基础上所提出的秩序自由主义,将大型企业(或企业联合)的经济权力与政府的政治权力等量齐观,将"经济宪法"即反垄断法作为市场共同体活动的基本准则,由此将反垄断法置于其理论建构的核心地位。具体而言,产生并成长于市场体系内的反垄断法是确保市场竞争机制的正常运转的一部"经济宪法"。反垄断法维护经济民主和经济自由,旗帜鲜明地反对限制市场竞争的行为,从而保护企业在市场内竞争的基本权利。"经济宪法"这一定性蕴含着对特定经济秩序的追求与安排。"经济宪法"不仅体现为矫正和维护特定经济秩序的制度框架和规范设计,而且其旨在创建一个符合市场内所有成员一致同意的立宪利益的经济秩序。② 既然反垄断法涉及经济秩序内的立宪利益分配,必然不能不顾及不同主体的利益诉求,更不能无视维护各种利益的多元价值导向。

"秩序自由主义'在自由中寻求秩序'的思想体现了竞争法关于自由与公平的价值蕴含,这一共识不仅源于人类追求自由的天性,而且符合维系人类共同体公平秩序的价值追求。"③弗莱堡学派所保留的竞争法思想,尤其是宪政价值的秩序政策契合了欧洲自由主义传统,对欧洲及其他国家的竞争立法均产生了重要影响。战后初期,欧洲其他国家均将竞争事务作为一种行政裁量权或行政技术交给政府,竞争法缺乏作为法律规范的价值指引。而德国弗莱堡学派在"二战"期间所保存的远离政治的学术传统,发展出具有多元系统融合功能的秩序自由主义,并在此基础上建构出具有"经济宪法"地位的卡特尔法。对宪法秩序的考量使得德国卡特尔法和欧盟竞争法在诞生之时就具有浓厚的法律色彩和正义诉求。正如格伯尔所言,秩序自由主义为欧洲统一市场提供了一套完备且有理论基础的观念体系。④ 秩序自由主义的启示在于,从宪法层面的权力约束与多元平衡

---

① 德国帝国法院在对"公共利益"一词进行解释时,虽然也引入了经济文献分析卡特尔协议的竞争效果,但是总体上是沿用民法解释学传统对案件进行法律解释。
② 参见金善明:《反垄断法解释:规范、历史与体系》,中国社会科学出版社 2018 年版,第 38 页。
③ 江帆:《竞争法的思想基础与价值共识》,载《现代法学》2019 年第 2 期。
④ 参见[美]戴维·J.格伯尔:《二十世纪欧洲的法律与竞争》,冯克利、魏志梅译,中国社会科学出版社 2004 年版,第 326 页。

思考垄断问题,而非单纯地追求经济效率。

(二)法律多元价值的内在支撑

如果将经济效率作为反垄断法的唯一价值指引,不仅与法律多元价值体系格格不入,而且在反垄断法律实践中也绝难行通。法律价值体系包括自由、秩序、公平、效率等一系列多元价值,需要对诸多具有正当性的价值类型进行协调平衡。本质上,反垄断法的真正归属是法律体系而非经济学。因此,经济效率并没有超越其他价值而获取优先地位的合理依据。

经济效率不应缺乏对利益分配公平性的考量。对市场主体之间利益分配的公平性,经济学并不十分关注,或者说并非将其作为主要的关注对象,而是以配置效率即资源的最大化利用为主要追求目标。比如,"威廉姆森权衡"对经济总剩余尤其看重,认为无论其中的剩余归垄断者还是其他主体,只要剩余的总量有增加,那么就应该允许合并。可见,经济学福利(效率)概念主要考虑总量的增加,并不主要关注分配的公平性问题。虽然"卡尔多-希克斯标准"提出了由受益者补偿受损者的想法,但是反垄断实施层面从未就此建立具有可操作性的机制,亦从未实践。经济学效率被引入反垄断法之后,通过"最高"或"最终"地位的设定,将其他法律价值排除在外。无论是在企业合并中还是在差异化定价中,只要剩余的总量达到最大,在经济学语境下都是符合效率的。而对于剩余是应当归属于消费者还是企业,经济学基本上在所不问。经济效率着眼于整体福利的增加,很少关注经济收益市场主体之间的分配关系,缺乏对垄断者、竞争者、消费者之间利益分配的考量,法律体系则更为关注市场主体间利益分配的公平性。因此,经济效率对总福利的单独性考量导致其忽略了分配公平的重要意义。

经济效率不应与多元平衡的法律体系脱节。"经济分析法学自始至终所贯穿的一条主线就是把效率作为法律的基本价值目标和评价标准。"[1] 芝加哥学派更是将效率推向极端,其就反托拉斯法的首要观点就是"经济效率应成为反托拉斯法的唯一目标"[2]。在效率分析视角下,反垄断法的其他价值被限缩在一个极小的范围内,法律解释方法被适用的概率也下降至历史低谷。[3] 芝加哥学派最主要的问题就是仅考虑以企业利益为核心

---

[1] 时显群:《西方经济分析法学在中国》,载《现代法学》2002年第1期。
[2] [美]赫伯特·霍温坎普:《联邦反托拉斯政策:竞争法律及其实践》,许光耀等译,法律出版社2009年版,第66页。
[3] 从哈佛学派、芝加哥学派、后芝加哥学派对待反托拉斯法的态度看,哈佛学派主张严格执行反托拉斯法;芝加哥学派是在反对哈佛学派的基础上发展起来的,极其相信市场的自我调节能力,不主张反托拉斯法在经济领域的适用;后芝加哥学派是在反思芝加哥学派的基础上产生的,对反托拉斯法的态度介于哈佛学派与芝加哥学派之间。

的生产效率,而不考虑竞争对手、消费者及社会整体进步的需求。对效率的过分尊崇还可能会走向一个极端——以经济学效率观代替法律正义体系,将效率作为反垄断法的唯一价值。这显然与现实不符,因为市场产生的生产关系及财富关系基本依照效率原则,并不总是符合人类生活的正义原则。比如,当经济分析以效率价值为唯一导向时,很容易与考量多元主体利益的政策产生冲突——"经济学主要对效率加以议论。在以公平为准的政策里很难形成统一的意见"①。这种情况下,案件裁决中的经济效率极容易与传统法学的价值判断及法律解释技术产生对立。② 如在差异化定价中,经济学模型信奉者已经反复证明差异化定价能够实现资源的最优化配置,国会立法依然坚持认为对相同的商品索取不同的价格是"非正义的歧视"③,这说明对效率的一元化追求未能兼顾法律体系的多元平衡要求。

  对经济效率的追求应当符合法律实践需求,避免使反垄断法陷入长期冲突之中。即便是在芝加哥学派的"大本营"——美国本土,伯克、波斯纳等人单方面宣布效率为反垄断法的唯一价值所引发的争论也从未平息。美国联邦贸易委员会主席莉娜·M. 可汗认为,尽管"更少民主与更多技术"(less democratic and more technocratic)被视为反垄断法的成功,但当下的争议清楚地表明,曾经被视为"反垄断法历史终结者"的消费者福利标准反而使得反垄断法陷入了长久冲突。④ 学者罗伯特·兰德(Robert Lande)主张反托拉斯法立法及实施中居于核心地位的不是效率,而是分配关系。即便是主张消费者福利标准一元化的学者,也不得不承认反垄断法包含着多元的价值目标。已有学者从法律视角旗帜鲜明地提出,"效率并不能促成财富最大化……效率分析关系到特定背景和习惯逻辑模式下最理想化的计算方法,换言之,创造力和发现率是动态和不可预知的"⑤。对于效率价值与其他法律价值之间的冲突,霍温坎普已经明确发出疑问:"经济效率是应当成为反托拉斯的唯一目标,还是应当与其他价值,或甚至与

---

① [日]泉田成美、柳川隆:《产业组织理论基础》,吴波、王琳译,机械工业出版社2015年版,第24页。
② 参见侯猛:《司法中的社会科学判断》,载《中国法学》2015年第6期。
③ See Louis B. Schwartz, "Justice" and Other Non-economic Goals of Antitrust, 127 University of Pennsylvania Law Review 1076 (1979).
④ See Lina M. Khan, The End of Antitrust History Revisited, 133 Harvard Law Review 1655 (2020).
⑤ [美]罗宾·保罗·马洛伊:《法律和市场经济——法律经济学价值的重新诠释》,钱弘道等译,法律出版社2006年版,第148页。

其他学科(disciplines)一同成为目标?"①当下,效率价值独大的现象受到新布兰代斯学派的强烈批评并掀起反垄断新思潮,该学派拒绝将经济学作为反垄断法的唯一基础。在我国,学者们同样认识到了"效率一元论"的问题所在——"经济分析法学力图解释所有法律问题,成为解释法律的唯一方法"②;对此问题的警告已然非常严厉,即如果仅将经济效率作为唯一考量的内容,很可能造成"反垄断法变为效率促进法"③。由此不难看出,囿于学科视角和话语体系的差异,"效率一元论"很难兼容法律公平、正义等价值目标,而这些恰恰是经济效率在反垄断法中进行合理的功能定位时所应避免的路径偏差。

二、经济效率主要发挥工具性功能

(一)经济效率的工具性价值定位

从价值类型角度看,法律价值可以分为工具性价值与目的性价值。法律的工具性价值主要是指法律用来评价、调节、控制和处理法律主体行为,具有宗教、道德、习俗等无法比拟的现实功能;法律的目的性价值体现在法律体系中的人类目标追求。④ 经济效率是反垄断法之于经济系统的外部功能,依照此划分标准具有明显的工具性特征。

自由、民主与公平等属于目的性价值,隐藏于法律的规则、概念之中,属于人类对法律所寄予的理想与期待。目的性价值主要在反垄断立法阶段或明示或默示地表达着人类的期待。从美国反垄断法发展过程来看,最初主要是社会政党运动中人民对自由、民主、公平等目的性价值的追求催生了反垄断法出台。目的性价值在立法阶段推动着法律议案的提出、修改及通过,代表着人类对自由、民主与公平的整体追求。然而,一旦法律进入实施阶段,这种对自由、民主的抽象追求很难指导具体案件,反而隐藏于反垄断法的文本规范之内。

随着经济学的发展,经济效率在反垄断法的实施过程中被逐步引入,更多地充当工具理性角色。随着经济学量化技术的日益精确化,效率价值更多地具象化为经济分析工具以提供技术支撑,并在反垄断案件中发挥越来越显著的作用。尤其是芝加哥学派占据主流地位之后,甚至将是否

---

① [美]赫伯特·霍温坎普:《联邦反托拉斯政策:竞争法律及其实践》,许光耀等译,法律出版社2009年版,第76页。
② 沈敏荣:《法律限度》,法律出版社2003年版,第45页。
③ 参见兰磊:《反垄断法唯效率论质疑》,载《华东政法大学学报》2014年第4期。
④ 参见付子堂主编:《法理学进阶》,法律出版社2010年版,第70~71页。

损害经济效率等同于是否违法。经济效率以量化分析技术为工具,能够对经济系统的生产、销售策略作出合理解释。经济分析的作用在于以量化技术对何为垄断利润、垄断利润的大小进行技术分析,并在此基础上判定对经济效率的损害。有学者将效率划分为生产效率、配置效率及创新效率,这三种均属于经济效率的具体类型,为违法性认定提供了分析工具。三种效率类型中,生产效率的高低并不构成企业的违法标准,创新效率因为具有动态属性很难通过数理模型来进行准确预测;相比之下,配置效率损失更多地构成了垄断行为违法性认定的依据。[①] 可见,经济效率为反垄断案件提供了具有技术特性的经济分析工具,尤其是在芝加哥学派的EBM模式之下,经济效率成为违法性认定的标准和依据,其工具理性功能更是被推向了顶峰和极端。

(二)工具性价值定位的实践影响

在反垄断案件裁决中,经济效率工具性价值的功能定位并非意味着反垄断法的主要任务是最大限度地促进经济增长,而是防止垄断行为损害市场运行效率。亦即,经济效率发挥实践功能的方式不是通过反垄断法促进经济增长(虽然客观上有此种功能),而是确保垄断行为不损害市场运行效率。从价值博弈角度看,经济效率实践功能的发挥主要指向"公平—效率"两种主要价值的博弈与平衡状态。二者之间,公平是案件裁决的主要价值指引,而效率发挥违法性抗辩的辅助功能。从市场共同体角度看,具有垄断地位的经营者、竞争者、消费者三者在市场竞争机制之下获取各自的正当利益,不构成反垄断法上的违法行为。当市场竞争机制的正常运行遭受破坏,此时的利益分配则失去了公平性和正当性,需要启动反垄断法予以应对。具体到法律适用过程,必须着眼于不同法律主体之间的利益关系,以公平价值为法律适用的主要指引,以经济效率为辅助的分析工具。

市场竞争机制是否遭受破坏具有很大的不确定性和抽象性,很难依靠效率价值作出完全准确的判断,公平价值实际上更为显性地发挥作用。在案件裁决场景下,市场主体之间利益分配的公平性构成了一般价值指引,而经济效率仅仅充当了抽象的补充性判断标准。2021年,国家市场监督管理总局对"阿里巴巴集团二选一案"[②]作出行政处罚,首先分析了竞争对手、平台内经营者、消费者所遭受的损害,其次才是可能产生的效率损害。其中,对竞争对手的损害主要表现为,"当事人要求平台内经营者不得

---

① 参见李剑:《平台经济领域的反垄断法实施——以经济效率目标为出发点》,载《中外法学》2022年第1期。

② 参见国家市场监督管理总局行政处罚决定书,国市监处〔2021〕28号。

在其他竞争性平台开店或者不得参加其他竞争性平台的促销活动,不当抑制了其他竞争性平台可能获得的经营者供给,削弱了其他竞争性平台的竞争能力"①,同时阻碍了潜在竞争对手获取所需的必要资源。对平台内经营者的损害则主要体现为,"当事人要求平台内经营者仅在当事人平台开店或者仅参加当事人平台的促销活动,剥夺了平台内经营者自主选择合作平台的交易权利,限制了其经营自主权……也使其损失了原本可以在其他平台开展经营获得的收益"②。对消费者利益的损害为,"当事人有关行为减少了在其他竞争性平台上可选择的品牌及商品,限缩了消费者可接触的品牌和商品范围,限制了消费者的自由选择权……当事人限制平台内经营者在其他竞争性平台开店或参加促销活动,使消费者只能被动接受当事人的交易条件,无法享受其他平台更具竞争力的价格和服务,限制了消费者的公平交易权,损害了消费者利益"③。

实质上,垄断行为的违法性就在于其将原本属于竞争对手或消费者的经济利益不公平或不正当地转移至垄断者一方,而经济效率则仅仅从抽象层面发挥辅助判断作用。反垄断法维护的是市场主体之间对经济利益分配的公平性,体现为经济利益如何在垄断者、竞争者及消费者之间公平地分配;从这个意义上说,公平价值更能与经济现实、法律实施结合起来。比如,美国的垄断行为曾经被视为侵权行为,主要就是从利益分配的公平性角度进行考量的。我国《反垄断法》规定的效率抗辩理由,如第20条第1款中规定"为提高产品质量、降低成本、增进效率,统一产品规格、标准或者实行专业化分工的"不构成垄断,这体现了公平语境下对商业行为所产生效率的妥协与退让。反垄断法规范体系具有多重目的,实施过程中的价值考量也并不仅仅是甚至不主要是经济效率,而是重在市场主体之间利益分配的公平性。经济效率仅扮演工具理性角色,其不是从正向促进经济增长,而是从反向发挥防止垄断行为损害市场运行效率的实践功能。

三、经济效率的多元价值约束实现

从学科属性来看,"每一门科学可能都是由其不加质疑的方面——也就是其形而上学——定义的"④。反垄断法属于法学而非经济学的学科范畴,这就决定了反垄断法不应盲目追随经济学的效率目标。就价值定位而

---

① 参见国家市场监督管理总局行政处罚决定书,国市监处〔2021〕28号。
② 参见国家市场监督管理总局行政处罚决定书,国市监处〔2021〕28号。
③ 参见国家市场监督管理总局行政处罚决定书,国市监处〔2021〕28号。
④ [加]劳伦斯·博兰德:《经济学方法论基础》,马春文等译,长春出版社2008年版,第55页。

言,经济效率价值应接受竞争价值的引领与限定,并实现与自由、公平、民主及创新等其他价值类型的互动与平衡。

(一)竞争价值对经济效率价值的引领与限定

EBM 模式过于推崇经济效率的指引功能,忽略了竞争价值的独立地位和引领作用。芝加哥学派提出的 EBM 模式,将经济效率设定为反垄断法的终极价值目标,需求交叉价格弹性、SNIP 测试及 HHI 指数等经济分析工具被广泛运用。在经济效率作为唯一目标的背景之下,竞争几乎很难受到重视,甚至处于可有可无的附属地位。"我们重视竞争是因为它提高了效率——也就是说,竞争是一个手段而不是一个目的——那么,看来只要垄断可以增进效率,就应当容忍垄断,甚至鼓励垄断。"①从经济分析进路来看,竞争此时只是实现经济效率目标的一种工具和手段,只要能够通过其他方式实现经济效率,前者可以随时被抛弃。"有条件的价值判断是这样一种形式的表述:'如果人们想要 X,人们就应该做 Y。'这就是一些判断方式,它们说明,如果人们假定 X 是合意的(应该是怎样),那么 Y 是合意的(应该去做什么)。那些应用科学典型地提出假说命令式或者有条件的价值判断。"②秩序自由主义通过批评假说命令式的价值,指出竞争(Y)需要以经济效率(X)为前提是一种先入为主的错误。在以竞争价值的经济效率为前提的情况下,即便认可竞争具有一定的价值功能,也很难与经济效率相提并论。只有竞争满足促进经济效率的目的追求之后,才能够得到一定程度的认可。如果竞争不能带来经济效率的提升,则完全可以弃之不用。可见,在 EBM 模式之下竞争价值从属于经济效率价值,甚至属于可有可无的附属角色,不具有独立的价值地位,如图 3-1 所示。

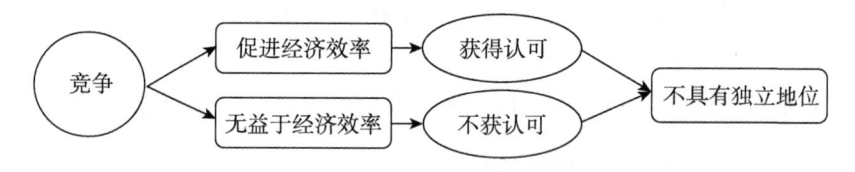

图 3-1 EBM 模式之下竞争不具有独立的价值地位

然而,反垄断法的主导性价值应当是竞争而非经济效率,不宜将经济效率作为对其他价值的终极评判标准。如果将经济效率作为终极评判标准,那么就社会生活的丰富性而言,"没有任何一种价值或权利,每次都能

---

① [美]理查德·A.波斯纳:《反托拉斯法》,孙秋宁译,中国政法大学出版社 2003 年版,第 31 页。
② [德]何梦笔主编:《秩序自由主义》,董靖等译,中国社会科学出版社 2002 年版,第 29 页。

毫发无损地经受住效率的检验"①。作为市场经济的一项运行机制，竞争并不会总是促进经济效率。实际上，市场竞争本身包含了多元意义和无限可能，所构成的是一个"发现过程"。② 竞争作为一种"发现过程"所产生的并不一定是积极结果，也可能是消极结果——过度竞争可能使人从自由公民变为屈服于市场。③ 但是，这并非意味着竞争不具有独立的价值地位。"竞争是各国反垄断法所倡导的首要目标……既然反垄断法立法目的条款将竞争界定为反垄断法的立法目标，竞争就进而被提升为反垄断法价值体系的组成部分。"④在我国，尽管对反垄断法的多元目的之间属于并列关系还是从属关系可能存在不同的认识，但反垄断规则的底层逻辑仍应是维持市场竞争机制的有效运行。⑤ 竞争作为一种过程性价值具有独立存在的意义，并不依赖于其产生的积极或消极结果。"即使竞争不产生可量化的经济利益，甚或导致一些经济利益的削减或丧失，竞争仍应受到保护。"⑥

作为一种"发现过程"，竞争推动市场机制不断发展，这种竞争过程的价值维度并非单一取向，而是包含着经济效率、自由、公平、民主及创新等多元价值类型。即便并非每次竞争都产生理想的结果，但保证竞争过程的存在无疑具有重要作用和价值。哈耶克即"建议把竞争视作是发现某些事实的一种过程，因为不诉诸竞争这种过程，这些事实就不会为任何人所知道，或者至少不会为人们所利用"⑦。经济效率不仅不应是反垄断法唯一的价值目标，甚至不宜作为一种主导性价值。对有因果联系的理论认识的技术变形就体现为假说命令式，其针对接受对象的表述形式是，为了实现X，Y是一种适当的手段。⑧ 当经济效率构成了假说命令式判断的前提X，竞争则为达到这一理想假设的手段Y。与这种假说命令式相反，竞争作为一种市场机制的"发现过程"，具有不依赖其他价值的主导性地位，能

---

① Oles Andriychuk, *Rediscovering the Spirit of Competition*: *On the Normative Value of the Competitive Process*, 6 European Competition Journal 575（2010）.
② 参见[英]冯·哈耶克：《作为一种发现过程的竞争》，邓正来译，首都经济贸易大学出版社2014年版，第33~50页。
③ See Maurice E. Stucke & Ariel Ezrachi, *Competition Overdose*: *How Free Market Mythology Transformed Us from Citizen Kings to Market Servants*, Harper Business, 2020, p.1-2.
④ 叶卫平：《反垄断法价值问题研究》，北京大学出版社2012年版，第46页。
⑤ 参见韩伟：《经营者集中对创新影响的反垄断审查》，载《清华法学》2022年第4期。
⑥ Oles Andriychuk, *Rediscovering the Spirit of Competition*: *On the Normative Value of the Competitive Process*, 6 European Competition Journal 575（2010）.
⑦ [英]冯·哈耶克：《作为一种发现过程的竞争：哈耶克经济学、历史学论文集》，邓正来译，首都经济贸易大学出版社2014年版，第35页。
⑧ 参见[德]何梦笔主编：《秩序自由主义》，董靖等译，中国社会科学出版社2002年版，第29页。

够包含其他价值而作为一种过程性价值存在。在竞争作为主导性价值的前提下，经济效率仅仅是竞争过程中与自由、公平、民主及创新等多元价值并存的价值类型之一，应当接受竞争价值的引领和约束。

作为一种主导性价值，竞争对整个反垄断法体系既起到引领作用，又起到限定作用。通过价值指引功能的发挥，竞争不仅可以证成反垄断法存在的正当性，而且可以框定反垄断法的制度边界。"竞争是市场经济体系的构成性原则。因此，竞争政策的任务是限制经济主体追求减少竞争的行为。"①是故，反垄断法所追求的终极目标应当是对市场竞争的维护，认识到这一点对反垄断法的价值定位具有重要意义。从市场竞争的本质出发，"反垄断法的具体目标、价值和标准总是因应政治经济和社会条件的变化而变化，但又总是万变不离其宗，在变化中保持其本性"②。此种万变不离其宗的本性即是作为独立价值类型的竞争。作为一种市场运行机制，竞争具有极强的包容性，既代表着市场运行的效率性，又内含着经济利益在不同市场主体之间分配的公平性。在制度范围上，"市场竞争这种价值目标，构成竞争政策的核心与边界"③。可见，竞争实际上已经成为反垄断法的本质属性。当然，这并不意味着经济效率价值在任何条件下均应当服从竞争价值，④而是说，如果经济效率价值想要获得超越竞争价值的优先地位，应当满足更大的论证负担。

在某种程度上，竞争所代表的是一种经济秩序，但这种经济秩序并不等同于抽象的法律秩序。如果说对秩序的极致追求可能造成专制主义的压迫，竞争作为一种经济秩序则蕴含丰富的市场活力。就此而言，竞争实际上又与经济效率、自由、公平、民主及创新等多种价值相契合，共同构建内涵丰富的经济秩序。反垄断法的终极追求并非经济效率，而是作为一种"发现过程"的竞争。"卡特尔法应用实践首先面向保护竞争过程这一首要目的。"⑤促进经济效率仅仅是竞争过程可能产生的一个有益结果，对反垄断法更为重要的是关注对作为一种独立价值类型的竞争的保全。需要

---

① [德]何梦笔主编：《秩序自由主义》，董靖等译，中国社会科学出版社2002年版，第81页。
② 孔祥俊：《论互联网平台反垄断的宏观定位——基于政治、政策和法律的分析》，载《比较法研究》2021年第2期。
③ 董笃笃：《竞争政策法制化研究》，法律出版社2017年版，第54页。
④ 因每种法律价值均有各自正当性基础，当产生冲突时，往往需要进行平衡。即便某种法律价值占据主导地位，也并不能够要求其他价值对其无条件服从。比如，即便有学者认为效率价值属于反垄断法的主要目标，在一定条件下仍需要让位于环境保护等非经济目标，不能因追求经济效率妨碍环境保护目标的实现。参见焦海涛：《环境保护与反垄断法绿色豁免制度》，载《法律科学》2019年第3期。
⑤ [德]何梦笔主编：《秩序自由主义》，董靖等译，中国社会科学出版社2002年版，第83页。

注意的是,这种竞争过程需要在一定规则内展开,而非完全依赖弱肉强食的"丛林法则"。不受节制的市场竞争对经济系统是一种毁灭性打击,因而超级经济主体需要受到一定的控制和约束。"企业联合、控制企业经济力滥用及企业结合等限制竞争行为之后果,系对整个市场的正常竞争秩序构成危害。"①反垄断法的终极目的是维持竞争秩序的存在,从而保证整个经济系统的活力。就利益分配公平性而言,市场竞争机制类似于罗尔斯所预设的"无知之幕"②;我们无法确切衡量每个市场主体应获得的具体利益,不过只要竞争秩序不被破坏,即可以假定这种分配是公平的、符合正义原则要求的。

(二)经济效率价值与其他价值类型的互动平衡

经济效率的功能边界实质上是指经济效率在反垄断法价值体系中应止于何处。前已述及,反垄断法的一般目标应当是维护竞争。在竞争价值引领之下,经济效率、自由、公平、民主及创新等价值均为反垄断法价值体系的组成部分。经济效率与其他价值相互碰撞或冲突之处,即是经济分析的功能边界;这实际上亦是经济效率与其他价值类型的互动与平衡过程。垄断既是一个经济学问题又是一个法律问题,反垄断法不是仅关注效率,而是同时包含经济效率、自由、公平、民主及创新等多元价值类型。鉴于效率的重要性,不应否认经济效率在反垄断法中的重要功能。不过,经济效率并非一支独大,而是同各种价值类型在互动过程中相互博弈、相互促进。"在社会秩序中的自由、公正和平等,在经济秩序中的进步和安全,是非常不同的价值目标,它们常常相互补充,但也常常相互排斥,但是所有这些价值目标合起来才能填满社会理想的四周。"③对此,如何实现经济效率同其他反垄断法价值的互动协调?在市场竞争框架内,经济效率同其他价值类型和谐共存,并存在合理的功能边界。

首先,经济自由构成反垄断法的基础性价值,成为市场主体追求经济效率的动力来源。自由主义涉及人类对经济生活的预设和思考,构成反垄断法的哲学基础。反垄断法素有"经济宪法"之称,寄托着保障企业在市场机制中自由成长、自由竞争的愿景。自由的竞争机制成为市场繁荣的动力来源。在美国的"拓普康案"中,裁判者已经认识到隐藏于反垄断法背后的自由价值——"反托拉斯法(尤其是《谢尔曼法》)是自由企业的大宪章。这些法律对于维护经济自由和我们的自由企业体系的保障作用,正如

---

① 何之迈:《公平交易法专论》,中国政法大学出版社2004年版,第4页。
② 参见[美]约翰·罗尔斯:《正义论》,何怀宏等译,中国社会科学出版社2009年版,第10页。
③ [德]何梦笔主编:《秩序自由主义》,董靖等译,中国社会科学出版社2002年版,第64页。

权利法案对于我们基本权利的保护作用一样"①。自由主义的经济思想一方面证成人类经济活动的基本方式应为市场机制,而市场机制则向反垄断法提供赖以生存的客观基础;另一方面直接影响反垄断立法的指导思想和立法技术。在经营者行为预期意义上,竞争自由对市场主体具有重要的价值意义,也是反垄断法所追求的重要价值维度。自由市场中,价格机制、供求机制及竞争机制构成反垄断法存在的客观基础。即使经济学家知道尽善尽美的完全竞争在现实中几乎不存在,也想尽可能通过反垄断法创造出自由竞争的市场环境。

在市场共同体内,竞争机制提供了企业之间自由竞争的空间,从而保障经济效率的实现。自由行为构成经济系统的活力基础,企业享有充分的自主经营权,能够通过彼此竞争保障市场机制的持续运行。"当人们的自由与自由的市场相结合的时候就把人的所有能力发挥出来。"②市场经济为经营者提供了充分的自由活动空间——无论是古典主义理想化的原子式市场,还是张伯伦提出的垄断竞争理论,都为企业提供了充分发挥个体才能的空间。"我们必须认识到反托拉斯的核心目标是维持自由市场,这是协调和维持自由企业世界的唯一方式。"③实际上,自由与效率并非对立关系,而是在竞争范围内发挥极强的互补作用。"自由和效率在一定程度上并不构成矛盾。谁优先考虑效率,谁也必须保护自由的竞争过程,因为这种过程最容易导致协调效率。"④同时,对经济自由的追求从总体上有利于推进市场经济体制改革,进而形成统一、开放、竞争、有序的市场格局,这亦是反垄断法作为法律系统中的一员对经济系统所发挥的保障功能。

其次,公平与效率在哲学层面存在固有矛盾,需要妥善地处理二者在反垄断法中形成的价值冲突。反垄断法作为法律体系的一个分支,更擅长的是公平地分配利益而非促进经济效率。公平价值的最大特点在于关注利益在主体之间的分配关系。相对而言,经济效率只追求个体利益或总体利益最大化,并不关注分配给哪个主体及分配的公平性。由此,二者之间不可避免地产生价值冲突。在解决方案上,"价值之争"的困境同样存在。"不同政策目标之间发生冲突是常见的现象,在解决冲突时,很难说哪种目

---

① United States *v.* Topco Association, Inc. ,405 U. S. 569,610(1972).
② 关415凯:《法律的三维透视——对法的价值、规则、事实的统一性研究》,法律出版社 2008 年版,第 40 页。
③ E. T. Grether, *Economic Analysis in Antitrust Enforcement*, 4 Antitrust Bulletin 55 (1959).
④ [德]何梦笔主编:《秩序自由主义》,董靖等译,中国社会科学出版社 2002 年版,第 83 页。

标是当然可以牺牲的。"①面对价值冲突问题,法学理论层面主要提出了固定结构的等级排序、依据特定情形进行价值排序以及"叩其两端,执两用中"的适度切割等一般解决方式,为经济效率的价值协调奠定了理论基础。具体到反垄断法领域,经济效率作为一种抽象价值,需要考虑公平价值的立场性与主体性。

易言之,相对于公平价值,经济效率缺乏对市场主体之间利益分配的立场性和主体性考量。经济学家在研究经济效率时并不会置公平问题于不顾,比如,福利经济学将效率与公平作为重要主题讨论,试图调和二者之间产生的冲突。然而,经济学家所谈论的公平往往为效率服务,并且将公平局限于收入分配的语境内。在二者关系上,经济学家往往预设性地认为追求收入公平可能会损害应有的激励度和效率水平。② 也就是说,在经济分析进路下,即便考虑利益分配问题,公平的考量相对于效率来说也处于一种相对从属的地位。但在法律语境下,更需要思考"谁之效益""是否正当"等分配公平问题。在"中国知网垄断案"③中,中国知网通过独家合作的方式限定学术期刊出版单位、高校只能向其提供学术文献数据,并以不公平高价销售中文学术文献网络数据库服务。上述行为看似提高了中国知网的经营效率,实现了自身利益的最大化,但极大地损害了学术期刊出版单位、高校及作者的利益。在理论层面,芝加哥学派的一大弊端在于仅从大企业利益出发,所谈的效率也只是大企业的经济效率。④ 这实际上是支持把限制竞争作为提高个别大企业经济效率的手段,本质上属于对个别大企业的偏向。比如,芝加哥学派利用效率工具对市场中的垄断现象重新评估,认为大企业间达成的纵向垄断协议具有明显的经济效率,能够在企业与其供应商、消费者之间产生经济效益,尤其是能通过协议的激励机制避免"搭便车"的行为。⑤ 该学派重要成员伯克甚至表明"每个纵向限制竞争行为都是合法的"⑥,对垄断协议的规制放松产生了重要影响。因此,公平是对经济效率的一种平衡或者纠偏,没有公平的约束与制衡,经济效率

---

① 焦海涛:《反垄断法上的社会政策目标》,中国政法大学出版社2019年版,第22页。
② 参见[美]保罗·萨缪尔森、威廉·诺德豪斯:《萨缪尔森谈效率、公平与混合经济》,萧琛译,商务印书馆2012年版,第146页。
③ 参见国家市场监督管理总局行政处罚决定书,国市监处〔2022〕87号。
④ 参见王晓晔:《反垄断法》,法律出版社2011年版,第16~17页。
⑤ See Jonathan B. Baker, *A Preface to Post-Chicago Antitrust*, SSRN Electronic Journal, 2002, p. 12.
⑥ Robert H. Bork, *The Antitrust Paradox: A Policy at War with Itself*, Basic Books, Inc. Publishers, 1978, p. 288.

将失去评价标准和导向。

　　再次,对经济民主的追求是反垄断法政治目标的延伸,属于社会政治系统对经济效率的平衡与约束。市场运行过程并不仅仅是依据经济学模型进行加减乘除的抽象运算,同时更多地蕴含着人类自主意识与可选择性的伦理道德规范。民主价值在政治领域表现为公民选举权,而经济领域则表现为消费者的选择权。从美国《谢尔曼法》的发展过程不难看出,最初的反垄断立法并不依赖边际成本、边际收益及福利最大化等经济学效率术语,而是以消费者为代表的民众发起的美国社会政治运动所产生的结果。这实际上是对美国经济民主遭到破坏的反思和立法回应。正是在经济民主和政治民主的意义上,反垄断法获得了"经济宪法"的美誉。[①] 经济系统的运行离不开多元主体的参与和协作,更离不开多元价值的引领与支撑。民主价值事关公共事务,经由道德、宗教及哲学等领域衍生而出,代表着人类对现实世界的精神追求。经济民主在反垄断法领域意味着把选择权交给消费者,使消费者就市场竞争秩序的良性运转获得相应的话语权。正如政治上的选举权一样,反垄断法确保市场中消费者作为市场参与者的选择权,当消费者获得这种权利的时候,可以通过行使该权利达到对居于强势地位的企业的制约之目的。

　　民主价值对经济效率的约束还体现在反垄断法同社会政治系统的密切关联上。从系统论的角度来看,反垄断法实际上已经超越了经济系统的局限,建立在更广泛的社会政治基础之上。法律属于社会生活的一个子系统,同经济、政治、文化等存在着紧密的内在关联,反垄断法同样如此。经济效率作为一种价值类型存在于反垄断法价值体系之内殆无疑义,但如果据此将经济效率极端化为绝对价值或者唯一价值则让人无法认同。尽管在反垄断法的诸多价值中,何种价值应当成为主导性价值并不能一概而论,但经济效率绝不应是反垄断法的唯一价值。在芝加哥学派的推动之下,反垄断法的研究逐渐发生了"技术流转向"(technocratic shifts)[②],更加关注以数据、统计或模型为基础的技术分析,逐渐忽视了对民主的关注,这反而被视作反垄断事业成功的进一步证据。制度政策的改善亟须价值层面的变革和引领。"尽管同在关注世俗的事务与规则,但跟既定框架内的策论不同,真正体现出人文关怀的社会学说,绝不会是医头医脚式的小修

[①] 参见孙晋:《新〈反垄断法〉开启中国"经济宪法"新征程》,载《中国价格监管与反垄断》2022年第9期。
[②] Daniel A. Crane, *Technocracy and Antitrust*, 86 Texas Law Review 1159 (2008).

小补,而必须以激进亢奋的姿态,去怀疑、颠覆再重构全部的价值预设。"[1]即便是在芝加哥学派的"大本营"——美国本土,对极端化的经济效率的反思也越来越强烈。新布兰代斯学派学者莉娜·M.可汗主张,"反垄断是在民主基础上构建社会的关键工具和哲学基础"[2],故应当超越经济学,将反垄断事业建立在更广泛的社会政治基础之上。斯宾塞·W.沃勒(Spencer W. Waller)教授认为,反垄断政策是一种"在不同的背景和不同的历史时刻具有不同法律理解的社会、经济和政治观念"[3]。中国亦有学者强调,"如果过分强调经济效率,反垄断法的实施可能会妨碍社会政策目标的实现"[4]。作为法律体系的一部分,反垄断法与纯粹的经济垄断并非同一范畴,而是与社会、政治、文化系统存在着密切的内在关联,这构成民主价值约束经济效率的客观基础。

最后,经济效率的功能发挥还受到诸如创新、秩序等其他价值类型的约束。尤其是进入数字经济时代后,创新价值在实践中逐渐受到重视。例如,中国《反垄断法》在2022年修正时明确将"鼓励创新"作为重要立法目标,[5]从而对经济效率形成明显的约束效果。在数字经济领域,部分学者仍然认为反垄断法的目标是使消费者免于购买高价格且低质量的产品或服务,创新只被视为次要因素,甚至完全遭到忽视。[6] 由此反映出,数字经济领域中,"效率一元论"仍然占主流地位,影响了创新价值的实践功能发挥。对此,我国有学者将对创新影响的评估模式归纳为竞争外生模式和竞争内生模式,主张我国应采用竞争内生模式,从而将创新作为具体竞争维度之一纳入评估框架。[7] 在竞争内生模式之下,经济效率成为违法性认定的抗辩因素,但必须满足可证实、交易特有并且能够传递给消费者等相关要件。[8] 可见,经济效率并非完全不受其他法律价值的约束,甚至可能作

---

[1] [法]马尔图切利:《现代性社会学》,姜志辉译,译林出版社2007年版,"主编的话"。
[2] Lina M. Khan, *The New Brandeis Movement*: *America's Antimonopoly Debate*, 9 Journal of European Competition Law & Practice 131 (2018).
[3] Spencer Weber Waller, *Market Talk*: *Competition Policy in America*, 22 Law & Social Inquiry 435 (1997).
[4] 焦海涛:《反垄断法上的社会政策目标》,中国政法大学出版社2019年版,第13页。
[5] 中国《反垄断法》第1条规定:"为了预防和制止垄断行为,保护市场公平竞争,鼓励创新,提高经济运行效率,维护消费者利益和社会公共利益,促进社会主义市场经济健康发展,制定本法。"
[6] See James Niels Rosenquist, Fiona M. Scott Morton & Samuel N. Weinstein, *Addictive Technology and Its Implications for Antitrust Enforcement*, 100 North Carolina Law Review 431 (2022).
[7] 参见韩伟:《经营者集中对创新影响的反垄断审查》,载《清华法学》2022年第4期。
[8] 参见《〈欧盟合并控制与创新〉竞争政策简报》,韩伟、高雅洁译,载《竞争政策研究》2019年第2期。

为例外事由退居次要地位,在满足一系列条件的情况下才能发挥实践功能。

总而言之,基于不同的观察视角,反垄断法可能具有不同的价值维度。从市场活动角度看,反垄断法建立于自由价值基石之上,代表着自由竞争和开放市场;从经济学角度看,反垄断法作为经济效率的实现工具,以效率价值为终极追求目标;从利益分配角度看,反垄断法承载着公平价值,能够确保经济利益在不同市场主体之间实现公平分配;从政治理念角度看,反垄断法拱卫着民主价值目标,防止垄断者霸凌市场、过度压制其他经营者及消费者等弱势主体;从动力机制角度看,反垄断法内置创新价值,为经济系统的不断演进提供动力来源。最终,反垄断法的底层逻辑在于维护自由的竞争机制,为经济效率、自由、公平、民主及创新等提供功能发挥的场域空间并设定约束条件。因此,经济效率既需要接受竞争价值的引领与限定,又需实现与自由、公平、民主及创新等价值类型的协调与平衡。

本 章 小 结

首先,作为一种重要的法律价值,经济效率在反垄断法中发挥着重要的正向功能,主要包括提供制度评价的效率标准、丰富反垄断法的价值体系、佐证反垄断实践的正当性。其次,经济效率正向功能的发挥并不意味着其应当在反垄断法中居于至高无上的地位,"效率一元论"存在着重大缺陷。因此,需要对芝加哥学派的效率价值目标进行反思,借鉴多元价值冲突的一般解决路径寻求反垄断法的多元价值平衡之道。最后,合理确定经济效率在反垄断法中的功能边界显得尤为重要。作为"经济宪法"的反垄断法在构建经济秩序过程中所追求的绝非经济效率这一单一价值目标,而是包含消费者选择自由的多元价值体系。因此,经济效率不仅应当接受竞争价值的引领和约束,而且应当实现与自由、公平、民主及创新等价值类型之间的互动与平衡。

第四章 经济学知识在反垄断法中的功能限度

反垄断法与经济学紧密关联,属于典型的跨学科领域。"反托拉斯与经济学是如此全然结合在一起了,以至于如果要对反托拉斯进行认真研究的话,不可能不涉及必要的经济学。"①不过,需注意的是跨学科毕竟不等于他学科或无学科,跨学科研究的前提是每个学科都保有自己的独立性。② 反垄断法属于法学而非经济学,必须依托法学话语体系和研究方法,而非盲目追随经济学。由此需要继续回应的是,作为一种外在于法律体系的学科门类,经济学在反垄断法体系内能够发挥何种功能?经济学经验性知识与法学规范性知识,何者应占据主导地位以及如何解决二者的差异问题?经济学知识的功能发挥是否存在边界,如何实现与法律体系的恰切融合?鉴于此,需要从法学规范性立场重新审视经济学知识的功能发挥及其限度。

第一节 经济学的知识供给功能

垄断问题作为一种复杂的市场现象,同时涉及经济学理论、法律规范及产业政策等专门领域,具有多学科知识内涵。反垄断法作为建立在市场经济基础之上的"一个现代性事件"③,市场经济的现代性和专业化决定了经济学具有巨大的作用空间,能够为反垄断法提供有益的知识供给。

一、特有概念的型塑

(一)经济学术语连接规范结构

大量经济学术语进入反垄断法,实际上丰富了反垄断法的经济学知识维度。反垄断法的概念构造需要一定的经验事实作为实践基础,而经济学

---

① [美]赫伯特·霍温坎普:《联邦反托拉斯政策:竞争法律及其实践》,许光耀等译,法律出版社2009年版,"作者序"。
② 参见雷磊:《法教义学的方法》,载《中国法律评论》2022年第5期。
③ 经济法属于在现代市场经济条件下产生的"现代性事件"。参见黄茂钦:《经济法现代性研究》,法律出版社2006年版,第251页。

恰好提供了对垄断现象的研究经验。概念术语在经验与理念、经济与法律之间，扮演着连接通道的角色。"法律是透过语言被带出来的"①，作为经济现象的规范产物，反垄断法需要通过经济学术语与规范对象保持一定的关联度。也就是说，只有在概念清晰界定的前提下，才能保持反垄断法规范体系与经济学经验研究的基本稳定，从而为反垄断法提供具有可操作性的逻辑推理工具。

在概念结构上，反垄断法为经济学的介入留下了具有开放结构的"入口"，经济学知识已经内含于反垄断法的概念规则之中。在传统法律概念不能涵盖的范围内，必须由法学之外的学科进行知识补给。法律经济学建立在实用主义哲学的基础上，波斯纳将之作为概念主义的"解毒剂"。② 反垄断法和刑法、民法这些传统部门法存在明显差异：由于垄断本身是经济学概念，无论从知识结构还是规范表述来看，反垄断法均显示出与经济学的紧密关联。鉴于反垄断法核心内容并不完全属于法学体系，需要引入法律外经验性因素作为补充。"法律形式主义下规则的不确定性应当通过政策科学填补，法律判断能够从政策科学中获得启迪。当法律人发现法律形式主义存有令人关注而又难以解决的冲突时，可以通过社会科学解决。"③ 基于更多满足社会需要的目的，法律现实主义者主张极力扩大法律相关因素的范围，强调法律机构应放弃与外界隔绝的自治性而更具有能动性。之所以波斯纳对将经济学引入反垄断法领域持积极态度，是因为其思想基础就是法律实用主义。在法律实用主义思想之下，只要能够解决现实问题，任何解决方案均可能被采纳。就此而言，实用主义哲学为经济学介入反垄断法提供了理论和哲学根基。

经济学同样可以运用于其他法律学科，但在反垄断法中的运用具有更突出的地位。传统部门法仅仅将经济学作为一种工具，以此对设定的制度作效率评估，比如刑法、知识产权法、合同法等，很少将经济学术语作为法律概念引入法律文本的制定及实施过程。唯有在反垄断法领域，经济学术语构成了反垄断法立法的材料来源，形成了具有开放结构的法律规范。经济学术语引入之后的意义解释同样离不开经济解释，经济学理论根据自身观点均会对模糊性概念作出具体的解释。"由于反托拉斯法的重要概念直

---

① ［德］阿图尔·考夫曼：《法律哲学》，刘幸义等译，法律出版社2011年版，第111页。
② 参见［美］理查德·A.波斯纳：《超越法律》，苏力译，中国政法大学出版社2001年版，第2页。
③ Mark V. Tushnet, *Critical Legal Studies: A Political History*, 100 Yale Law Journal 1515 (1991).

接源于经济学术语,对它们的解释同样不可避免地也需要经济学的贡献。"①在反垄断法的开放性结构特征下,虽然并非每个条文、概念都是经济学思想的表达,但经济学术语已经成了反垄断法的显著特征。

(二)经济学术语供给概念素材

"法律不是直接从政策文件中照搬一切,而是把其中的精神通过法律概念、法律规范、法律原则表达出来。"②经济学术语能够转译为具有规范性的法律概念,从而直接成为法律体系的有机组成部分。《反垄断法》文本中出现的"垄断""市场支配地位""相关市场""市场份额""市场集中度""排除、限制竞争效果""成本"等术语,均属于在传统部门法中未出现过的法律概念。同时,对这些概念内涵的确定,已经不能完全依靠传统的语义解释、体系解释、目的解释等方法,在某些专业性问题的判断上,需要引入经济学方法进行专业的实证分析。因此,经济学术语对反垄断法的最基础的影响表现为:反垄断法概念具有明显的开放性结构特征,承载立法原意的判断往往源自经济学的术语含义。在此,以"垄断""市场支配地位""相关市场""成本"等较为核心的概念进一步说明经济学术语是如何作为法律概念引入反垄断法的。

首先,"垄断"一词最初并非法律概念,而是源自经济学理论。西方经济学根据市场竞争状况,将市场结构划分为完全竞争、垄断竞争、寡头、垄断等几种基本类型。③ 在这几种市场结构类型中,垄断竞争、寡头、垄断这三个类型被统称为非完全竞争市场,与完全竞争市场相对应。其中,垄断市场的企业支配力最强,具有特定的经济学含义和标准。"垄断市场是指整个行业中只有唯一的一个厂商的市场组织。"④垄断市场需要同时满足三个条件:一是整个市场仅存在一个企业生产和销售商品;二是该企业生产和销售的商品没有替代品;三是该市场存在进入壁垒,即垄断者之外的企业进入该市场面临较高的门槛。这种类型的市场又称独占型市场,大部分情况下仅为经济学研究提供市场模型,同完全竞争市场一样几乎不存在于现实世界。从经济效率角度看,完全竞争市场是经济学家设定的理想模型,而垄断市场的效率最低,这已经成为西方经济学研究的基本结论。实

---

① William E. Kovacic & Carl Shapiro, *Antitrust Policy: A Century of Economic and Legal Thinking*, 14 Law & Economics 43 (2003).
② 孙笑侠:《法的现象与观念》,山东人民出版社2001年版,第13页。
③ 参见[美]保罗·萨缪尔森、威廉·诺德豪斯:《经济学》,萧琛主译,商务印书馆2013年版,第139~174页。
④ 高鸿业主编:《西方经济学(微观部分)》(第4版),中国人民大学出版社2007年版,第213页。

际上,法学视角与经济学视角对垄断的研究存在差异,反垄断法语境下的垄断不仅包括经济学严格界定后的唯一企业垄断,而且包括寡头、垄断竞争,只要这些企业达成垄断协议或进行具有危害性的合并,均会受到反垄断法的规制。

其次,作为经济学术语,"市场支配地位"在反垄断法的实施过程中同样发挥着重要作用。我国《反垄断法》第 22 条对市场支配地位进行了概念界定,而市场支配地位的本质就是经济学上的市场支配力。市场支配力(market power)在经济学上又被称为市场势力、市场力量,指的是单一厂商或少数企业控制某一产业的价格制定和生产决策的程度。① 哈佛学派尤其重视市场结构性要素,因而曾获得"结构主义"的别称。市场支配力的结构性标志是某行业中存在大企业单独或联合形成的支配性力量,市场支配力同市场份额、市场集中度等结构因素具有紧密关联。市场份额在认定市场支配力时具有重要作用,市场份额可以通过计算得出,而且能够传递与市场支配力有关的信息。然而,市场份额本身并不是判定企业具有支配地位的决定性因素;相反,市场支配地位与市场集中度直接相关。市场集中度越高,企业通过合并或协议消除竞争的可能性越大。② 判断市场集中度的经典指标 HHI 指数属于经济学上的重要分析工具。

再次,"相关市场"是经济学理论形成的反垄断法概念,需要在经济学语境下进行解读。相关市场(relevant market)是识别企业市场地位的前提条件,也是判断企业是否具有市场支配力的重要前提。"我国《反垄断法》在总则中规定了相关市场概念,这也说明'相关市场'在反垄断法中是一个基本的和核心的概念。"③界定相关市场的目的在于识别涉案企业所处的市场范围,这直接关系到认定企业是否具有市场支配地位。按照具体类型,相关市场又可划分为相关产品市场、相关地域市场及相关时间市场。相关产品市场和相关地域市场是反垄断实践中常考虑的两个因素,相关时间市场偶尔在竞争关系受时间因素影响明显的案件中适用。对于如何界定相关市场,如果离开经济学进行纯粹的语义学分析,几乎是不可能的任务。相关市场的概念从未在传统法学领域出现,其内涵和类型划分均源于经济学理论。受到反垄断调查的经营者总是希望所涉相关市场能够包含更多的产品范围,这样其所占据的市场份额就会更小,与此相反,如果相关

---

① 参见[美]保罗·萨缪尔森、威廉·诺德豪斯:《经济学》,萧琛主译,商务印书馆 2013 年版,第 174 页。
② 参见王晓晔主编:《中华人民共和国反垄断法详解》,知识产权出版社 2008 年版,第 178 页。
③ 王晓晔:《反垄断法》,法律出版社 2011 年版,第 85 页。

市场包含的产品范围越少,市场份额则会越大。早期最为典型的相关产品市场界定案件是1956年美国"杜邦公司案"①,在判决中法官认为,杜邦公司产品是否为替代品取决于所供给产品在性质或用途上的差异程度,及消费者对两种商品的替代意愿。从"杜邦公司案"可见,相关市场概念的背后包含"合理可替代性""价格""用途""质量"等诸多经济学因素。其中,最确切的标准是在贸易或商业中由消费者需求形成的合理可替代性,商品的可替代性构成界定相关市场的重要因素。对反垄断法的相关市场概念的解读必须置于经济学背景下进行,可以获得确定性法律意义和最终结果。

最后,成本与利润概念在经济学中有着独特的含义和丰富的类型划分。成本通常被视为企业的生产成本,即企业购买生产要素的支出。然而,在经济学研究中仅从这个意义上理解成本是远远不够的。经济学在企业生产理论中对成本作出了更为精确和丰富的划分,将成本按时间长短划分为短期成本和长期成本,中间涉及多种成本之间的运用和转换:

> 为区分掠夺性定价和竞争性定价,必须发展出有意义而且可行的测试方法。以"低于成本"的价格销售,我们首先必须弄清楚与企业相关的是什么成本。无论低于长期平均成本(LAC)还是短期平均成本(SAC),均不构成掠夺性定价。判定厂商价格违法性的标准是边际成本(MC),由于边际成本只存在于理论层面,实践中可行的方法是用平均可变成本(AVC)代替边际成本。②

其中,短期成本又可以进一步细分为短期总不变成本(Short-run Total Fixed Cost, STFC)、短期总可变成本(Short-run Total Variable Cost, STVC)、短期总成本(Short-run Total Cost, STC)、短期平均不变成本(Short-run Average Fixed Cost, SAFC)、短期平均可变成本(Short-run Average Variable Cost, SAVC)、短期平均成本(Short-run Average Cost, SAC)和短期边际成本(Short-run Marginal Cost, SMC),长期成本又可以分为长期总成本(Long-run Total Cost, LTC)、长期平均成本(Long-run Average Cost, LAC)和长期边际成本(Long-run Marginal Cost, LMC)。"勒纳指数"(Lerner Index)是经济学发展出来的测试垄断企业掠夺性定价的分析工具,主要标准为价格偏离边际成本的程度。长期平均成本是指企

---

① United States *v.* E. I. du Pont de Nemours & Co. ,351 U. S. 377(1956).
② Philip Areeda & Donald F. Turner, *Predatory Pricing and Practices Under Section 2 of the Sherman Act*, 88 Harvard Law Review 697 (1975).

业长期分摊到每一单位产量上的总成本;短期平均成本是指企业在短期内平均每生产一单位产品所消耗的全部成本;边际成本(Marginal Cost,MC)是指企业每增加一单位产量所耗费的相应成本,大部分情况下其作为一种理论观念存在;短期平均可变成本(SAVC)是指企业在短期内每额外生产一单位产品平均所消耗的可变成本,与边际成本比较接近。

此外,更为宏观的经济学理论概念也可以转译为法律概念,从而获得反垄断法的特有内涵。比如,经济学上抽象的消费者福利,在法律语境下可以转化为消费者创新利益、价格利益和自由选择权,垄断行为对消费者利益的侵害主要表现在这三个方面。[①] 总之,法律必须对事实概念进行提炼和转译,经济学知识则提供了素材。而源自经济学的名词术语为反垄断法概念的形成提供了基本原料,有利于通过法律技术转译为具有法律拘束力的法律概念。

二、模型工具的提供

随着经济学理论的进展,建立在数学知识基础上的量化方法为反垄断法提供了重要的经济学模型。经济学模型可以为反垄断法律规则的制定、解释提供相应的技术基础,而这正是反垄断法研究相对于其他法律的特殊之处。经济学为反垄断法提供的经济学模型主要包括以下几种。

(一)替代性模型工具

替代性分析主要在界定相关市场和认定市场支配地位的过程中使用。替代性是指,在其他条件不变时,某一物品的价格发生变化后,实际收入不变,两种物品的购买组合比例发生改变而引起该物品需求量的变化。替代性分析主要包括需求替代和供给替代两个方面,以弹性指标建构相应的经济学模型。

1. 价格弹性分析工具

价格模型是经济学领域普遍运用的分析工具,主要建立在计量分析技术的基础之上。经济学上的价格弹性分析主要用于分析消费者对价格的敏感程度。比如,消费者持一定货币到市场上买水果,发现苹果的价格上涨,其他水果的价格没有变化,于是不再购买苹果转而购买其他水果。这种体现消费者选择权的分析工具就是需求价格弹性(price elasticity of demand)。在经济学上,需求价格弹性是指,一定时期内某种商品的价格变动对消费者需求量的影响程度;假设需求函数 $Q = f(P)$,需求价格弹性的公式为:

[①] 参见叶明:《互联网经济对反垄断法的挑战及对策》,法律出版社2019年版,第121页。

$$e_d = -\frac{\frac{\Delta Q}{Q}}{\frac{\Delta P}{P}} = -\frac{\Delta Q}{\Delta P} \cdot \frac{P}{Q}$$ （式4-1）

式中:e_d 代表需求的价格弹性系数;

Q 代表需求量;

ΔQ 代表需求的变动量;

P 代表商品价格;

ΔP 代表商品价格的变动量。[1]

需求价格弹性公式代表着,当商品价格变动一个单位时,所引起的商品需求量变动的百分比。在计算方法上,因商品的需求量和价格的变动呈反向,一般在结果中加符号以使需求的价格弹性系数为正值。商品的需求量随价格变动越大,则消费者对商品需求的弹性越高。在商品价格变动1%的情况下,当 $e_d>1$,表明消费者需求量对价格变动比较敏感,被认为富有弹性,此时消费者拥有比较自由的选择权;当 $e_d<1$,表明消费者需求量对价格变化不敏感,被认为缺乏弹性,此时消费者的选择权受到限制。

除了需求价格弹性外,还存在着生产者供给量对价格的反应,通常用供给价格弹性(price elasticity of supply)表示。供给价格弹性表示一定时期内商品生产者的供给量对某种商品价格的反应程度;假设供给函数为 $Q=f(P)$,则供给价格弹性的公式为:

$$e_s = \frac{\frac{\Delta Q}{Q}}{\frac{\Delta P}{P}} = \frac{\Delta Q}{\Delta P} \cdot \frac{P}{Q}$$ （式4-2）

式中:e_s 代表供给的价格弹性系数;

Q 代表供给量;

ΔQ 代表供给的变动量;

P 代表商品价格;

ΔP 代表商品价格的变动量。[2]

---

[1] 参见高鸿业主编:《西方经济学(微观部分)》(第4版),中国人民大学出版社2007年版,第38页。

[2] 参见高鸿业主编:《西方经济学(微观部分)》(第4版),中国人民大学出版社2007年版,第50页。

供给价格弹性公式代表着,当商品价格变动一个单位时,所引起的商品供应量变动的百分比。在计算方法上,因商品供给量和价格一般同方向变动,作为计算结果的 e_s 为正值。供给弹性和需求弹性的计算方法相类似,表明了经营者对价格反应的敏感程度。当 $e_s>1$,表明经营者的供给富有弹性;当 $e_s<1$,表明经营者的供给缺乏弹性。

需求弹性和供给弹性提供了市场中商品替代效应分析的两种基本模型。需求弹性表明消费者对商品享有选择权的程度,需求弹性越高表明消费者越能轻易转向其他商品,商品越具有可替代性。供给弹性则表明了经营者根据价格作出决策的灵敏程度,如果经营者能够根据价格随时调整生产量或决定是否进入某一市场,说明该市场的进入门槛低、商品的供给替代性强。欧盟在界定相关市场时认为,"企业会受到三个方面的竞争约束:需求替代、供给替代和潜在竞争"[1]。我国国务院反垄断委员会将供给替代分析作为界定相关市场的重要依据,主张除进行需求替代分析外,"当供给替代对经营者行为产生的竞争约束类似于需求替代时,也应考虑供给替代"[2]。同时,需求弹性也构成反垄断法实施中直接运用的经济分析工具——SSNIP 测试的基础。

2. 需求交叉价格弹性分析工具

反垄断法的相关市场界定通常涉及两种或两种以上商品的比较,因此,需要用到更为复杂的分析工具——需求交叉价格弹性(cross-price elasticity of demand)。"根据需求交叉价格弹性理论,如果某种商品的价格发生变动,就可能引发消费者对其他商品的需求变动,说明这组不同的商品之间存在着明显的替代关系,从而可以归属于同一相关市场。"[3]从经济学角度看,需求交叉价格弹性表示一定时期内某种商品的需求量对其他商品价格变动的反应程度;如果商品 X 的需求量为 Q_X,与之对应的组合商品 Y 的价格为 P_Y,假设两者之间的函数关系为 $Q_X = f(P_Y)$,其公式为:

$$e_{XY} = \frac{\frac{\Delta Q_X}{Q_X}}{\frac{\Delta P_Y}{P_Y}} = \frac{\Delta Q_X}{\Delta P_Y} \cdot \frac{P_Y}{Q_X} \qquad (\text{式 }4\text{-}3)$$

---

[1] Commission Notice on the Definition of the Relevant Market for the Purposes of Community Competition Law, OJ C 327,1997.
[2] 国务院反垄断委员会《关于相关市场界定的指南》第 4 条。
[3] 王晓晔:《反垄断法》,法律出版社 2011 年版,第 91 页。

式中：e_{XY} 代表 X 需求量对 Y 价格变动的需求交叉价格弹性；

Q_X 代表 X 的需求量；

ΔQ_X 代表 X 需求量的变动量；

P_Y 代表 Y 的价格；

ΔP_Y 代表 Y 价格的变动量。[1]

上述公式在假定其他因素均不发生变化的情况下，测定商品的需求交叉价格弹性。如果一种商品的涨价能够引发组合内另一种商品的需求量增加，需求交叉价格弹性的 e_{XY} 值增大，说明两类商品的替代性强，能够将其作为两种商品处于同一相关市场的经济学依据。经济分析工具一直扮演着重要的角色，而且经济分析的精确度和科学性不断提升，需求交叉价格弹性为反垄断法中相关市场的界定提供了可以量化的技术分析。

3. 假定垄断者测试分析工具

假定垄断者测试是需求交叉价格弹性理论在反垄断法领域的延伸。在长期的反垄断实践中，美国司法部认识到仅仅依靠需求交叉价格弹性理论难以满足准确测定市场供求关系的需求，一直寻求发展出更精确的经济学工具，在总结反垄断实践经验的基础上，引入假定垄断者测试作为新的尝试，并规定在《美国横向合并指南》之中。[2] 其中的 SSNIP 测试包括两个主要步骤：首先，被考虑到的候选市场只包括测试企业所包括的商品和地域（假设该商品为 X）；其次，将其他商品和地域扩大到这个相关市场，观察 X 商品发生"小幅度但显著且非临时性的价格上涨"时，该商品的消费者是否会转向其他商品（如 Y、Z）。[3] 在相关市场的界定中，一直将商品范围扩大到涨价行为不再引发消费者的需求量变化为止，然后将这些商品全部纳入同一相关市场计算份额。中国国务院反垄断委员会同样将 SSINP 测试引入相关市场的界定中，认为在经营者竞争的市场范围不够清晰或不易确定时，可以按照"假定垄断者测试"的分析思路来界定相关市场。[4] 假定垄断者测试分析工具的使用，涉及两个基本问题——价格变化幅度和涨价时间。在这方面，中国将价格变化幅度确定为 5%～10%，涨价时间确定为

---

[1] 参见高鸿业主编：《西方经济学（微观部分）》（第 4 版），中国人民大学出版社 2007 年版，第 55 页。

[2] See Douglas H. Ginsburg & Eric M. Fraser, *The Role of Economic Analysis in Competition Law*, 55 Journal of National School of Administration 6（2010）.

[3] 参见王晓晔：《反垄断法》，法律出版社 2011 年版，第 91 页。

[4] 参见国务院反垄断委员会《关于相关市场界定的指南》第 7 条。

1年。①

(二)市场集中度模型工具

经营者集中案件往往更注重市场集中度的计算,此时需要用到计量经济学模型。② 市场集中度的经济分析最初由特纳(Tuner)在1968年引入《合并指南》,采取测试行业内前4家(Cr4)或前8家(Cr8)企业的市场集中度的标准,计算行业内前4家或前8家最大的企业的生产量(或销售量)在整个行业内所占的百分比。前4家或前8家企业所占比例属于市场集中度最初级、最原始的测量工具。

随着经济学研究的推进,1982年美国《合并指南》采用了改进后的分析工具——HHI指数,HHI指数是通过将特定市场中所有参与者所占的市场份额的比率的平方进行加总而获得的。③ 该指数的计算方法如下:

$$\text{HHI} = \sum_{i=1}^{N}(X_i/X)^2 = \sum_{i=1}^{N}S_i^2 \quad (式4\text{-}4)$$

式中:X代表市场的总规模;

X_i代表第i个企业的规模;

$S_i=X_i/X$代表第i个企业的市场占有率;

N代表该产业内的企业数。

HHI指数的具体分析步骤如下:一是取得竞争对手的市场占有率,可忽略过小的竞争对手;二是算出市场占有率的平方值;三是将这些平方值加总。HHI指数数值在0~10000,完全竞争的数值接近0,而完全垄断的数值则接近10000。比如,一个由无数个均质性小企业组成的完全竞争市场的HHI指数接近0;一个由单个企业独占的纯垄断市场的HHI指数为10000($100^2=10000$);而一个分析占60%和40%的双寡头市场的HHI指数为5200($60^2+40^2=5200$)。根据1982年《合并指南》,HHI指数低于1000为非集中市场,HHI指数在1000~1800为中度集中市场,HHI指数高于

---

① 参见国务院反垄断委员会《关于相关市场界定的指南》第10条。
② 参见[美]迈克尔·D.温斯顿:《反垄断经济学前沿》,张嫚等译,东北财经大学出版社2007年版,第64页。
③ 参见[美]保罗·萨缪尔森、威廉·诺德豪斯:《经济学》,萧琛主译,商务印书馆2013年版,第175页。

1800 为高度集中市场。① 这一指标实现了衡量市场集中度的数值化,尤其是在经营者集中审查中,对于判定企业是否可能形成垄断威胁具有重要参考价值。

(三)"成本—收益"偏离度模型工具

勒纳指数则通过价格偏离边际成本(计算中以"可变成本"替代)的程度,从经验数据上来证明掠夺性定价的存在。勒纳指数的计算公式为:

$$L=(P-MC)/P \qquad (式4-5)$$

式中:L 代表勒纳指数;
P 代表价格;
MC 代表边际成本。

在上述公式中,勒纳指数在 0 到 1 的范围内变动,数值越大,表明价格偏离边际成本的程度越高,证明企业获取垄断利润的可能性越大。由于边际成本仅存在于经济理论层面,于是阿里达(Areeda)和特纳(Turner)提出以平均可变成本代替边际成本,价格越是偏离企业的边际成本,表明其垄断性越强。虽然美国和欧盟在反垄断执法实践中改进了勒纳指数,用平均可避免成本(AAC)来代替平均可变成本,但其仍然是掠夺性定价中"低于成本销售"要件的量化标准。

勒纳指数最先用于掠夺性定价行为的证明。掠夺性定价通常指,一个支配企业在面对竞争对手或潜在竞争对手的竞争挑战时,先故意把价格降低到生产成本之下,等到竞争对手被排挤出市场或潜在竞争对手放弃进入市场之后,再把价格提升至更高价格,最终侵害消费者权益的行为。掠夺性定价行为的降价逻辑非常简单,有许多经济学家认为掠夺性定价行为在市场中并不具备现实基础。依照反对者的观点,市场竞争的本质就是企业通过降价吸引客户,打折或类似的降价行为是市场竞争的重要内容,即使支配企业运用这一方式,法律也不应当制止。伯克从经济学理论上质疑垄断者是否能从掠夺性定价行为中获益,认为掠夺性定价对于支配企业的代价过大,很可能还未收回成本市场就已经被其他企业捷足先登,②从而否

---

① 市场集中度的具体数值在不同时期有所变动,根据 2010 年《美国横向合并指南》,HHI 指数低于 1500 为非集中市场,HHI 指数在 1500~2500 为中度集中市场,HHI 指数高于 2500 为高度集中市场。

② See Robert H. Bork, *The Antitrust Paradox: A Policy at War with Itself*, Basic Books, Inc. Publishers, 1978, p.148-155.

认掠夺性定价存在的可能性。勒纳指数以价格偏离成本的幅度为掠夺性定价行为提供了测量基础。除了用于掠夺性定价的量化分析外，勒纳指数已经扩展为市场势力的测量标准。在经济效率视角下，反垄断法的实施需要使用一定数学工具分析垄断对消费者剩余、生产者剩余和社会成本的增减损益，以判断其是否符合经济效率的基本需求。

(四)企业博弈行为模型工具

垄断行为主要包括滥用市场支配地位、垄断协议及经营者集中三种类型，在所有行为类型中，均涉及企业之间的价格、产量或者其他交易条件的博弈，经济学博弈论为观察企业间的博弈行为提供了有力支撑。

1. 博弈论分析工具

寡头市场或垄断竞争市场中企业垄断行为的识别和认定与企业间的博弈行为密不可分，涉及经济学中博弈理论的运用。从市场类型的划分来看，市场中企业数量的多寡不是一个数目问题，而是一个行业竞争程度问题。"判断一个行业的厂商是多数还是少数，要看其是否'相互注视'着。"[1]"相互注视"主要是指一家厂商采取经营策略之后其他经营者的反应，主要发生在寡头市场中。比如，在一家经营者降低自己的产品价格之后，其他经营者的客户就会转向这家报价更低的企业，受影响企业的客户很可能因此减少。面对这种情形，受影响企业必然不会无动于衷，很可能以同样或更大幅度的降价措施来应对。这种在竞争策略上的共存与影响在经济学上被称为博弈论，最初在1944年由数学家约翰·冯·诺依曼(John von Neumann)和经济学家奥斯卡·摩根斯坦(Oskar Morgenstern)提出，后来被广泛运用于经济学对企业市场行为的研究。

无论是对单一企业的行为还是对多数企业的合谋行为，博弈论分析均能提供相应的技术依据。博弈论对单一支配市场垄断者的策略行为进行研究，使人们能够更深入地理解垄断者与潜在进入者的动态博弈过程，从而也为预测企业合并带来启示。20世纪70年代，博弈论已经成为产业经济学的主要分析工具。博弈论主要分为合作博弈和非合作博弈两个领域。合作博弈假设存在确保主体间约定或协议得到有效遵守的外在强制机制，因垄断协议的违法性，企业间合作博弈的前提条件并不存在，企业只能在市场中进行非合作博弈。非合作博弈最基本的博弈结果(又称解)是纳什均衡。纳什均衡由学者约翰·纳什(John Nash)提出，是指参与者使用各自的均衡策略之后形成的均衡结果，表现为参与者之间的策略集合形成

---

[1] 辛宪:《经济学的第一堂课》,清华大学出版社2005年版,第72页。

的收益矩阵(典型代表为"囚徒困境",见表 4-1)。

表 4-1 纳什均衡博弈模型

策略组合		乙		
		x	y	z
甲	a	32,32	42,30	48,24
	b	30,42	40,40	50,36
	c	24,48	36,50	48,48

注:参见[德]乌尔里希·施瓦尔贝、丹尼尔·齐默尔:《卡特尔法与经济学》,顾一泉、刘旭译,法律出版社 2014 年版,第 41~44 页。

在表 4-1 中,假设甲乙两个企业进行市场竞争博弈,甲有 a、b、c 三个行动策略,乙有 x、y、z 三个行动策略。在矩阵的每一个空格中,第一个数字代表甲的策略收益,第二个数字代表乙的策略收益。双方博弈的九个策略组合形成"收益矩阵",由此观察双方可能达成的纳什均衡。根据纳什均衡的条件,甲乙双方博弈的纳什均衡策略组合是 ax,因为只有在这个组合中甲乙双方才没有单方面改变策略的动机。除 ax 组合外,双方在任何其他策略组合中均有可能改变自己的策略选择,比如在 cz 组合中,虽然两者收益一致,但在博弈者甲保持不变的情况下,乙肯定更倾向于选择 y 策略。在九个策略组合中,甲乙双方使用策略组合 by、cz 均优于 ax,然而,每个博弈者都有偏离这两种策略安排的动力。也就是说,纳什均衡并不一定是配置效率中的帕累托最优,而是参与者都不会有动力单方面改变行事策略的结果。

博弈论反映出市场主体在竞争中的动态策略行为,认识到市场中竞争者的信息并非完全,与芝加哥学派市场信息完全的假设相反,主要被修正者后芝加哥学派采用。帕特里克·博尔顿(Patrick Bolton)等人认为掠夺性定价行为的危害性被有意无意地忽视了,批评美国法院即使在"阿里达-特纳法则"提出以后,仍然依赖完全信息假设裁判案件。[①] 在此基础上,后芝加哥学派根据博弈论理论主张,掠夺性定价行为不仅现实地存在于市场中,而且仅仅依靠传言足以打消潜在竞争对手进入市场的意愿,证明市场并非如芝加哥学派宣称的那般具有完全的竞争恢复能力。

2. 其他博弈行为分析工具

企业的竞争行为多样,除法律规定的典型经济学工具外,尚有一些反

---

① See Patrick Bolton, Joseph F. Brodley & Michael H. Riordan, *Predatory Pricing*: *Strategic Theory and Legal Policy*, 88 Georgetown Law Journal 2329 (2000).

垄断法兜底条款的解释涉及企业竞争行为的博弈分析。比如，在"利乐案"中，我国反垄断执法机构运用经济学模型对企业的忠诚折扣行为进行分析。针对企业追溯累计折扣行为的反竞争效应，反垄断执法机构运用了以下经济学模型：

$$k = \Delta d \frac{Q}{Q_2} ① \qquad (式4-6)$$

假设某客户包材总需求为 Q，如果全部从利乐公司采购，该客户所获得的折扣率为 $d(\%)$。如果其他包材厂商从中谋求 Q_2 的采购量（Q_2 介于 0 与 Q 之间），当 Q_2 逐渐增大时，客户仍从利乐公司采购的数量（$Q - Q_2$）则相应减小，利乐公司给予的折扣也会相应降低。将这个折扣率的减少量用 $\Delta d(\%)$ 表示（Δd 介于 0 与 d 之间），此时利乐公司给予的折扣率为 $d-\Delta d$。换言之，利乐公司给予采购量 $Q - Q_2$ 的单价报价要高于利乐公司独家供应 Q 时的价格。即使利乐公司和竞争对手针对这一可竞争部分需求（Q_2）的单价报价相同，利乐公司的竞争对手仍然需要在利乐公司新折扣的基础上额外让利 $k>0$，因此其需要提供的折扣总计为 $d-\Delta d+k$。k 的计算方法如上述公式所示。只要其他竞争对手无法满足客户的全部需要，k 就始终大于 0，即竞争对手必须要在利乐公司折扣率的基础上进一步让利。最终我国反垄断执法机构判定，利乐公司的忠诚折扣行为具有明显的反竞争效果，从而将该行为认定为 2007 年《反垄断法》（已失效）第 17 条第 1 款第 7 项兜底条款规定的行为。

从反垄断执法机构对"利乐案"的裁决中可以看出，经济分析工具的运用形式多样，除了运用于反垄断法类型化的市场行为外，也包括对反垄断法兜底条款中行为类型的解释，而最终都归结为对市场行为反竞争效果的分析。从这个方面来看，反垄断法中的非典型性的反竞争行为在经济学理论中可能已经有所讨论，甚至发展出了比较成熟的经济分析工具。反垄断法的兜底条款相比标准性规则提供了更为开放的经济分析空间，能够使经济分析工具更为便利地介入反垄断案件的分析过程。利乐公司利用市场支配地位持续实施具有反竞争效果的忠诚折扣，可能造成包材厂商长期销量不足、利润减少和产能闲置，影响其投资意愿和市场预期，潜在竞争者也会因市场预期下降而止步。② 潜在竞争者预见到市场中存在垄断者的

---

① 参见国家工商行政管理总局行政处罚决定书，工商竞争案字〔2016〕1 号。
② 参见国家工商行政管理总局行政处罚决定书，工商竞争案字〔2016〕1 号。

忠诚折扣行为,对市场的投资意愿下降,在经济学原理上属于博弈理论的策略行为。

企业间的博弈分析不仅运用于规范条款的解释,而且影响着反垄断法的相关制度设计。多企业的合谋行为属于不同企业在市场竞争中的博弈,然而,不同企业的利益也不尽相同,合谋组织内部也存在着利益博弈行为。比如,反垄断执法中的宽大制度就是利用企业间的博弈行为,使第一个或前几个举报并提供重要材料的企业得到不同程度的豁免,其所依据的经济学基础就是企业间的博弈行为。

三、认定标准的确立

作为成文法国家,我国通常以法律法规作为裁判依据,不承认其他规范的法律效力。然而,在反垄断案件中传统的法律解释技术已经难以满足需求,裁判人员需要经常借助经济学等外部视角,所以经济学将不可避免地进入案件裁决领域。反垄断案件的事实认定很难单独依靠生活经验或传统的法律涵摄完成,往往需要借助经济学的原理、方法及分析工具等专业知识。因此,经济学知识的实践功能主要指向案件的事实认定过程,主要为相关市场界定、市场地位认定及竞争效果评估等环节提供认定标准。

(一)相关市场界定的经济学功能

"相关市场界定是一个法律问题,因为仅在反垄断法中才需要考虑这个问题。然而,相关市场界定也是一个经济学问题,因为它需要经济学的原理和方法。"[①]相关市场界定属于法律问题,说明相关市场是认定经营者行为违法性的前提条件,无论垄断协议、滥用市场支配地位还是经营者集中都发生在一定的市场范围内。相关市场界定属于经济学问题,说明在案件的相关市场界定环节涉及大量的经济学知识,存在经济学理论、分析工具发挥作用的空间。美国较早的反垄断案件也将相关市场界定作为经济学引入的首要环节。[②] 因此,反垄断案件的相关市场界定属于事实认定问题,且往往涉及经济分析工具的运用。

为了应对相关市场界定的复杂性,我国国务院反垄断委员会发布了《关于相关市场界定的指南》,专门对相关市场界定中经济学分析方法的

---

① 王晓晔主编:《反垄断法中的相关市场界定》,社会科学文献出版社2014年版,"前言"。
② 根据美国反垄断案件的审理经验,经济学能够在案件事实认定中发挥作用的范围主要包括四个方面:(1)相关市场界定和市场份额;(2)价格行为;(3)利润计算;(4)市场行为的其他要素。See E. T. Grether, *Economic Analysis in Antitrust Enforcement*, 4 Antitrust Bulletin 55 (1959).

运用作出规定,即"反垄断执法机构鼓励经营者根据案件具体情况运用客观、真实的数据,借助经济学分析方法来界定相关市场"①。相关市场包括相关商品市场、相关地域市场、相关技术市场及相关时间市场,②对相关商品市场、相关地域市场的界定需要判定一组或一类商品之间是否具有"较为紧密替代关系"。商品之间替代关系的分析属于经济学研究的重要内容,主要包括"需求替代""供给替代"等经济学理论。可见,反垄断法律法规不仅仅包括传统法律关系中的权利义务内容,更涉及法律规则之下经济学的实质性判断。随着市场新兴业态的发展、运行机制的日益复杂化,许多事实问题的认定更需要经济学最新研究成果作为支撑,相关市场界定则是其中的重点。相关市场界定的经济学原理主要是商品的替代效应。经济学通过将具有替代关系的商品纳入同一市场,考察特定企业的市场地位。经济学理论已经发展出了较为精确的分析工具,为相关市场界定提供更为有力的技术支撑。比如,假定垄断者测试中的 SSNIP 测试需要借助相应的数理模型,涉及基准价格选取、涨价比例确定及市场状况调查,属于经济学量化分析方法。此外,价格检验法与产品流检验法等基于套利市场理论的计量统计方法也被各国反垄断执法机构所使用。③

相关市场界定的经济分析已经在司法实践中得到应用。"奇虎 360 诉腾讯案"是最高人民法院审理的典型反垄断案件,不仅涉及经济分析工具 SSNIP 测试的运用,而且实现了对该分析工具的调整和优化。对 SSNIP 测试在案件中的适用性,最高人民法院认为"将价格由免费转变为收费也意味着商品特性和经营模式的重大变化,即由免费商品转变为收费商品,由间接盈利模式转变为直接盈利模式。在这种情况下,如果采取基于相对价格上涨的假定垄断者测试,很可能将不具有替代关系的商品纳入相关市场中,导致相关市场界定过宽。因此,基于价格上涨的假定垄断者测试并不完全适宜在本案中适用"④。经过对该工具的改造和变通,最高人民法院将基于价格上涨的变动调整为基于质量下降的假定垄断者测试(SSNDQ)。"奇虎 360 诉腾讯案"为相关市场界定中的经济学运用起到了较好的示范作用,尤其是对分析工具 SSNIP 测试的变通与优化,显示了司法系统对于使用经济学理论与工具的科学态度。

---

① 国务院反垄断委员会《关于相关市场界定的指南》第 7 条。
② 参见国务院反垄断委员会《关于相关市场界定的指南》第 3 条。
③ 价格检验法和产品流检验法都是根据市场交易中的商品价格会因套利出现某种流向等统计特征,用于市场界定的计量统计方法。参见王晓晔主编:《反垄断法的相关市场界定及其技术方法》,法律出版社 2019 年版,第 225~247 页。
④ 最高人民法院民事判决书,(2013)民三终 4 号。

(二) 市场支配地位认定的经济学功能

虽然《反垄断法》仅将市场支配地位明确规定为滥用行为的构成要件,不过,经营者集中行为及垄断协议同样包含着市场地位的要求。经营者集中制度的目的在于审查合并后企业是否可能具有或滥用市场支配地位,是对滥用行为的预防性措施。而垄断协议制度并非将任何合同行为都作为垄断违法行为,而是将多个企业联合形成的市场支配地位作为隐含的前提条件。在市场支配地位的认定中,涉及相关市场份额及相关市场的竞争状况、该经营者控制销售市场或者原材料采购市场的能力、该经营者的财力或技术条件、其他经营者对该经营者的依赖程度等诸多因素。这些判断背后的实质是经济学分析方法在发挥作用。受篇幅所限,本书以经济学理论关于垄断力量及相关市场的竞争状况分析作为例证,说明经济学理论在市场支配地位认定中的具体运用方式。

首先,经济学理论将垄断力量作为判断企业是否具有市场支配地位的重要依据。对于垄断力量,经济学通常依据商品的弹性理论及产品特性来进行评估。根据企业生产理论,企业产量的均衡点是边际收入(MR)与边际成本的交叉点,在假定边际成本不变的情况下,完全竞争市场中企业面临的是一条水平的需求曲线,此时价格 $P=MR$,即企业能够以市场价格售出其全部产品。非完全竞争市场中,企业所面临的是一条向下倾斜的需求曲线,因为企业产量的增加将引起市场价格的下降;反之,如果企业减少产量则可能抬高市场价格。

如果企业能够通过减少或增加产量影响市场价格,说明企业具有了一定的市场地位或市场势力,至于是否满足反垄断法上的市场支配地位要件则需要通过价格弹性进行测量。企业通过控制产量所获得的边际收入可以用公式表示为:

$$MR = P(1-1/e) \qquad (式4\text{-}7)$$

式中:MR 代表边际收益;
$\quad\quad P$ 代表市场价格;
$\quad\quad e$ 代表价格弹性。[①]

由于在均衡点 $MR=MC$,而在完全竞争市场中,竞争价格等于 MC,又

---

① 参见[美]理查德·A.波斯纳:《法律的经济分析》,蒋兆康译,法律出版社2012年版,第436页。

假设 MC 不变,则可以把上述公式转变为竞争价格与垄断价格的比率:

$$\frac{P}{MC} = \frac{e}{e-1} \qquad (式4-8)$$

式中:P 代表垄断价格;

MC 代表边际成本,等于竞争市场价格;

e 代表价格弹性。

在上述公式中,价格弹性 e 越小,垄断价格对竞争价格的比率就越大,表明企业的市场支配力就越大。比如,当 e=3 时,垄断价格 P 比市场竞争价格高出 50%;而当 e=2 时,垄断价格 P 是市场竞争价格的 2 倍。

其次,认定市场支配地位的另一要素是相关市场竞争状况,这主要涉及市场内已有企业的竞争和新企业进入相关市场的壁垒。有时新企业进入市场需要很长的时间,可能被阻于市场外,或者无法以与现有企业一样的成本生产产品。对市场进入壁垒的分析涉及经济学定价理论或企业生产理论,比如自然垄断理论或学习曲线理论。如果某个市场由单一卖方供应产品,其生产成本可能明显低于多个卖方,这种市场就被称为自然垄断市场,如现实中供水、供气管道的铺设成本较高,一般由一家企业提供某一区域内的供水、供气业务,这种企业在市场上自然具有垄断地位,价格制定和产品质量需要政府的管制。总之,除市场份额外,诸如市场进入壁垒、买方势力、"赢者通吃"型市场,都最大限度地呼应了经济学理论研究的近况。从现在的角度看,至少在相关市场界定和预测合并效果时,应用经济分析工具不会再招致法律人的反对。[1] 经济学通过对市场集中度的分析,可以发现哪些领域可能存在垄断行为,为反垄断执法提供建议。

(三)竞争效果评估的经济学功能

竞争效果评估主要在市场行为的违法性认定过程中发挥作用。竞争效果评估在反垄断法中主要的运用领域是经营者集中,几乎每个合并案件均涉及合并之后的市场竞争状况分析、对市场竞争效果影响的评估。通过经济学分析可以发现纵向部分并购对企业竞争效应可能产生不同的影响,"上游企业对下游企业的控股并购,可以提高上游企业合谋的稳定性;与之相反,非控股并购则会降低合谋的稳定性"[2]。欧盟 2004 年颁布的

---

[1] 参见[德]乌尔里希·施瓦尔贝、丹尼尔·齐默尔:《卡特尔法与经济学》,顾一泉、刘旭译,法律出版社 2014 年版,第 616~620 页。

[2] 叶光亮、程龙:《论纵向并购的反竞争效应》,载《中国社会科学》2019 年第 8 期。

《企业合并条例》严重妨碍将有效竞争标准(SIEC标准)引入实践,但其在考察寡占市场的非协调效应方面发挥着重要作用。此后,欧盟经营者集中制度普遍使用SIEC标准,并对德国的企业合并制度产生了重要影响,成为一种比市场支配地位更为清晰的模式。①

企业的垄断协议行为和滥用市场支配地位案件同样涉及竞争效果评估。反垄断案件中对企业行为的认定同样遵循产业组织理论的基本原理,判定企业的行为具有反竞争效果还是促进竞争效果。比如在"粤超公司诉广东省足协案"中,最高人民法院同样分析了广东省足协与珠超公司之间达成的协议是否具有反竞争效果,认为"即使广东省足协与珠超公司之间构成横向的竞争关系,案涉协议书也不具有明显排除或限制竞争的效果,其内容也不构成《反垄断法》第十三条所规定的横向垄断协议"②。说明不具有排除、限制竞争效果的协议不构成《反垄断法》所规制的垄断协议,竞争效果评估同样存在于垄断行为的认定过程中。滥用市场支配地位的案件同样涉及对经营者行为的竞争效果分析。在"奇虎360诉腾讯案"中,最高人民法院认为"在相关市场边界较为模糊、被诉经营者是否具有市场支配地位不甚明确时,可以进一步分析被诉垄断行为对竞争的影响效果,以检验关于其是否具有市场支配地位的结论正确与否"③。判断"利乐案"中的忠诚折扣行为是否构成《反垄断法》上的"其他滥用市场支配地位的行为",也需要分析该行为的反竞争效果。由此,涉及竞争效果评估中的经济分析问题应将经营者行为的竞争效果作为重要分析要件。根据民事诉讼中损害赔偿的分析路径,《反垄断法》上的"排除、限制竞争效果"构成了行为与损失之间的桥梁,反竞争效果构成了原告遭受损害的前提(见图4-1)。④

---

① 参见[德]乌尔里希·施瓦尔贝、丹尼尔·齐默尔:《卡特尔法与经济学》,顾一泉、刘旭译,法律出版社2014年版,第621页。
② 最高人民法院民事裁定书,(2015)最高法民申字第2313号。
③ 最高人民法院民事判决书,(2013)最高法民三终4号。
④ 参见刘贵祥:《滥用市场支配地位理论的司法考量》,载《中国法学》2016年第5期。

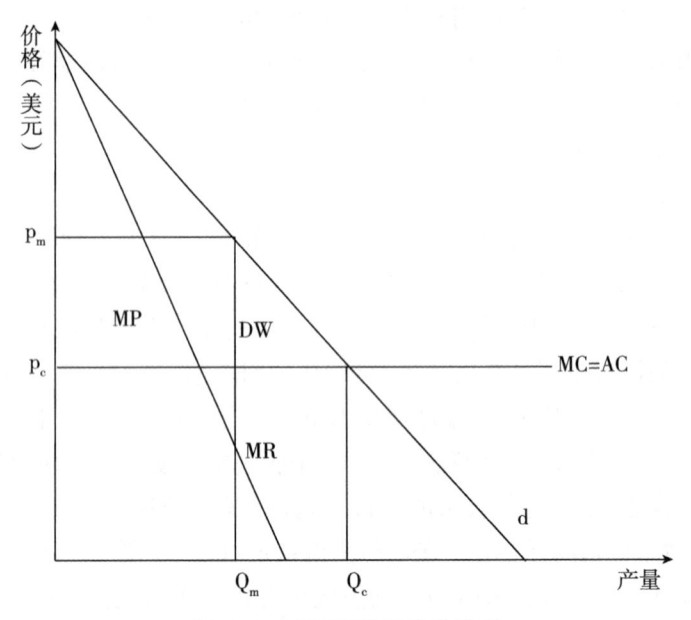

图 4-1 垄断损害经济学模型

注：参见[美]理查德·A.波斯纳：《反托拉斯法》，孙秋宁译，中国政法大学出版社 2003 年版，第 338 页。

图 4-1 中，P 代表产品价格，Q 代表产品产量，d 代表消费者需求曲线，MR 是企业生产的边际收入。在竞争市场下，消费者剩余为竞争价格（p_c）以上需求曲线以下即 MC＝AC 与需求曲线 d 交叉形成的三角形区域。如果市场的价格从竞争价格（p_c）上涨到垄断价格（p_m），消费者的需求量就会相应减少，生产者的产量则由竞争产量（Q_c）缩减至垄断产量（Q_m），消费者剩余放弃购买的部分 Q_c 至 Q_m 段的 DW 区域形成了无谓损失，而 p_m 与 p_c 之间的价格差与产量 Q_m 的乘积 MP 区域代表着消费者剩余向生产者转移所形成的垄断利润部分。经济学通过模型论证了垄断产生以后造成的消费者福利的转移和无谓损失，对垄断定价的竞争效果影响进行了评估。

"经济学作为解决问题的方法，其作用很容易被夸大。但要建立稳定的反托拉斯政策，消除任意性，必须有连贯一致的经济模型。"[1]在经济学模型的既有框架内，能够保证相同或类似条件下判决结果的稳定性。"经济学证据的采用使裁判者可以适用一套连贯的体系处理案件，也可以使经

---

[1] [美]赫伯特·霍温坎普：《联邦反托拉斯政策：竞争法律及其实践》，许光耀等译，法律出版社 2009 年版，第 78 页。

营者一方更好地预测(市场行为)结果从而避免诉讼。"①经济学模型的量化分析方法能够通过对案件事实认定的精确化,一定程度上增强判决结果的科学性和稳定性。经济学在反垄断法中不仅具有提供法律概念素材和分析工具的功能,同时为反垄断法的实施提供了思维框架。"法学并不是演绎或者公理化系统,它需要综合归纳多种现象和因素,才能适应社会。"②经济学所提供的分析工具在一定程度上解决了法学学科的自足性问题,包括社科法学也是建立在对法律外因素的需求之上的,交叉学科研究能够丰富和深化法学自身的理论体系。经济学在反垄断实践中的需求更凸显反垄断法的交叉学科属性。运用经济分析工具的优越性在于其往往借助计算过程,而数学计算在既定条件下是可重复检验的。

相对而言,规范分析方法缺乏统计数据与经验基础,经济学定量分析方法则比较擅长经验事实方面的研究。反垄断案件,尤其是疑难复杂的案件,事实认定过程很可能涉及经济学的运用。在反垄断诉讼中,法院若只关注诉讼资格、举证责任及诉讼时效等常规问题,将会因自身知识生产体制的缺乏而难以有效应对经济学带来的技术挑战。③ 这种情况下,反垄断法的实施机构将会因巨大的知识壁垒而难以有所作为。

第二节 法律规范性对经济学知识的内在限定

对于经济学在反垄断法中的作用,存在着两种极端认知:一种是持过度热情的态度,从而造成一种错觉,即所有问题都可以通过经济学得以解决;另一种正好相反,属于一种虚无主义的错觉,认为经济理论的科学性不足,对解决法律问题毫无用处。④ 从经济规律、经济理论上升为法律需要经过提炼、遴选及纠正等多种工序的筛选机制,不同的标准反映了学科间完全不同的视角,这种筛选机制源于法律系统内的规范构造技术。经济学绝不应"喧宾夺主"或"取而代之",而是需要充分尊重反垄断法作为法律规范的本质属性。

---

① Douglas H. Ginsburg & Eric M. Fraser, *The Role of Economic Analysis in Competition Law*, 55 Journal of National School of Administration 6 (2010).
② 成凡:《社会科学"包装"法学——它的社会科学含义》,载《北大法律评论》编辑委员会编:《北大法律评论》总第12辑,北京大学出版社2006年版。
③ 参见吴元元:《反垄断司法的知识生产——一个知识社会学的视角》,载《现代法学》2014年第6期。
④ See Robert H. Bork, *The Role of the Courts in Applying Economics*, 54 Antitrust Law Journal 21 (1985).

一、经济学术语"转译"的规范性约束

法律概念的明确性和逻辑连贯性,是法律体系不断追求并且难以达致的境界。解决经济术语与反垄断法概念不通约的问题,应主要考虑如何将经济学的经验因素上升为反垄断法的规范要素,而辨别经济学术语与反垄断法概念之间的差异,必须从两个学科体系的语境和目的出发。只有经过概念内涵的重新界定,经济学术语才能获得全新的法学含义。

(一)经济学术语"转译"的法教义学支撑

关于经验性因素与法律规范性因素的关联性问题,目前国内法学理论领域正经历社科法学和法教义学之争。社科法学更加注重法律存在的社会环境因素及法律实施的实际效果,通常采用田野调查、实证分析的方式观察某项法律制度的实施效果及社会对法律的现实需求。法教义学主要源自德国的理性思辨传统,注重对法律文本及逻辑结构的阐释,立足于法律的内部视角,提供一套包含概念、规则、原则、价值等内容的特有的知识体系。[①] 目前,包括反垄断法在内的经济法不只有传统的权利义务结构和责任体系,而是呈现多元的知识面向,大量经济学、社会学、政策学的概念范畴都成为其表现形态。[②] 鉴于这些新领域规范性研究薄弱的情况,应更深刻地认识到法律规范性对经济学知识具有根本性的内在限定。更为契合实践的做法是,"逻辑与经验经常互为表里,经验需要转化为逻辑,法外因素的考量必须内化于法律,并受法治和法律的约束"[③],从法律内部视角对反垄断法的微观结构(诸如概念、规则、体系)进行研究。

从研究路径上讲,社科法学采用外部视角对法律的社会效果进行宏观研究,显然难以为法律概念的形成提供具体的技术支撑。法教义学对法律概念、规则、体系脉络进行具体、微观的研究,具有明显的技术支撑优势。显然,法教义学更适合作为反垄断法中经济学术语向法律概念转化的理论背景。同时,在概念称谓上,虽然存在着法教义学、规范法学、分析实证法学、纯粹法学、概念法学、法解释学等不同的称谓,然而它们都共同起源于古罗马时期的注释法学,抽离其所具有的共同特点——集中关注法律内部的规范结构、论证逻辑及法律制度,我国目前以"法教义学"称呼这些共识性传统。尽管法教义学的技术分析无法终极性地填补法律的正义性(价值

---

① 参见谢海定:《法学研究进路的分化与合作——基于社科法学与法教义学的考察》,载《法商研究》2014年第5期。
② 参见甘强:《〈民法典〉背景下的经济法司法发展进路》,载《当代法学》2023年第1期。
③ 孔祥俊:《反垄断司法的逻辑与经验》,载《中国法律评论》2022年第3期。

问题)和实施中的实效性(事实问题)的差距,却能够有效提供法律体系的统一性和确定性的基本语境。法教义学研究的基本立场是为法律实践提供规范性的标准,建构出抽象或具体的理论、方法、程序,或实质性的准则。而且在社科法学的不断挑战下,法教义学已经进行了一定程度的反思和改进,将经验事实和价值判断引入规范分析之中,增加了理论的科学性和指导性,能够完成将反垄断法中的经济学因素上升到法律因素的任务。

从法教义学的角度讲,"非教义知识提供的经验证明和正当性判断,一般需在教义学设定的框架中才能转化为合法/非法的有效判断"①。法律的传统为概念、推理、制度,有一套教义化的理论体系确保它的稳定性、可预期性。法律教义化的哲学基础在于维特根斯坦(Wittgenstein)、大卫·休谟(David Hume)等致力的分析哲学,最终在马克斯·韦伯(Max Weber)那里发展成为形式理性法。而法律实用主义进路是反教义的,将法律缩减为社会系统的一个子系统进行分析,对法律制度的考察基本置于现实宏观语境之下,最终走向"经验论""规则怀疑主义""事实怀疑主义"。在法律体系建构上,能够为法律制度、原则、规则、概念及推理逻辑提供技术支持的,仍然是教义学的内容。因为经济学术语与法律概念界定的方式存在着差异,德国弗莱堡学派关注到经济知识转化为法律语言的必要性,认为"必须把古典经济哲学的学说体系从经济学语言转化为法律科学的语言"②。对于反垄断法这种未经法教义学规训的现代性法律,亟须与规范分析方法的结合,在法学视角下认清垄断的本质属性及法律对其规制的合理方式。规范分析为深入研究反垄断法提供了理论指导,借助规范分析技术能够将反垄断法中的经济因素纳入规范视角进行重新审视。

作为新兴学科的反垄断法是对现代社会经济生活的回应,传统法学所留下的一套包括诸如权利能力、行为能力、完全民事行为能力人、限制民事行为能力人及无民事行为能力人等概念的体系与方法,已经无法直接提供法律适用依据。市场经济中的生产者、经营者、消费者、垄断、竞争等一系列新的事物与现象,需要在法律语境内获得阐释和定义。然而,无论如何"传统法学的基本研究方法不应被动摇、更不应被抛弃"③。法教义学提供了认识反垄断法的现象及制度的工具,推动着反垄断问题从经济学语境转

---

① 郑永流:《重识法学:学科矩阵的建构》,载《清华法学》2014 年第 6 期。
② Böhm, Wettbewerb und Monopolkampf, p. ix. 转引自[美]戴维·J. 格伯尔:《二十世纪欧洲的法律与竞争——捍卫普罗米修斯》,冯克利、魏志梅译,中国社会科学出版社 2004 年版,第 305 页。
③ 冯果:《法解释学等传统法学方法——未来中国经济法学的主流研究方法》,载《重庆大学学报(社会科学版)》2008 年第 5 期。

向法学语境。反垄断法研究中,经济学术语的转化与应用已经成为不可回避的议题,"经济学上的概念,归摄于法律体系中,赋予法律的内涵,必须能落实于实务践行上"①。在迈向法律实践领域的过程中,反垄断法亟须实现知识体系的类型化、教义化规训,将经济学术语置于反垄断法逻辑体系内进行更合目的、更为精细化的界定。

(二)经济学术语"转译"的法律目的考量

法律概念的形成需要特定用途和目的的指导,"要选择何种要素以定义抽象概念,主要取决于学术概念形成时拟追求的目的"②。经济垄断是随着市场竞争加剧而出现的一种新事物,为适应对经济系统经常发生的新现象的开放性需求,垄断行为的判断标准一直追随经济学的见解。然而,前已述及,经济学术语在法律体系中直接应用可能导致相互冲突的结果,法律体系必须思考这些术语转换为法律概念时拟追求的用途和目的。"规范规定了行动者的目标,并一开始就能起限制作用……如果没有目标,行动者就将陷入两难选择。"③因此,垄断概念必须能够在法律价值及规范脉络体系内指导经营者行动,才能自我实现。

实现经济学术语向法律概念转化的前提是明确分析对象的法律内涵,赋予其在法律体系中的独特意义和价值判断。对于什么是垄断,经济学的研究纷繁多样,已经达到令人眼花缭乱的地步。在这种情况下,引入反垄断法的基本概念应根据调整需要进行重新界定。"垄断"一词的含义冲突前章已经有所讨论,其在经济学上被称为"monopoly",以"有效率/非效率"的二值代码进行评判,代表着一种市场结构和市场状态,不涉及违法性判断的问题。波斯纳认为:"如果垄断者有专利或其他合法垄断……垄断价格会持续到合法垄断结束。"④实质上是将垄断作为一种市场状态来对待。反垄断法上的"垄断"英文翻译为"monopolize",实际上是指所谓的"垄断行为",在"合法/非法"的二值代码下判断企业行为的违法性。也就是说,法律针对符合构成要件的垄断行为已经预设了违法性,除非能够以经济效率抗辩等正当理由排除适用。

垄断地位用英文表达则是"monopoly",相当于反垄断法上的"支配地位"。法学意义上的垄断则是美国《谢尔曼法》第2条所使用的"monopolize"

---

① 何之迈:《公平交易法专论》,中国政法大学出版社2004年版,第8页。
② [德]卡尔·拉伦茨:《法学方法论》,陈爱娥译,商务印书馆2003年版,第318页。
③ [法]达尼洛·马尔图切利:《现代性社会学:二十世纪的历程》,姜志辉译,译林出版社2007年版,第8页。
④ [美]理查德·A.波斯纳:《法律的经济分析》,蒋兆康译,法律出版社2012年版,第397页。

一词,其实际含义是利用垄断地位(monopoly)排除、限制竞争以求提高价格、获取垄断利润的行为。早期国内反垄断法研究多将"monopolize"也直接译作"垄断",而国内经济学研究中似乎未曾注意到法学与经济学中两种"垄断"之间的区别,因此,经济学界声讨反垄断法。经济学家批评反垄断法是"恶法"的主要理由是垄断(monopoly)可能是有效率的结果,由此反证反垄断法的干预必然是错误之举。① 事实上,反垄断法并不"反对"因自然垄断、规模经济、国家安全、国计民生或者企业通过技术创新、市场竞争等形成的市场独占或寡占地位,而是"反对"竞争者通过协议限制竞争或排除竞争、经营者滥用优势,以及有损竞争的并购或集中。② 也就是说,反垄断法并不对垄断状态(monopoly)进行规制,而是针对特定的垄断行为(monopolize)进行规制。反垄断法应当在学科概念不通约性之间架构意义的桥梁。

"语境转换的一个认识前提是:明确法学语境与经济学语境的异同点。"③由于对事物的观察角度和目的不同,法学家擅长于对所规范的事物赋予生活意义,法律凭以建构类型的主导观点始终具有规范性。④ 法教义学从法的内部视角出发,发展出了分析法学、概念法学等法教义学体系。其中,以法律规范适用为目的的定义方法,在一般法律思维中业已达成共识。比如,对"物"的概念,自然科学根据需要将其划分为"无生命之物""有生命之物",后者又进一步分为"动物""植物""微生物"等。然而,民法对于作为法律概念的"物"绝不直接照搬此种划分方法,而是以"有体物""无体物""动产""不动产"划分,其目的在于调整人类的交易行为。更具体地,法律对"动物"一词虽然也趋向于日常生活中所指涉的事物;然而,法学家并不关心动物在动物学上的"哺乳动物、鱼类、鸟类"的种属划分,也不关心"家畜、野生动物及驯养的动物"等依据与人类关系的分类,法学家会将之归属于"动产"概念之下。此做法的理由在于:法律就动产所为之诸多规定,立法者拟将之适用于动物。⑤ 由此可见,传统民法博大精深的逻辑大厦是其规范体系不断演进的成果,其中诸多概念构建所依

---

① 参见许光耀:《反垄断分析基本框架及其对相关经济学的基本需求》,载《价格理论与实践》2015年第11期。
② 参见史际春、徐瑞阳:《产业政策视野下的垄断与竞争问题——以银行卡清算产业的法律规制为例》,载《政治与法律》2016年第4期。
③ 周林彬:《中国法律经济学研究中的"非法学化"问题——以我国民商法和经济法的相关研究为例》,载《法学评论》2007年第1期。
④ 参见[德]卡尔·拉伦茨:《法学方法论》,陈爱娥译,商务印书馆2003年版,第343页。
⑤ 参见[德]卡尔·拉伦茨:《法学方法论》,陈爱娥译,商务印书馆2003年版,第319页。

循的乃是符合法律体系建构与适用的需要这一主线。概念所在的学科体系不同,可能会具有完全不同的意义内涵及分类方法。至于选取何种要素来定义抽象概念,则取决于法律规制所追求的目的。在反垄断法研究新进展中,即便"算法共谋"问题在数字经济背景下出现,也仍未脱离垄断协议的本质。"算法只是作为相同问题的不同表达形式,传统的理念和方法仍可无缝衔接"①,只是在数字技术的影响下,默示协同行为具体的表现形式发生了变化。

法学的主要目的在于"理解语言表达及其规范性意义"。对此,必须先探究"垄断""滥用""市场支配地位""垄断协议"在整个反垄断法脉络中的意义,用"垄断"表明对企业滥用支配力的违法性判断。经济学已经证明垄断的经济危害性,"反垄断法,顾名思义是将'垄断'作为'恶'的事物加以反对"②。实际上,垄断本质上是市场机制的一种障碍,法学以垄断的危害性作为制度建构的前提。反垄断法体系的法律适用、判断目的构成了对其概念进行界定的标准,目前法学界已经部分完成了反垄断法概念界定的任务,如《克莱顿法》已经对"反托拉斯法""商业""人"等相关概念作出定义。然而,仍然存在大量未经反思和界定的概念,即使成文的反垄断法也并没有对"竞争""垄断""贸易限制"等重要概念进行界定。③ 就此而言,法律目的构成了对经济学术语界定的依据和指引,转译经济学概念离不开对垄断本质、反垄断法价值、垄断行为构成要件等问题的思考。

法律更多地从市场共同体行为规则的角度考虑问题,经济学术语、思想引入反垄断法体系时需要兼顾反垄断法调整的客观需求。在市场体系中,垄断者、竞争者及消费者都是参与市场竞争的重要主体,垄断行为直接损害了竞争者和消费者的利益。从市场主体关系角度分析,垄断行为实质上是一种侵权行为,而这一点已经在反垄断民事诉讼及反垄断执法中反复得以证实。除此之外,在反垄断法语境下认定行为合法性时,需要根据不同的制度目的寻找相应的经济学理论作为参考。比如哈佛学派的结构主义思想提醒反垄断法注重市场结构问题,加强对市场集中度的分析,对于经营者集中申报具有直接的指导作用。芝加哥学派对反垄断法持消极态度,更为关注经营者的市场行为及反竞争效果。

---

① 陈兵:《数字经济发展对市场监管的挑战与应对——以"与数据相关行为"为核心的讨论》,载《东北大学学报(社会科学版)》2019年第4期。
② 李剑:《论经济分析方法在反垄断法中的应用》,载《学习与探索》2011年第4期。
③ 参见[美]赫伯特·霍温坎普:《联邦反托拉斯政策:竞争法律及其实践》,许光耀等译,法律出版社2009年版,第56页。

(三)经济学术语"转译"的类型化方法指引

根据逻辑学的研究,概念具有内涵与外延两个维度,定义概念的目的就是明确内涵或外延。① 一个概念的内涵越丰富,其指代的对象就越明确;相反,概念的内涵越抽象,则其所涵盖的外延就越大。法律往往通过概念界定实现对主体行为的调整,哈特曾试图建构一个精密完整的概念体系。对此,卡尔·拉伦茨适切地提出,哈特所追求的理性体系即使在概念法学的高峰时期也未能实现。②

当一般性的概念体系无法达到其所追求的理想效果时,退而求其次的方法即是进行类型化研究。③ 从法律发展的角度来看,类型化方法是法律发展的主要形式,法律结构的不断升级进化主要是指类型的精细化发展。反垄断法的发展也主要通过类型化方法实现。首先将垄断行为划分为滥用市场支配地位、垄断协议、经营者集中及行政垄断等几种具体的类型。然后再对各个类型的垄断行为进行更精细化的分类。对概念子项进行描述最重要的方法就是分类,即法学理论研究中的类型化方法。法律之所以能够成功地运用于复杂广泛的社会生活,就在于能够将特定行为、事物和情况涵摄到法律规范所作的一般性分类中。④ 垄断作为经济事实,学界并未对垄断概念的内涵进行精准界定,更适合采取直接描述概念外延的方法对其进行外延式定义。法律的类型化主要通过概念的类型化来实现,如果通过揭示概念所包含的外延项来揭示被定义项,描述和刻画被定义项所包含的子项就成了重要方法。

反垄断法的发展同样通过外延式的类型化方法不断明确垄断行为,形成了更为确切和清晰的法律概念。美国普通法不断通过判例法将垄断行为进行类型化界定,"联邦法院为实施粗糙的反垄断立法,已经通过更具体的法律原则塑造出了竞争法视野下的商业行为类型分析方式。经过一个世纪的发展,已为人所熟知的类型包括横向价格协议、集体抵制交易、转售价格维持、排他性销售、掠夺性定价及其他形式"⑤。外延式的定义方法使经济学上的垄断概念仍然众说纷纭。在规范性语境下,"经验命题(empirical statement)需由解释和论证转化为规范命题(normative statement)"⑥。类

---

① 参见梁庆寅主编:《传统与现代逻辑概论》,中山大学出版社1998年版,第71页。
② 参见[德]卡尔·拉伦茨:《法学方法论》,陈爱娥译,商务印书馆2003年版,第330页。
③ 参见[德]卡尔·拉伦茨:《法学方法论》,陈爱娥译,商务印书馆2003年版,第337页。
④ 参见[英]哈特:《法律的概念》(第2版),许家馨、李冠宜译,法律出版社2011年版,第113页。
⑤ Jonathan B. Baker, *A Preface to Post-Chicago Antitrust*, SSRN Electronic Journal, p.2(2002).
⑥ 郑永流:《重识法学:学科矩阵的建构》,载《清华法学》2014年第6期。

型化方法能够实现垄断由经验命题向规范命题的转化。我国《反垄断法》的主要内容就是对三大经济垄断及行政垄断进行界定,并规定了违反这些禁止性规定的后果。《反垄断法》的文本从定义方法上看属于类型化的外延式定义。

在类型化方法指引之下,法学语境下的垄断首先被界定为经济垄断与行政垄断,经济垄断又被再次分类为滥用市场支配地位、垄断协议及经营者集中,进而可以将这三类经济垄断继续分类,比如将滥用市场支配地位分类为垄断价格、低价倾销、拒绝交易、限定交易、搭售及差别待遇等更为具体的表现类型。反之,则是抽象化程度不断提高的过程。由于垄断中竞争效果衡量的抽象性和不确定性,类型化方法能够将抽象的经济学原理转化为可操作的分析工具,即使会同时存在难以精准归类的跨界行为。[1] 反垄断法实施中,类型化方法同样是重要的思维工具。在目前的研究范式中,对垄断行为进行类型化研究已经成为共识性方法,然而,对垄断行为进行类型化研究的科学性、规范性及逻辑性存在较多问题。因此,类型化方法仍然是未来反垄断法有待完善的重要方法之一。

二、构成要件对经济分析的导向性

经济分析具有描述性,在反垄断案件裁决中多解决事实问题;构成要件具有规范性,一般在作为大前提的法律规范中存在。反垄断法具有规范性本质,但经济分析具有强烈的描述性色彩,经济分析如何关联反垄断规范尚不清晰,由此产生"规范"与"事实"二分的割裂状态。而构成要件恰恰是经济学知识进入反垄断法的规范入口,对经济分析具有明显的导向作用。

(一)构成要件具有前置性

"司法中的社会科学判断不能忽视法学思维的前置性。"[2]相对于经济分析而言,垄断行为构成要件具有明显的前置性特征。经济分析主要作用于反垄断案件要件事实的认定过程,而要件事实形成过程必定受到具有规范性的构成要件的影响。经济学主要是对垄断现象进行经验性描述,不具有规范性的评价意义。生活事实需要在法律的概念图式下被重述为案件的要件事实,之所以称之为"要件事实",是因为对生活事实进行重述和剪

---

[1] 参见侯利阳:《垄断行为类型化中的跨界行为——以联合抵制为视角》,载《中外法学》2016年第4期。
[2] 王云清:《司法裁判中的社会科学:渊源、功能与定位》,载《法制与社会发展》2016年第6期。

裁的标准来自法律规范的构成要件本身。① 易言之,正是法律规范的构成要件为重述提供了概念图式和基本前提。由于反垄断法的基本概念、分析方法主要源于经济学,经济学知识与反垄断规范往往相互交织、彼此难分。然而,规则化了的反垄断规范已经上升为具有强制约束力的法律规范,与经济学形成了明显分野,二者属于具有不同功能的学科体系。反垄断案件裁决中需要将经济领域的"生活事实"裁剪为可供法律评价的"要件事实",此时法律规范中的构成要件属于要件事实形成的基本前提。

构成要件的前置性体现在,是否运用、何时运用、如何运用经济学知识主要取决于裁决者对法律问题的预先归纳和评估。经济分析在反垄断法中属于一种描述性工具,作用于经济事实领域,比如,相关市场界定、市场支配地位认定均属于案件事实认定。相关市场界定是经济学知识运用的重要环节,但并非意味着所有的相关市场界定均需要经济分析,某些特定类型的案件甚至不必进行相关市场界定。然而,经济分析存在的最大问题是仅关注经验性而忽略规范性。"市场界定的目的是识别市场势力,市场界定只是应用于私人限制竞争的案件,而不会应用于行政垄断案件。"②古典自由主义经济学家的核心观点是,经济学应当脱离法学和政治学而存在,③该观点对经济学的影响颇深,由此造成了与法学相隔阂的问题。前已述及,"垄断"本身是一个经济学术语,"从它的经济学定义上看到的只是一种描述性的解释,并不是一种精确的说明"④,而且仅从经济学效率视角分类,尚未形成具有评价作用的规范性概念。经济学"成本—收益"分析在反垄断法中之所以存在局限性,很大程度上是因为对法律规范性的忽略。从法律角度认识和界定经济学中的垄断现象,需要审视经济学知识对事实要件的证明作用,依照法律的目的及思维方式选择合理的经济分析工具。

构成要件则是法律因素与事实因素的前置性连接点,经济事实满足构成要件以后才能获得法律评价成为要件事实。反垄断法对滥用市场支配地位、垄断协议及经营者集中等经济性垄断都规定了相应的构成要件,构成要件的设定中已经蕴含了立法者所欲追求的法律目的。"在反垄断法

---

① 参见舒国滢、王夏昊、雷磊:《法学方法论前沿问题研究》,中国政法大学出版社2020年版,第268~269页。
② 王晓晔主编:《反垄断法的相关市场界定及其技术方法》,法律出版社2019年版,"序言"第2页。
③ 参见[美]戴维·J.格伯尔:《二十世纪欧洲的法律与竞争——捍卫普罗米修斯》,冯克利、魏志梅译,中国社会科学出版社2004年版,第305页。
④ 沈敏荣:《法律的不确定性——反垄断法规则分析》,法律出版社2001年版,第74页。

中,'对竞争的不合理限制'必须通过经济分析的方法才能得到解释。但是,经济学解释不是唯一的解释方法,因为运用经济分析所取得的结论必须符合原有法律制度,在原有法律制度的框架内。"[1]经济学模型、理论等对垄断现象的分析需要接受垄断行为构成要件的约束。构成要件形成了裁减纯粹的经济事实的基本前见,为经济事实向要件事实的转化提供了规范性参照。就此而言,构成要件作为一种前置性图式,为市场主体的竞争活动提供了更为稳定的预期。法律作为一种行为规则应当具有确定性,反垄断法的不确定性因素在个案中应当被克服或尽量减少。[2] 相对于纯粹描述性的经济分析而言,构成要件理论提供了案件事实形成的重要前提,同时为案件事实的认定提供了标准和依据。

(二)构成要件具有靶向性

经济分析不具有法律规范性,难以直接作为案件裁决的法律依据,其必须依附于违法性认定中构成要件的"靶点"发挥作用。构成要件理论是刑法、侵权法经过长期发展形成的用于行为违法性认定的成熟分析框架,符合法律适用过程中逻辑推理的实践需求。垄断行为与犯罪行为、侵权行为存在诸多相似之处,均是被法律规范给予了否定性评价的行为方式,存在如何识别行为违法性的问题。刑法更注重对公民权利的保护,发展出以法律规定为前提的犯罪构成要件论;侵权法更重视行为与后果的因果联系,亦形成了构成要件理论。构成要件通常作为法律适用的大前提出现,为案件具体事实认定提供一种特征化的事实原型。[3] 根据法律规范结构的基本理论,规范性规则具有包括"假定条件""行为模式""法律后果"在内的完整的逻辑结构,可以通过严密的逻辑推理运用于具体个案的裁判过程。在此理论下,构成要件已经抽象为法律适用的前提条件,属于作为推理前提的"假定条件"部分。经典的三段论推理模式可以表述为:如果大前提为构成要件 T,某项特定事件 S 满足要件 T(或作为 T 的一个特殊事项),则适用法律后果 R(见图 4-2)。

---

[1] 沈敏荣:《法律的不确定性——反垄断法规则分析》,法律出版社 2001 年版,第 121 页。
[2] 参见沈敏荣:《法律的不确定性——反垄断法规则分析》,法律出版社 2001 年版,第 133 页。
[3] 参见雷磊:《法律规则的逻辑结构》,载《法学研究》2013 年第 1 期。

T→R（对 T 的每个事例均适用法律后果 R）

S=T（S 为 T 的一个事例）

S→R（对于 S 应适用于法律后果 R）

图 4-2　法律适用的逻辑模式

注：参见［德］卡尔·拉伦茨：《法学方法论》，黄家镇译，商务印书馆 2020 年版，第 345 页。

在经典三段论推理模式中，形成大前提 T 的法条从性质上应当属于规范性规则。规范性规则的内部逻辑结构，比如"假定条件""行为模式""法律后果"，均已达到内涵界定清晰、适用范围明确的程度，且能够不经由解释或填补的方式直接适用。① 这类规则契合于三段论的推理模式，能够通过法律的形式逻辑直接适用于具体案件。然而，由于反垄断法经济因素的复杂性，其突出特点是规范性规则少而标准性规则多，法律适用中难以实现严格的三段论式推理。反垄断法推理的非形式化主要表现为大前提构成要件 T 构成要素的多元化，其中 T 又细分为 T_1、T_2、T_3 等多个并列的要素。而经济分析参与法律论证的一个重要功能是对构成要件要素 T_1、T_2、T_3 的重要性提供论证，证成作用"靶点"的正当性或非必要性，或者为某种具体行为是否符合构成要件提供论据。具体而言：

一方面，在反垄断实践中，经济分析及经济学知识对于构成要件起着证成或证伪的作用。法律论证通常分为内部证成与外部证成。内部证成主要指，所欲证立的法律命题是否能够从为了证立而引述的前提中逻辑地推导出来，即案件裁决结果是否符合作为依据的法律规范。外部证成则主要处理前提本身的正确性问题。② 那么，经济学知识作为对于大前提中构成要件的合理性支撑，则属于外部证成的重要类型。例如，对于滥用市场支配地位行为的认定，实践中存在着三要件与四要件的争议。③ 其中，三要件主要包括主体是具有市场支配地位的经营者、实施了特定的行为、缺乏正当理由。而四要件则主要包括：一是经营者具有市场支配地位；二是经营者实施了排除、限制竞争行为；三是经营者实施相关行为不具有正当理由；四是经营者相关行为对市场竞争具有排除、限制的影响。相对于三要件而言，四要件额外增加了"经营者相关行为对市场竞争具有排除、限制的影响"这一要件。对于该要件的科学性，则可以引入经济分析方法提供反垄断分析模式的支撑。④ 就此而言，经济学知识提供了对某一要件取舍

---

① 参见张文显：《法哲学范畴研究》，中国政法大学出版社 2001 年修订版，第 51 页。
② 参见雷磊：《司法裁判中的事实及其客观性》，载《现代法学》2022 年第 6 期。
③ 参见丁茂中：《自我优待的反垄断规制问题》，载《法学论坛》2022 年第 4 期。
④ 参见叶卫平：《反垄断法分析模式的中国选择》，载《中国社会科学》2017 年第 3 期。

的实质性论据。对于自我优待这种具体行为类型,只有在证成第四个要件具有正当性的前提下,才能援用滥用市场支配地位的四要件进行法律推理。① 对于某种构成要件的选取或舍弃,经济分析在很大程度上起着判断标准的作用。

另一方面,一旦构成要件成为明确的法律规范,即为经济分析及经济学知识的运用提供了具有法律效力的作用"靶点"和规范依据。构成要件理论是从事实行为中提炼出的一系列核心要素,建立在对事实抽象的基础之上,经过抽象上升为一种在法律上可以识别的规范要素。由此,构成要件成为连接案件事实和法律规范的"通道"。此时,经济分析必须依托于构成要件进入法律系统,对后者具有明显的依附性。在"食派士案"②中,为合理确定上海食派士商贸发展有限公司所在的相关商品市场,上海市反垄断执法机构引入了假定垄断者测试的基本思路,借助经济学工具进行假定垄断者测试,运用临界损失分析法对市场交易数据进行分析。临界损失分析法作为一种经济学工具,主要属于经验性因素,其规范性作用的发挥必须依托构成要件这一通道。从法律适用角度看,经济学工具的作用"靶点"就是作为构成要件的相关市场。若相关市场界定不再成为认定市场支配地位的构成要件,那么临界损失分析法亦失去了介入反垄断案件实践的规范性通道。同样,在"锐邦诉强生案"③中,一个重要的争议焦点是纵向垄断协议是否需要"排除、限制竞争效果"的构成要件。如果锐邦涌和科贸有限公司(以下简称锐邦公司)能够证明纵向垄断协议的构成要件不包括"排除、限制竞争效果",那么对于锐邦公司来说,可以直接依据合同最低限价条款取得胜诉结果,而不必通过较为复杂的经济分析来证明相关事实。虽然构成要件系经由立法过程从客观事实提炼而来,一旦其脱离"自然状态"获得法律效力,将引导着具体案件事实的建构与证明过程。如果缺乏构成要件作为规范性依据,经济分析可能很难获得规范性效力。就此而言,构成要件为案件裁决中引入的数理模型、公式等经济学工具提供"靶点",从而使经济分析做到"有的放矢"。

(三)构成要件具有独立性

经济分析与反垄断法具有密切联系,但并非所有的反垄断案件均必然运用经济分析工具。在很大程度上,裁判者可以通过概念界定、规则推理等法律适用技术独立完成对案件裁判的任务。易言之,大部分垄断行为存

---

① 参见丁茂中:《自我优待的反垄断规制问题》,载《法学论坛》2022年第4期。
② 参见上海市市场监督管理局行政处罚决定书,沪市监反垄处〔2020〕06201901001号。
③ 参见上海市高级人民法院民事判决书,(2012)沪高民三(知)终字第63号。

在相应的构成要件,经济分析并不一定每次都显性地出现在案件中。"竞争法是'法'而不是'规制'。竞争法渗透着法的客观性、稳定性以及方法论特征。"①从法律适用角度看,法官能够将具体案件中的行为要件与预设的构成要件进行对比,从而判定该行为是否为法律规范所涵盖。作为一门以规范性为基础的法律学科,反垄断法很大程度上同样能够超越经济分析而单独适用构成要件理论。

在一般理论层面,构成要件的运用通常不必然涉及经济分析等其他学科知识的运用,具有超越于经验性知识的规范性。刑法理论将构成要件作为区分犯罪行为与非犯罪行为的规范工具;在侵权法理论中,构成要件同样从主客观方面判定一种行为是否需要承担侵权责任。只有满足全部构成要件,才能判定为犯罪行为或侵权行为;欠缺一个或几个法定构成要件,则行为人不承担责任。作为规范性要素与经验性要素的交织点,构成要件连接着法律规范体系与外部的经验性材料。正如刑事侦查技术手段与刑法的关系一样,一方面,虽然需要用到具有高度专业性的科技手段,但必须以刑法规范作为依据和指向,如对于侦查涉及什么罪名,在刑法上是为了满足何种要件,必须有清晰的认识;另一方面,这种较为复杂的证明方式并非每个案件都必须运用,而是需要依据案件事实的复杂程度来确定引入的必要性。人类对血缘关系的判断,在早期只能从胎儿在母体中的受孕时间大体判断与父亲的亲子关系,而现代发展出了较为先进的血型、DNA鉴定等更为精确的判断方法,但并非每个案件均需要使用此种证明方式。经济学模型正如血缘关系判断中的血型、DNA鉴定等技术一样,应当以反垄断法中一定的事实要件为作用对象,与具有强制拘束力的法律规范具有本质区别。

基于行为的共通性,垄断行为适用于构成要件理论。在反垄断法中,相对于纯粹的经济分析,构成要件的重要意义在于为市场主体设定一般化的行为标准,使其理解在市场竞争中能够做什么或禁止做什么,从而为市场主体提供稳定的行为预期。通过构成要件能够实现法律判断过程的确定性和可预期性。美国将严重的垄断行为作为犯罪来对待,此外,法国刑法也对垄断行为进行了规定。② 我国有学者主张"有效制裁严重滥用

---

① [美]戴维·格伯尔:《全球竞争:法律、市场和全球化》,陈若鸿译,中国法制出版社2012年版,第87页。
② 参见何之迈:《公平交易法专论》,中国政法大学出版社2004年版,第16页。

市场支配地位的违法者,还应当规定必要的刑事制裁条款"①。不难想象,若中国未来实现了将垄断问题纳入刑法调整范围的立法推进,垄断行为作为一种犯罪行为,必然适用刑法所发展出来的构成要件理论。若如此,垄断行为的构成要件则必然被提升到刑法理论层面进行建构与解析。侵权法属于民法的保护性规则,而侵权行为一旦超越一定范围则将成为犯罪行为。对于案件事实的证明,经济分析提供了一种可供选择的外部工具。在反垄断事实认定阶段,与刑事侦查技术在刑法中的作用较为相似,经济分析主要为要件事实的证明提供分析技术。"反垄断法的施行不能简单地采纳某种理论学说。经济学说与反垄断有较高的关联度,理论学说可以为反垄断的技术路径提供给养和分析工具,但反垄断执法不宜简单地以特定理论学说为衡量标准,而应更注重追求与目标相一致的结果。"②可见,构成要件作为垄断行为的认定方式具有超越于经济分析的独立性;经济分析能够为案件事实证明提供更为精确的工具,但必须依附于构成要件发挥作用。

　　实际上,构成要件理论在反垄断实践中已经多有运用,且表现出超越于经济分析的独立性。2022年最高人民法院公布的十大反垄断典型案例中,"茂名混凝土企业横向垄断协议反垄断行政处罚案"涉及"其他协同行为"的认定。③ "其他协同行为"不直接体现为明确的协议或决定,隐蔽性较强,存在认定难度,属于不确定性法律概念。该案对于"其他协同行为"的认定即采用了构成要件的思维方式,将一致性市场行为和信息交流两个因素作为认定构成"其他协同行为"的主要要件。④ 在中国首个行政垄断诉讼案件——"斯维尔诉广东省教育厅案"⑤中,事实认定过程中同样主要采取了构成要件分析法,并未涉及经济分析工具。针对广东省教育厅是否滥用行政权力排除、限制竞争的问题,审理法院将该争议焦点进一步划分

---

① 王先林:《论滥用市场支配地位行为的法律规制——〈中华人民共和国反垄断法(草案)〉相关部分评析》,载《法商研究》2007年第4期。
② 孔祥俊:《论互联网平台反垄断的宏观定位——基于政治、政策和法律的分析》,载《比较法研究》2021年第2期。
③ 参见最高人民法院行政判决书,(2022)最高法知行终29号。
④ 参见最高人民法院行政判决书,(2022)最高法知行终29号。
⑤ 该案的争议焦点在于被诉的行政行为是否符合行政机关滥用行政权力排除、限制竞争行为的规定。首先,广东省教育厅属于行政主体应无异议。其次,根据广东省教育厅指定比赛软件的行为,认为行政机关指定涉案赛事独家使用广联达公司的相关软件,已符合法律规定的指定交易的构成要件。最后,第三个构成要件因行政机关不能证明经正当程序、合理使用行政权力,其最终承担举证不能的败诉责任。参见广东省广州市中级人民法院行政判决书,(2014)穗中法行初字第149号。

为三个构成要件：一是主体要件，主体是否属于行政机关和法律、法规授权的具有管理公共事务职能的组织；二是行为要件，是否有限定或者变相限定单位或者个人经营、购买、使用其指定的经营者提供的商品的行为；三是权力滥用要件，行政机关及相关组织在实施上述行为过程中是否滥用行政权力。通过对三个构成要件进行分析，审理法院最终完成了对广东省教育厅滥用行政权力指定交易的认定。此外，在"粤超公司诉广东足协案"中，即便"行为具有排除或限制竞争的效果"与经济学知识联系最为紧密，但判决并未进一步进行经济分析。在"牙医案"中，美国联邦最高法院认为牙医贸易联合会的横向协议是一个明显的限制产出的协议，并不需要证明市场力量的存在，此项协议明显构成违法。① 这即是在法律文本内完成解释活动并且使结果一目了然、清晰易懂，体现出了"形式合理性"。② 因此，相对于经济分析，构成要件在反垄断实践中的运用具有明显的独立性和超脱性。

三、定性分析相对定量分析的优先性

由于反垄断案件伴随着经济学理论、数理模型的运用，其在事实查明阶段对经济分析有强烈的依赖性。然而，"不论经济学的影响有多大，经济分析终究是实施法律的具体路径和工具，仍然运行在法律的轨道内，所改变的只是法律的实施路径和具体结果"③。运用经济分析时，定性分析相对于定量分析应当具有优先性。

（一）定性分析更符合法律思维方式

从案件裁决技术角度，裁判者一般习惯采用定性分析方法，复杂的定量分析则为次优选择。反垄断案件的裁决并不是简单的量化分析，而是一种兼具定性和定量分析的综合分析过程。传统上，绝大部分案件采用定性分析方法。相对于定量分析方法，定性分析往往更符合法律人的思维方式。即使在技术性极强的相关市场界定、反竞争效果分析等环节，也并非总需要经济学定量分析技术。"大多数案件都是常规案件，而不是属于法官尚未决定的、令人难受的开放地带的案件。"④这些案件通过对经济学原理的文字阐释以及价值指引、逻辑推理等技术同样能够完成对事实的认

---

① See F. T. C. *v.* Indiana Federation of Dentists, 476 U. S. 447(1986).
② 参见桑本谦：《法律解释的困境》，载《法学研究》2004年第5期。
③ 孔祥俊：《论互联网平台反垄断的宏观定位——基于政治、政策和法律的分析》，载《比较法研究》2021年第2期。
④ ［美］理查德·A.波斯纳：《法官如何思考》，苏力译，北京大学出版社2009年版，第43页。

定。在反垄断案件中,经济学定性分析与法律解释方法经常共同发挥作用。在经营者行为认定过程中,法官的社会常识和一定的专业知识是首要判定方法,只有在通过一般认知和解释无法认定时才进行更为复杂的量化分析。因此,从反垄断法律适用的角度讲,定性分析方法优先于定量分析方法。

从社会系统的复杂性角度看,基于经济学模型的定量分析同样具有明显的局限性。"对纯粹的经济问题,已发展出一整套的数学分析方法,但对于传统、文化、信仰、伦理、道德、秩序等问题的分析尚不完备。"①对反垄断法相关概念的构造与解释、垄断行为构成要件的提炼及法律适用一般原则的发现,均离不开反垄断法适用技术的运用及内在价值目标的指引。在法学方法的辅助下,经济垄断的划分得以初步完成,垄断协议、滥用市场支配地位及经营者集中等三种垄断类型的划分得益于类型化方法。即便源自经济领域,法学方法也为垄断的划分提供了有力的定性分析工具。利用类型化思维工具,有学者提出将滥用市场支配地位、垄断协议、经营者集中等三种形式简化为市场支配地位和垄断协议两种;因为经营者集中之所以需要被审查,是因为它可能引发支配地位滥用行为或垄断协议行为。如此,垄断行为的基本类型只有两种,在此基础上可以进一步抽象出其共同含义——"对竞争产生排除、限制,并由此给当事人带来提高价格的能力",区别只在于其限制、排除竞争的方式不同。② 这种单方面"提高价格的能力"实质上就是支配力,被划分成不同类型只是由于支配力的来源不同:一种是企业在市场上一家独大、已经获取支配力;另一种是通过联合达到具有支配力的目的。经济分析受到法律规范及其体系脉络的约束,反而能够为市场经营主体提供稳定的制度预期。

相较而言,定性分析是人类抽象出事物本质的主要思维工具,定量分析则提供可检验的实证基础。在个别案件中,纯粹的定量分析反而不如看似模糊的定性分析,即模糊的正确远比精准的错误重要。比如,在"奇虎360诉腾讯案"中,最高人民法院也表明了对定性分析与定量分析的基本态度,认为在两种分析方法均适用的情况下,应优先选择定性分析而不是复杂的定量分析。③ 进而,在相关市场界定的经济学模型选择上,将 SSNIP 测试替换为 SSNDQ 测试。基于质量下降程度的 SSNDQ 测试因相关数据

---

① 沈敏荣:《法律限度》,法律出版社 2003 年版,第 48 页。
② 参见许光耀:《反垄断分析基本框架及其对相关经济学的基本需求》,载《价格理论与实践》2015 年第 11 期。
③ 参见最高人民法院民事判决书,(2013)最高法民三终 4 号。

难以获得,所以并不属于定量分析,由此说明定量分析方法并不必然比定性分析方法更科学。相反,定性分析方法在案件裁决中往往效率更高,更容易为擅长概念解释与逻辑推理的法律人思维所接受。经济分析在案件裁决中一方面充当经济证据的角色,另一方面必然与裁判案件的法律思维有关,即便是刑事侦查中的科技证据,也要经过法官的审查。这说明经济分析必然与裁判的规范因素有直接联系。比如,对相关市场的界定虽然属于经济分析发挥作用的范围,但最终仍然依靠法官对案件事实、争议焦点的释明与认定。总之,在分析效果相差不大的前提下,定性分析相对于量化分析有着更优先的层级序列和更广泛的作用空间。

(二)特定案件类型更适合定性分析

在案件裁决中,以逻辑推理规则及公平正义价值为核心的定性分析往往居于更为重要的地位。尽管反垄断案件与经济学定量分析联系紧密,但并非所有案件均需要引入量化分析方法。相对而言,行政垄断、公用企业垄断及横向垄断协议等类型的案件,几乎不涉及经济学定量分析工具的引入,反而更适合运用定性分析方法。

首先,行政垄断案件几乎不涉及经济分析工具的具体运用。行政垄断本质上是借用行政权力获取的支配力,法律规范性分析方法完全符合行政垄断的分析需求。即便在纯粹的事实认定领域,也可以通过对构成要件的解释完成事实认定的任务。行政垄断属于政府部门或者地方政府对行政权力的滥用,核心要素在于"权力滥用"。此时,判断是否构成行政垄断并非均需要高度专业性的经济分析工具,经济分析在该类案件中并非"必需品"。比如,在第一批国家市场监督管理总局制止滥用行政权力排除、限制竞争执法专项行动案件中,即包括山东省高密市综合行政执法局在共享单车领域的行政垄断案件。该案中,2019年12月,高密市综合行政执法局确定某网络科技有限公司为独家共享助力自行车经营企业,并与之签订为期5年的《共享助力自行车运营合同》。① 市场监管部门认为,高密市综合行政执法局以共享助力自行车属于特许经营项目为由,确定某网络科技有限公司独家经营共享助力自行车的做法,没有法律法规和国家政策依据,实际上是变相限制共享助力自行车企业市场准入的行为,排除、限制了其他具有资质和服务能力的共享助力自行车品牌进入该区域市场,剥夺了消费者的自由选择权。可见,行政垄断实质上属于行政权力的滥用,通过传统

---

① 参见《2022年制止滥用行政权力排除、限制竞争执法专项行动案件(第一批)》,载国家市场监督管理总局网,https://www.samr.gov.cn/cms_files/filemanager/samr/www/samrnew/jzxts/tzgg/qlpc/202206/t20220608_347613.html。

的构成要件解释能够完成对垄断行为的认定。从案件事实认定的复杂性分析,在行政机关滥用权力的范围内,所涉及的产品种类、地域范围及持续时间均具有明显的确定性,属于较为简单的案件类型。在公平竞争审查过程中,主要采用定性分析方法对政府机关及其部门的垄断行为进行分析。因此,行政垄断不经定量分析同样可以实现对案件事实的认定。

其次,公用企业垄断案件通常更适合定性分析而非定量分析。比如,2022年最高人民法院发布的十大反垄断典型案例中,"威海水务集团滥用市场支配地位纠纷案"①即涉及公用企业限定交易行为的认定。该案中,威海水务集团在受理排水市政业务时,所公布的业务办理服务流程清单仅注明其公司及其下属企业的联系方式等信息,而没有告知、提示交易相对人可以选择其他具有相关资质的企业。最高人民法院认为这属于隐性地限定了交易相对人只能与其指定的经营者进行交易,进而构成限定交易行为。同时,公用企业的市场地位几乎一目了然,通过定性分析即可完成市场地位的认定。对于从事公用事业服务的央企是否适用《反垄断法》,一直存在认识分歧。中国联通、中国网通两家大型央企曾合并为中国联通但并未进行经营者集中申报。有学者认为,"中国联通2007年的营业额为1004.7亿元,中国网通为869.2亿元,达到了国务院关于经营者集中申报的标准"②。然而,在合并过程中参与合并的央企通过对《反垄断法》"国有经济占控制地位的关系国民经济命脉和国家安全的行业"进行扩大化解释,将其扩展到所有央企,试图造成"央企=国家重大利益"的概念混淆,进而逃避《反垄断法》的审查;③中国联通、中国网通的主管部门国资委也坚持扩张解释,认定重组不需要依照《反垄断法》进行经营者集中审查。从分析工具角度,这一过程基本不需要进行经济学定量分析,而更多属于"央企"是否等于"国家重大利益"的法律解释问题。通过对《反垄断法》相关概念的含义进行辨析,不难看出两公司未经申报的合并行为的违法性质。国外对于公用企业垄断认定,同样采取定性分析的方式进行分析,颁布了许多法律法规。比如,欧盟创设规制公共企业的法律的历史已有40多年,"对于公共企业领域行政垄断与行政扶持措施的区别与规制问题已形成了较为完善的法律解释与司法裁判标准"④。可见,由于公用事业

---

① 参见最高人民法院民事判决书,(2022)最高法知民终395号。
② 王晓晔:《中国反垄断三年执法的评析》,载王晓晔主编:《竞争执法能力建设》,社会科学文献出版社2012年版,第213页。
③ 参见吴元元:《反垄断司法的知识生产———一个知识社会学的视角》,载《现代法学》2014年第6期。
④ 翟巍:《欧盟公共企业领域的反垄断法律制度》,载《法学》2014年第6期。

性质的特殊性,该类型企业的垄断案件很少涉及定量分析,而是更多地采取定性分析的方式进行认定。

再次,垄断协议案件尤其是横向垄断协议案件,也并非均需要进行定量分析。在早期反垄断实践中,几乎所有类型的垄断协议均被认定为限制竞争行为,采用本身违法原则。在此背景下,一旦相关企业从事了垄断协议行为即被认定为违反反垄断法,无须再去判定行为的反竞争效果。① 目前,根据类型的不同,可以将垄断协议划分为横向垄断协议与纵向垄断协议,并由此发展出本身违法原则与合理原则两条基本原则。通常情况下,对于横向垄断协议的规制态度较为严厉,往往适用本身违法原则;对于纵向垄断协议,更多地适用合理原则。即便存在适用合理原则的情形,我国垄断协议实践对经济学量化分析工具的使用也相当有限。根据学者对垄断协议案件的统计,在2008年到2020年的垄断协议案件中,市场定义、价格弹性、单边或双边效应等经济学定量分析工具的使用率不到50%,少数的定量分析也以市场份额计算为主。② 由此反映出相对于经济学定量分析而言,定性分析的运用更加广泛。同样有学者认为,"在简单的卡特尔案件中,经济证据方面的考量并不总是必须的"③。尤其是横向垄断协议类型下,本身违法原则直接以经营者行为作为分析要件,与传统法学领域的构成要件分析具有高度相似性。当适用本身违法原则时,直接依据经营者行为的构成要件即可以作出违法性判断,不涉及量化分析工具的运用。

最后,在滥用知识产权垄断案件中,经济学量化分析工具同样很少使用。原因在于,这种类型的案件主要与知识产权结合,案件事实认定过程中同样更多地采用传统法学领域的定性分析方法。比如,对于知识产权是否豁免于反垄断法的问题,主要涉及激励知识产权创新与保护自由竞争的立法目的的平衡,授予权利人排他性的权利并不代表知识产权可以得到反垄断法的豁免。④ 在已经裁决的案件中,"华为诉IDC案"⑤、"高通垄断案"⑥均采用定性分析而未引入经济学量化分析工具。由此说明,在一些

---

① See Alberto Pera, *Changing Views of Competition*, *Economic Analysis and EC Antitrust Law*, 4 European Competition Journal 127 (2008).
② 参见白让让:《企业间合谋的特征化事实、运作机制和监管困境——以我国"垄断协议"的行政执法实践为例》,载《中国人民大学学报》2022年第4期。
③ Douglas H. Ginsburg & Eric M. Fraser, *The Role of Economic Analysis in Competition Law*, 55 Journal of National School of Administration 6 (2010).
④ 参见王晓晔:《〈反垄断法(修正草案)〉的评析》,载《当代法学》2022年第3期。
⑤ 参见广东省高级人民法院民事判决书,(2013)粤民终306号。
⑥ 参见中华人民共和国国家发展和改革委员会行政处罚决定书,发改价监处罚〔2015〕1号。

法律特征明显、行为构成清晰的垄断案件中,经济学定量分析工具并非必须。

第三节 规范性语境下经济学知识的功能定位

反垄断案件具有高度的专业性、复杂性,存在对经济学知识引入的显性需求。然而,经济学知识属于反垄断法的外部经验性因素,需要考虑如何在反垄断法的规范体系构造下实现恰当定位。"逻辑与经验是构造反垄断法施行原则和方法的两个支点。逻辑旨在确保反垄断法的施行能够平等对待、稳定透明和可预期;经验则使其能够保持开放包容、与时俱进和效果取向。"[1]经济学知识的功能定位应当契合于反垄断实践的需求,从而实现逻辑规则与经验因素的良好互动。从裁判技术角度,经济学知识在反垄断法中分别发挥着分析框架、实质理由以及案件证据等不同的规范性功能。

一、经济学知识作为分析框架

(一)"社会科学框架"引入司法裁判

在司法裁判中,经济学作为一门社会科学具有形成认定案件事实的"社会科学框架"(social frameworks)的功能。所谓的"社会科学框架",即"为认定特定案件的重要事实问题,一般性研究结论可用于形成所需的分析框架或提供相关背景"[2]。"社会科学框架"主要为裁判性事实认定提供社会背景或理解语境,对法律适用起辅助性作用。[3] 随着社会经济发展和专业化分工,越来越多的司法案件涉及"社会科学框架"的运用。

通常而言,"社会科学框架"的用途有三种:一是作为一种经验材料为立法提供支撑,目的在于创制或修改法律规范,即作用于立法性事实;二是为特定案件的裁判提供证据支撑,充当事实认定中的证据,即作用于裁判性事实;三是一种新的用途,"社会科学框架"既不直接作用于立法性事实,也不直接作为证据证明特定裁判性事实,而是为理解特定案件事实提供一种参考性或背景性知识。[4] 这种参考性或背景性知识不直接作用于

---

[1] 孔祥俊:《反垄断司法的逻辑与经验》,载《中国法律评论》2022年第3期。
[2] Laurens Walker & John Monahan, *Social Frameworks: A New Use of Social Science in Law*, 73 Virginia Law Review 559 (1987).
[3] 参见郑智航:《社会科学在司法裁判中的运用原理与方法》,载《法商研究》2022年第1期。
[4] See Laurens Walker & John Monahan, *Social Frameworks: A New Use of Social Science in Law*, 73 Virginia Law Review 559 (1987).

特定立法性或裁判性事实,而是提供一种理解前见。易言之,社会科学作为基本框架,可以帮助法官理解案件的裁判性事实是在何种社会语境或心理学语境中产生的。[1] 在我国,社会科学知识用来理解案件背景较为常见,例如,对保释、假释者的危险性进行社会科学评估,或者对潜在违法者进行社会科学评价。在个别案件中,文化背景作为背景性事实对判决亦具有较大影响,出身于不同文化背景的法官很可能会作出不同的判决。[2]

我国最高人民法院一定程度上允许运用"公理、情理、经验法则"[3]等社会科学知识作为裁判理由,为作为经验法则的经济学的引入预留了空间。需要注意的是,社会科学知识引入司法裁判的过程中,必须重视"法学前置"的基本要求,将其纳入法律体系之内进行考量。"外部知识要想进入法律系统之中,就必须以法律的概念与法律场域的游戏规则来进行'编码转化',如此才能参与到法教义学论证的过程中来。"[4]社会科学知识参与司法裁判过程必须尊重法律规范体系和法律价值。经济学,尤其是量化分析工具,并非每次都显性地出现于反垄断案件,也并非每次都以证据的形式出现。大多数情况下,经济学仅仅作为一种分析框架,为法官提供事实认定的分析思路和基本框架。同时,法官应当对经济学有清晰恰当的定位,善用各种司法资源,发挥审查判断的主体性作用,防止司法权旁落。[5]因此,应当以既有构成要件及传统方法作为基本约束条件,将经济分析工具置于立法目的和法律语境之中。

(二)经济学提供反垄断案件分析框架

在反垄断法中,经济学提供的基本分析框架主要包括"相关市场界定→市场地位认定→垄断行为认定→反竞争效果分析"等案件分析环节。一般而言,普通的案件事实多源于生活场景,不具有高度的技术性和复杂性。然而,反垄断案件主要来自市场经济领域,经济学提供了背景性知识,上述环节主导着法官裁决的思维过程。经济学为反垄断法提供相应的知识内核,由此形成反垄断法的经济学基础。反垄断执法中同样需要裁决者熟悉经济学思维,将之运用于案件裁决过程。在这些类型的案件中,经

---

[1] 参见王云清:《司法裁判中的社会科学:渊源、功能与定位》,载《法制与社会发展》2016年第6期。
[2] 参见侯猛:《"科学"在司法中的运用——基于学者与法官互动的知识社会学考察》,载《法学》2022年第9期。
[3] 《最高人民法院关于加强和规范裁判文书释法说理的指导意见》第13条。
[4] 雷磊:《法社会学与规范性问题的关联方式 力量与限度》,载《中外法学》2021年第6期。
[5] 参见孔祥俊:《论反垄断法的谦抑性适用——基于总体执法观和具体方法论的分析》,载《法学评论》2022年第1期。

济学知识的作用在于提供裁决的思维框架。

在一些特征明显、事实认定简单的垄断案件中,法官可以通过运用经济学的分析框架,形成案件裁决的基本思路。尤其是在行政垄断、公用事业垄断、知识产权垄断等类型的案件中,仅仅需要相关市场界定、市场支配地位认定以及反竞争效果分析等经济学分析框架。在国外,许多一般性的经验研究成果也被直接提交给法官用于形成类似立法性事实的分析框架,而不是提交给陪审团或法庭用于事实认定。① 在此背景下,"法官必须要主动了解那些对判案有帮助的社会科学知识,并自觉关注社会科学研究的方法论"②。这种学习对于建立经济学框架并用于案件事实认定与分析是必要的,也是法律领域一个重要的发展方向。大部分案件中,法官可以通过自身的经济学知识储备,结合解释技术、逻辑推理方法完成案件的裁决任务。

经济学知识作为分析框架,一般不需要经济学家对案件的介入和参与。在简单市场环境下,即便对于具有技术色彩的替代性分析,也可以通过经济学分析框架得出结论,而未必需要经济学家的深度参与。在"王某某诉中国电信案"中,关于中国电信市场地位的认定,法院判决认为:"众所周知,全国范围内的综合电信服务市场,基本上都是由中国移动、中国联通和中国电信三家经营者提供服务,面向高校学生群体及本案所涉相关市场内的情况亦是如此……本案中,被告及其同业竞争者向包括原告在内的大学生提供的是包括手机通话、短信、流量、有线无线上网等内容的综合电信业务服务,故商品范围为综合电信业务服务。"③再结合校园内的电信服务提供状况,最终将相关产品市场界定为综合电信业务,将相关地域市场界定为该校校园范围,从而认定中国电信在该校具有市场支配地位。把选取与被诉垄断商品"最有可能具有紧密替代性关系"的其他商品作为逻辑起点,尤其结合类推等逻辑方法,能够在事实审查中快速地得出结论。④该案事实认定过程说明,在简单市场环境下不需要经济学家的介入,替代分析方法能够直接作为法官对案件的裁决思路。

不过,对于引入了经济学家的反垄断案件,其所提供的经济学分析框架可能对案件裁决造成影响,不经证据规则审查而直接作为心证材料可能

---

① See Laurens Walker & John Monahan, *Social Frameworks: A New Use of Social Science in Law*, 73 Virginia Law Review 559 (1987).
② 王云清:《司法裁判中的社会科学:渊源、功能与定位》,载《法制与社会发展》2016 年第 6 期。
③ 江苏省南京市中级人民法院民事判决书,(2014)苏 01 号知民初 256 号。
④ 参见刘贵祥:《滥用市场支配地位理论的司法考量》,载《中国法学》2016 年第 5 期。

引发质疑。比如,在"奇虎360诉腾讯案"中,出现了一份由全球经济咨询公司出具的经济分析报告,一审法院未经质证即在判决中引述了该报告中出现的部分观点。上诉人奇虎公司认为,"一审法院在认定被上诉人是否具有支配地位时,引入未经质证的证据,程序违法"①。针对这一事项,最高人民法院经过审理认为:"被上诉人在一审过程中将该份报告提交审理法院作为参考,并非作为证据使用……一审判决的部分事实和观点与该份报告有相同之处,并不能说明一审法院采信该报告。由于一审法院并未将该份报告作为裁判依据加以采信,对于该份报告无须组织双方当事人质证。"②经济分析报告是经济学分析框架的重要载体;不过其并非单纯的分析框架,而是已经具有了法定证据的性质。最高人民法院认为,经济学家提交的经济分析报告在未被采信的情况下无须组织质证,说明仅仅将其作为法官自由心证的经验材料。在美国反托拉斯法初期,法官在判决时也会考虑经济学理论,甚至会雇用经济学家担任法官助理提供意见,但经济学观点却从未出现在判决中。即便裁判人员需要了解相关经济学理论或观点,经济学家也通常以咨询专家的身份出现,为其提供一般性研究结论和成果,帮助其形成科学的裁判思路。然而,对于提交庭审的经济分析报告,究竟何时应该作为心证材料,何时应该作为法定证据进行审查,仍然亟待明确。鉴于在案件中发挥作用的经济学知识不仅可能作为分析框架而且可能作为案件证据出现,对于经济学家提交的经济分析报告或出庭发表的意见,无论法院是否采信均不宜将其作为案件背景的分析框架对待,而是应当将其纳入证据的范围,适用证据审查规则。

二、经济学知识作为实质理由

反垄断法律规范多为标准性规则。标准性规则最突出的特点就是难以通过形式逻辑进行法律推理,而是对经济学知识、社会学知识等经验性因素保持了开放结构。就司法裁判而言,为规范命题提供支持的主要包括权威理由和实质理由。③ 经济学知识不属于具有法律拘束力的权威理由的范畴,在反垄断法中主要作为实质理由发挥着填补标准性规则的功能。

(一)标准性规则的开放结构

反垄断法的主要内容不是规范性规则,而是标准性规则。"规则分析仍然是法律分析的主要方法,只是由于规则本身的局限和现代社会的新发

---

① 最高人民法院民事判决书,(2013)最高法民三终4号。
② 最高人民法院民事判决书,(2013)最高法民三终4号。
③ 参见雷磊:《重构"法的渊源"范畴》,载《中国社会科学》2021年第6期。

展,纯粹的规则分析已不全面,它需要其他分析方法的补充。"①纯粹的规则分析主要是指规范性规则的运用;由于反垄断法特殊的知识构造,该种方法很难在反垄断法中充分运用。因此,反垄断法中"需要其他分析方法补充"的标准性规则得以大量存在。规范性因素表现为规则化的形式逻辑结构,对于案件的裁决提供法律指引;经验性因素往往对规则适用提供实质性理由,主要源于经济学、社会学甚至生物学、化学等其他学科的知识内容。从法律推理的角度来看,即便规范性因素占主导地位,标准性规则的适用依然不能是封闭性的。"法教义学在体系的引导和约束下寻求个案纠纷所应适用的有效规范时,依赖的是论证。论证的具体方式具有开放性,包括类推、法经济分析、法社会分析。"②标准性规则的适用要求超越形式推理,采用具有开放性的实质性推理方式。

根据法律推理的自足性的不同,可以将其分为三类:第一类,认为法律人进行推理的过程中并不需要运用可以识别的固定方法。第二类,认为法律人的确运用某些方法进行推理,但这些方法改编自社会学、经济学、语言学及心理学等其他学科。此类观点又包括两个分支:其一是直接借用自其他学科,与原学科运用的方法并无不同;其二是法律根据自身特殊性质对其他学科的方法进行修改。第三类,认为存在完全自足性的特定法律推理方法。在这三类学说中,第一类属于法律推理虚无主义,第三类属于凯尔森式纯粹闭环的法律推理,二者均已被证明难以指导法律实践。相较而言,第二类学说尤其是法律根据自身特殊性对其他学科的方法进行修改的立场,更符合法律实践的实际需求。原因在于,法律推理总是不可避免地涉及法律外因素,具有明显的"他治性"和"多元性"特征。③ 作为与经济学结合得非常紧密的法律分支,反垄断法内含大量的标准性规则,显然更适用此种推理方式。

反垄断法中标准性规则的形式虽然不是影响案件结果的决定性因素,但并不意味着其不重要。标准性规则有其自身的结构特点,属于经验性因素与规范性因素的连接点。经济学介入反垄断案件,往往以反垄断法中的标准性规则作为载体和通道。无论是针对反垄断经济分析的直接研究,提出"运用经济分析方法所取得的结论必须符合原有法律制度,在原有

---

① 沈敏荣:《法律限度》,法律出版社2003年版,第52页。
② 董笃笃:《竞争政策法制化研究》,法律出版社2017年版,第33页。
③ 参见[波兰]耶日·司泰尔马赫、巴尔托什·布罗热克:《法律推理的方法》,孙海涛、孙红潮译,中国方正出版社2014年版,第11~12页。

法律制度的框架内"①,还是针对法经济学的间接研究,提出"法律外的道德、利益只有在法治社会被转化成教义学的'法言法语'后,才能够被法律系统所接受,从而促使法律系统的价值和内部构造调整与升级"②,均印证了交叉学科研究中的核心问题——对主体学科话语体系及核心功能的尊重。即便是经济学与数学十分类似,学者们也已经认识到"对经济学而言,数学大有好处,但最好不要奴役于数学"③。借由对"一个认知域在另一个认知域的框架之中被进行重构"问题的回答,哈贝马斯完成了对"外来的经济学的、技术的、精神病学的和一般科学的'事实知识'……必须翻译成法的语言,并在那里重构"的设想。④ 由此,将"构成要件—法律后果"的逻辑构造确立为反垄断法标准性规则的形式结构,不仅为规则适用的具体问题提供了可操作的解决方案,而且成为反垄断法整体研究范式转变的枢纽。

(二)经济学知识的填补功能

作为一种提供正当性依据的实质理由,经济学知识在反垄断法中发挥着填补标准性规则的重要功能。相对于其他法律,反垄断法的条文规范仍显得比较疏阔,多数属于具有开放结构的标准性规则。标准性规则无法像规范性规则那样实现大前提、小前提及结论的三段论式推理,需要引入非法律因素进行实质性填补。标准性规则与规范性规则不同,其内部逻辑结构比如事实前提、权利与义务、适用后果等并未达到清晰明确的程度,在适用于特定案件或具体情况时需要再行解释或填补。⑤ 国外通常直接将二者分别称为规则与标准。比如,波斯纳认为:"规则是挑出一个或几个事实,让它们在法律上起决定作用。标准则允许进行更为开放的调查。"⑥德国学者沙弗尔将标准与规则相对比,认为标准使"法律规范处于一种开放状态"⑦。标准性规则的重要功能就是将非法律因素引入法律推理过程。非法律因素往往表现为经济学、社会学、生物学及化学等其他学科的知

---

① 沈敏荣:《法律的不确定性——反垄断法规则分析》,法律出版社2001年版,第121页。
② 郑永流:《重识法学:学科矩阵的建构》,载《清华法学》2014年第6期。
③ 熊秉元:《正义的成本:当法律遇上经济学》,东方出版社2014年版,第8页。
④ 参见[德]哈贝马斯:《在事实与规范之间:关于法律和民主法治国的商谈理论》,童世骏译,生活·读书·新知三联书店2014年版,第65页。
⑤ 参见张文显:《法哲学范畴研究》,中国政法大学出版社2001年修订版,第54页。
⑥ [美]理查德·A.波斯纳:《反托拉斯法》,孙秋宁译,中国政法大学出版社2003年版,第44页。
⑦ [德]沙弗尔:《"规则"与"标准"在发展中国家的运用——迈向法治征途中的一个重大现实问题》,李成钢译,载《法学评论》2001年第2期。

识,能够为查明案件事实提供实质理由。①

反垄断法的突出特点是标准性规则较多而规范性规则较少,需要经济学知识发挥填补功能。反垄断法中许多核心概念源自经济学,如相关市场、市场支配地位、反竞争效应、替代分析、弹性等。"在当下反垄断法的文本结构中,属于原则、标准的弹性规范占据绝对多数。"②从法律推理的角度来看,法律外因素是否在案件推理中占主导作用,主要取决于法律推理及法律规范在多大程度上具有自主性。相较于具有数千年历史的传统法律部门,反垄断法的自主性仍显得不足。"由于反垄断法的不确定性是全方位的,它对经济分析的依赖性更强,因此,需要法官具备这方面的知识。"③然而,大多法官的知识储备局限在法律领域,难以满足案件裁判的全部知识需求。当仅仅依靠形式逻辑难以完成案件裁决任务时,经济学能够提供较好的解释视角,数学公式有其作为分析工具的精确性优势,更能为法律思维提供量化的标准。

在此背景下,经济学知识作为实质理由对法律规则承担着重要的填补功能。比如,《反垄断法》第24条规定了经营者市场支配地位推定标准:一个经营者市场份额达到1/2、两个经营者达到2/3、三个经营者达到3/4即推定具有市场支配地位,并将市场份额不足1/10的企业排除在外。德国规定一个企业的市场份额不低于1/3,三个以下企业的市场份额之和为1/2以上,五个企业的市场份额之和为2/3以上,推定具有市场支配地位。韩国规定,一个经营者市场占有率在50%以上,三个以下的经营者合计在75%以上,除单个经营者市场占有率不足10%,均推定为具有市场支配地位。④ 虽然各个国家对市场份额的具体数字规定不同,不过均通过经济学知识对认定市场支配地位的标准性规则进行填补。此外,对特定案件事实的认定也需要运用经济学知识作为说理依据。依据我国最高人民法院的观点,"专家证人的说明……有的本身不属于案件的证据,但可以作为法院认定案件事实的参考"⑤。作为说理依据的经济学知识往往针对某些特定要件事实,更具有个别性和针对性。

---

① 参见雷磊:《重构"法的渊源"范畴》,载《中国社会科学》2021年第6期。
② 吴元元:《反垄断司法的知识生产——一个知识社会学的视角》,载《现代法学》2014年第6期。
③ 沈敏荣:《法律的不确定性——反垄断法规则分析》,法律出版社2001年版,第133页。
④ 参见全国人大常委会法制工作委员会经济法室编:《中华人民共和国反垄断法条文说明、立法理由及相关规定》,北京大学出版社2007年版,第112页。
⑤ 《最高法公布对网民31个意见建议答复情况》,载中国新闻网, http://www.chinanews.com/gn/news/2009/12-23/2034782.shtml。

不过,经济学知识对反垄断法标准性规则的填补功能的发挥,仍然需要依托于法教义学和规范分析方法,避免脱离法律场域和正义目标。作为一种法律规范,反垄断法有自身的核心问题,此即规范性问题。法律外经验性因素与法律规范性的关联通常存在两种方式——外部关联和内部关联。① 所谓外部关联通常指,经验性因素超然于法(或法律体系)之外对法的规范性现象进行观察、描述或提供判断标准,一般不直接进入法律实践,参与法律运作过程;所谓内部关联则是指,经验性因素进入法(或法律体系)之内,直接或间接地参与法的规范性实践,作为法律实践的组成部分发挥功能。经济学作为一种典型的法律外经验性因素,与作为法律规范的反垄断法同样存在两种关联方式。但需要注意的是,经济学所提供的仅仅是一种知识补充和增量,而不能反客为主取代反垄断法的规范性。易言之,作为一个重要的法律分支,反垄断法既需要为经营者提供明确的行为规则和预期,亦需要为裁判者提供可资援引的规范依据。由此决定了"反垄断法'首先而且显然是法律'。这是反垄断法鲜明的基本法治定位"②。此属于法律规范性对经济学知识的内在规定和约束。

三、经济学知识作为案件证据

在反垄断实践中,经济学知识最为明显也最为独特的作用在于为案件事实认定提供证明。一般而言,与传统的鉴定技术等"硬"知识相比,社会科学知识进入司法中面临更多限制,③不过反垄断法似乎正在成为例外。作为一种社会科学知识,越来越多的经济学知识正在被大量引入反垄断案件发挥证明作用。申言之,一方面,经济学知识直接作用于案件事实,发挥作为证据的证明功能;④另一方面,经济学家作为经济学知识的重要承载主体,广泛参与反垄断案件的裁决,扮演着专家证人的角色。

---

① 参见雷磊:《法社会学与规范性问题的关联方式:力量与限度》,载《中外法学》2021年第6期。
② 孔祥俊:《论互联网平台反垄断的宏观定位——基于政治、政策和法律的分析》,载《比较法研究》2021年第2期。
③ 参见侯猛:《"科学"在司法中的运用——基于学者与法官互动的知识社会学考察》,载《法学》2022年第9期。
④ 在证据学上,科学通常包括自然科学和社会科学;物理学、化学、生物学等研究自然规律的科学被称为自然科学,与之相对应,心理学、经济学、社会学等研究人的动机、交往、组织及社会环境的科学被称为社会科学。社会科学虽然很难像自然科学一样能够进行精准预测,但仍然具有一整套系统的研究方法。因此,经济学虽然不属于严格意义上的自然科学,但仍然可以作为一种证据形式在司法裁判中发挥作用。

(一)经济学知识的证明功能

反垄断案件事实认定的技术性需要经济学知识证明功能的发挥。垄断行为往往发生在错综复杂的市场竞争中,商品之间的替代关系具有较大模糊性,仅仅依靠法律解释技术已难以应对专业而复杂的经济事实;甚至替代分析等较为直观的定性分析方法都难以解决相关事实认定问题,更需要经济学定量分析方法的引入。经济学可以将相关市场界定、需求替代、供给替代等经济事实以纯粹的方式呈现出来,具备一定的科学性品格。由于反垄断案件的专业性,已经难以完全依靠已有的生活经验和法律知识认定案件事实,必须借助经济学知识来澄清案件中复杂的事实问题;尤其是反垄断案件多属于案情复杂、争议较大的案件,经济学知识作为证据形式对事实认定往往不可或缺。若完全排斥经济学的引入,可能造成案件事实认定的错误。因此,必须借助经济学知识对反垄断案件的事实进行科学认定。

经济学主要通过经验性实证方法来为反垄断案件提供证明支持。由于反垄断案件的复杂性,相关市场界定、市场支配地位认定及反竞争效果分析等要件事实已经难以通过直观的感性认识认定。产业组织理论"用微观经济学和计量经济学来分析产业组织和企业行为"[1],属于对垄断行为分析提供支撑的主要经济学理论。与传统法律的规范分析相比,经济学分析具有实证主义传统。经济学采取经验科学的研究方法,通过数据收集、数据分析、模型建立等提供更为精确的定量分析。在方法论思想层面,实证方法通过预测行为变化的能力来判断有关规则、模型的实际可行性,可以将经济分析看作一种可以衍生出一系列能被经验证明和可测量信息的预言工具。[2] 就此而言,经济学知识在反垄断案件裁判中的基本作用就是提供经验性实证分析工具。当然,实证方法的定量分析建立在数据资料的准确性和经济模型的恰当性基础上,需要依据法定构成要件进行限制性解释或应用。

经济学知识可以作为反垄断案件裁决的证据基础。就裁判技术而言,案件裁决主要包括事实认定和法律推理两个阶段;经济学知识除在法律推理中用于填补标准性规则外,更明显地作用于事实认定阶段。在事实认定过程中,经济学知识仍存在"强""弱"之分。经济学知识较"弱"的一

---

[1] [日]泉田成美、柳川隆:《产业组织理论基础》,吴波、王琳译,机械工业出版社 2015 年版,第 1 页。
[2] 参见[美]理查德·A.波斯纳:《法律的经济分析》,蒋兆康译,法律出版社 2012 年版,"译者序"第 52 页。

面主要表现为帮助法官形成裁判框架和思路,这更多地依赖于法官的经济学知识储备和修养。经济学知识较"强"的一面则表现为作为案件事实认定的证据。作为一种证据形式,经济学知识对反垄断案件的作用就像物理学、侦查学、生物学或法医学等技术一样,用于证明特定案件事实。从事实查明角度,经济学知识即便属于社会科学,也与案件审判中的其他证据材料并没有什么本质不同。①

在我国已裁决的反垄断案件中,较为典型的案件均引入了经济学知识并将其作为相应的证据。在"奇虎360诉腾讯案"②中,双方均引入了经济学知识为案件事实提供证据支持。在此背景下,经济学知识则发挥着对事实的证明作用。不过,该案发生于互联网刚刚兴起之时,属于经济学运用的前沿,涉及互联网平台、双边市场特性及相关市场界定等一系列复杂的经济学问题。双方对经济学知识能否以及如何证明案件事实仍存在较大争议,需要对经济学家参与庭审的程序予以控制和约束。此外,我国纵向垄断协议第一案"锐邦诉强生案"③涉及医用缝合线行业的市场集中度,因而涉及经济学知识的运用。该案中,上诉方锐邦公司委托专家就该案提供经济分析意见,认为限制最低转售价格可能对品牌内竞争产生消极影响,往往导致市场价格上升,造成社会福利总体损失。被上诉方强生(上海)医疗器材有限公司、强生(中国)医疗器材有限公司(以下简称强生公司)亦委托专家提供书面意见,力图证明限制转售价格的价值主要在于解决生产商与销售商之间的外部性问题,对市场竞争和消费者福利具有积极作用,不能以涉案产品缺乏需求弹性来证明强生公司具有市场支配地位。最终,二审法院以上诉方强生公司未能积极举证为由判决其败诉。由此不难看出,经济学知识在反垄断案件中发挥着重要的事实证明功能。

(二)经济学家的案件参与

经济学家作为掌握着经济学知识的重要主体,同样发挥着对案件事实的证明功能。鉴于经济学知识对事实认定具有非同寻常的意义,而多数法官又不具备经济学专业背景,因此存在经济学家参与反垄断案件的现实需求。经济学除为案件裁判提供分析框架和实质理由外,另一种实践功能是通过经济学家为案件提供事实认定的证据支持;尤其是疑难复杂的反垄断案件,事实认定过程也是高度专业化的经济分析过程。经济学家在案件中

---

① See Laurens Walker & Jona Monahan, *Social Facts: Scientific Methodology as Legal Precedent*, 76 California Law Review 877 (1988).
② 参见最高人民法院民事判决书,(2013)最高法民三终4号。
③ 参见上海市高级人民法院民事判决书,(2012)沪高民三(知)终字第63号。

的角色就是"具有专门知识的人员",通常以经济分析报告、专家意见等形式证明特定案件事实。

经济学家接受过专业系统的训练,能够对如何界定相关市场、是否具有垄断地位、是否实质性地限制竞争等案件事实问题提供证明。针对相关市场界定中的经济学问题,目前法院在使用假定垄断者测试分析工具时存在一定的技术难度,可以委托专门的经济分析机构制作报告,为认定案件事实提供更为坚实的经济学论证。① 同时,反竞争效果的认定也涉及复杂的经济分析工具的运用。"当认定一个垄断行为违法时,经济学家的典型角色是测试经济数据是否支持反竞争效果假设,或者更支持相对应的促进竞争(或竞争中立)效果假设。"②经济学上的一系列量化分析工具提供了更为有力的武器,通过量化分析方法基本上形成了认定垄断行为比较稳定的范式。"新的事实确认方式已经开始在社会各个领域(包括司法领域)挑战传统的事实认定方法,越来越多对诉讼程序非常重要的事实现在只能通过高科技手段查明。"③经济学理论、工具在内容上往往持续更新,是否采用某种理论难以由法律直接作出规定。为避免经济学理论及工具的变动对法律稳定性造成影响,有必要在反垄断案件事实认定中引入经济学家,以更好地发挥经济学知识的证明作用。

不过,经济学家参与反垄断案件并不同于普通证人出庭作证,需要防止专家对案件事实认定的控制,避免"伪科学""假冒专家"裹挟司法裁判。专家证人与普通证人虽然都对案件事实起证明作用,但在本质上并不完全相同。二者的差异性表现在是否亲身经历了特定案件的发生过程:普通证人在案件中以其所见、所闻等对案件事实的直接感知向法庭提供自己的证言,不具有可替代性;而专家证人则是依靠其所具有的专业知识、专业技能和熟练经验来帮助裁判者澄清案件事实中的个别问题。在反垄断案件的诸多证据形式④中,庭审中争议最大的是经济学家发表的专家意见。"在经济学基本原理中,垄断一向是最有争议的一种理论。长期以来,中外学

---

① 参见刘贵祥:《滥用市场支配地位理论的司法考量》,载《中国法学》2016年第5期。
② Hal J. Singer, *Economic Evidence of Common Impact for Class Certification in Antitrust Cases: A Two-Step Analysis*, 25 Antitrust 34 (2011).
③ [美]米尔建·R.达马斯卡:《漂移的证据法》,李学军等译,中国政法大学出版社2003年版,第200页。
④ 反垄断案件涉及的证据形式表现多样,主要包括:(1)经营者的决议、会计资料、行业分析报告等文书证据;(2)供应商、竞争者、消费者的证言;(3)受询问人及负有强制答复义务的知情人的答复;(4)经济学家出庭发表或提交的专家证词。参见胡甲庆:《合并反垄断审查中消费者证词的证据功能及其限制——以美国为实证视角》,载《生产力研究》2009年第10期。

者对垄断的一些基本理论持有不同的见解。"①尽管每个学派都能提出一些经验数据证明自身立场,却没有任何一个学派理直气壮地宣称能够为争论提供终结性答案。② 对于经济学家及其发表的意见,究竟应当如何认识,仍未形成较为统一的共识。③ 因此,应当"加强对专家意见、经济分析报告的程序和实体审查,发挥其辅助认定专业事实的功能"④。因此,对于经济学家以何种身份、如何发挥证明作用等问题,仍存在进一步讨论的空间。

本 章 小 结

本章主要立足于法律立场来审视经济学知识,从规范性角度讨论经济学知识在反垄断法中的功能范围及其可能边界。首先,经济学知识为反垄断法提供形成特有概念、分析模型及实践促进等方面的支撑,对于反垄断法具有知识补充功能。其次,法学方法论能够成为整合经济学知识的基本理论,法律规范性对经济学知识具有内在限定性。经济学术语向法律概念"转译"的方法,构成要件对于经济分析具有导向性,定性分析相对于经济学定量分析具有优先性,均体现出法律规范对于经济学知识的内在规定性。最后,从反垄断实践角度看,经济学知识在案件裁决领域具有三种功能,即作为分析框架、作为实质理由以及作为案件证据。尽管反垄断法表现出了不同于传统部门法的特殊性,但其作为法律体系的一员本质上仍归属于法律体系,具有规范性本质。因此,应当以法律体系的规范目的及实践需求为前提,合理划定经济学知识在反垄断法中的作用范围及功能边界。

---

① 龚维敬:《垄断理论的争议——经济学家精彩对话》,上海财经大学出版社 2008 年版,"前言"。
② See Michael S. Jacobs, *An Essay on the Normative Foundations of Antitrust Economics*, 74 North Carolina Law Review 219(1995).
③ 参见朱战威:《经济学家参与反垄断案件庭审的制度重构》,载《甘肃政法大学学报》2021 年第 6 期。
④ 戴龙等:《"庆祝〈反垄断法〉实施十周年学术研讨会"综述》,载《竞争政策研究》2018 年第 4 期。

第五章　经济学家在反垄断裁判中的功能限度

作为经济学知识的承载主体,经济学家广泛参与反垄断裁判过程,对案件事实的认定至关重要。不过,经济学家参与反垄断裁判活动并非任意的、不受约束的,而是需要依照法定身份和法定职责介入案件程序。经济学家在反垄断法中的角色定位及功能亦非孤立存在,而是与一般诉讼体系有着紧密关联。经济学家参与案件的身份角色、作证范围和方式以及经济学家意见的可采性标准,从不同维度划定了经济学家参与反垄断实践的功能边界。其中,立场中立性是对专家证人的本质要求,内在地限定着经济学家参与案件的功能限度。

第一节　经济学家在反垄断裁判中的基本功能

经济学家以何种身份、何种方式参与案件以及在庭审中发挥何种功能等问题,关涉一般证据体系的制度架构。[①] 目前,经济学家在反垄断裁判中主要发挥专家证人与专家辅助人的基本功能。

一、经济学家作为专家证人

在最高人民法院审理的"奇虎360诉腾讯案"中,由于案件事实认定的专业性和复杂性,双方均聘请经济学家和相关专家参与了案件审理过程。[②] 一审程序中,奇虎公司提交了RBB经济咨询事务所出具的《关于奇虎360与腾讯反垄断纠纷的经济分析报告》、中国互联网络信息中心(CNNIC)出具的《中国即时通信用户调研报告》、艾瑞市场咨询有限公司出具的《中国即时通信行业发展报告简版》等三份经济分析报告。二审程序中,奇虎公司又提交了RBB经济咨询事务所提供并由德里克·瑞德亚德(Derek Ridyard)署名的《奇虎360诉腾讯:对广东省高级人民法院判决

[①] 参见朱战威:《经济学家参与反垄断案件庭审的制度重构》,载《甘肃政法大学学报》2021年第6期。
[②] 参见最高人民法院民事判决书,(2013)最高法民三终4号。

书的经济评论》、查尔斯·里弗顾问公司（CRA）出具并由大卫·斯塔利布拉斯（David Stallibrass）署名的《关于360和腾讯反垄断诉讼案件的经济分析报告》，并聘请余某、大卫·斯塔利布拉斯出庭就相关问题发表意见。腾讯一方提交了全球经济咨询集团（GEG）专家大卫·埃文斯（David Evans）出具的《关于奇虎360相关市场界定、市场力和滥用市场支配地位指控的经济报告》《关于奇虎360和腾讯反垄断诉讼案件中斯塔利布拉斯先生对广东省高级人民法院判决结果批判的经济分析报告》两份经济分析报告及以公证方式固定的关于互联网竞争问题的观点摘录，并聘请经济学家姜某某、吴某作为专家出庭就相关问题发表意见。庭审过程中，最高人民法院将出庭的经济学家称为"专家证人"，并将"专家证人"的标识摆放在其就座的法庭位置上。除此之外，法庭询问出庭专家是否已经收到法院发送的《专家证人出庭通知书》，要求其签署"证人具结书"以确保证言的客观真实。① 可见"专家证人"这一称谓对于司法实践的广泛影响，并深刻地影响到经济学家参与反垄断案件的身份定位。

实际上，专家证人制度源于判例法传统的专家作证制度。英美法系和大陆法系各自对出庭专家有不同的定义与称谓：以大陆法系中德国的民事诉讼为例，因这种专家主要从事鉴定活动，故又被称为鉴定人；而在英美法系民事诉讼领域，更多是当事人为证明专业性问题而向法庭提供专家，这种专家被称为专家证人。② 在英美法系国家，专家证人出庭不需要以"鉴定人"等法定许可制度为前提，只要在某一方面具有相应的知识、技能、经验、训练或教育，即可参与庭审。《美国联邦证据规则》第702条规定：如果科学、技术或其他专业知识有助于事实审判者理解证据或者裁决争议事实，则凭借知识、技能、经验、训练或教育而具备成为专家证人的资格，可以发表意见或以其他形式就此作证。③ 该条是美国普遍接受的证据规则，成为专家证人进入庭审程序的主要依据。同时，通过"弗赖依案""多伯特案"等案件，专家证人制度逐渐发展出适格性判断、可采性标准等更为细化的标准。

二、经济学家作为专家辅助人

除"专家证人"的称谓外，经济学家在案件中还以"专家辅助人"的身

---

① 参见最高人民法院"奇虎360诉腾讯案"庭审实录，载中国庭审公开网2013年11月26日，http://ts.chinacourt.org/32.html。
② 参见毕玉谦：《专家辅助人制度的机能定位与立法性疏漏之检讨》，载《法治研究》2019年第5期。
③ See Federal Rules of Evidence(2013), Rule 702.

份出现。作为民事诉讼的一部分,反垄断案件中经济学家出庭并没有特别的程序构造,只能适用一般诉讼程序中有关专家辅助人的规定。《中华人民共和国民事诉讼法》(以下简称《民事诉讼法》)第 82 条规定:"当事人可以申请人民法院通知有专门知识的人出庭,就鉴定人作出的鉴定意见或者专业问题提出意见。"此前的"奇虎 360 诉腾讯案"中,无论是一审还是二审判决书均将出庭的经济学家称为"专家辅助人"。比如,最高人民法院的二审判决书表述道:"奇虎公司聘请余某、大卫·斯塔利布拉斯作为专家辅助人出庭就本案相关问题发表了意见,腾讯一方聘请姜某某、吴某作为专家辅助人就本案相关问题发表了意见。"①这即是经济学家作为专家辅助人出庭的法律依据和实践做法。

从专家作证制度的演进看,经济学家主要依附于民事诉讼领域有关专家辅助人的程序规定。其中,2001 年《最高人民法院关于民事诉讼证据的若干规定》规定,当事人可以申请 1~2 名"具有专门知识的人员"②对案件中的专门性问题进行说明,成为专家辅助人的制度雏形。即便司法解释的出台机关也非常谨慎,认为"专家辅助人"概念严格来说仍然仅在实践中运用,"并不是法定的称谓"③。2015 年最高人民法院出台的司法解释对专家辅助人的角色作了进一步明确,核心在于强调"具有专门知识的人"对当事人一方的代表性,主要包括:(1)代表当事人对鉴定意见进行质证;(2)在法庭上就专业问题提出的意见,视为当事人的陈述;(3)相关费用由提出申请的当事人负担。④ 根据此规定,当事人一方所聘请的专家,无论是针对鉴定结论提出的质证意见,还是就专业问题提出的意见,都可能有明显的立场倾向性——代表聘请自己的当事人。所以,专家辅助人存在立场偏私性的弊端,至今仍是反垄断诉讼程序中引入经济学家的一大障碍。至 2017 年,中国民事诉讼领域对专家辅助人的功能完成了"二元化"建构。2017 年《民事诉讼法》第 79 条规定:"当事人可以申请人民法院通知有专门知识的人出庭,就鉴定人作出的鉴定意见或者专业问题提出意见。"据此,"具有专门知识的人员"出庭作证主要发挥两种不同功能:一是对鉴定人作出的鉴定意见提出意见,发挥对鉴定意见的制衡作用。二是对某些无

---

① 最高人民法院民事判决书,(2013)最高法民三终 4 号。
② 2001 年《最高人民法院关于民事诉讼证据的若干规定》第 61 条。
③ 2001 年《最高人民法院关于民事诉讼证据的若干规定》通过后,最高人民法院组织撰写《民事诉讼证据司法解释的理解与适用》,将"具有专门知识的人员"称为"专家辅助人",并认为这"并不是法定的称谓,是我们对本条司法解释的理解所下的定义"。参见最高人民法院民事审判第一庭:《民事诉讼证据司法解释的理解与适用》,中国法制出版社 2002 年版,第 296 页。
④ 参见《最高人民法院关于适用〈中华人民共和国民事诉讼法〉的解释》第 122 条。

法或无须通过鉴定解决的专业问题提出意见。其中,前者侧重发现鉴定意见是否存在瑕疵以及存在何种瑕疵,而后者则侧重将某些无法或无须鉴定的专业问题作为待证事实。① 此后,《民事诉讼法》保留了此规定,由此形成了经济学家参与出庭的民事诉讼制度背景。

在反垄断法领域,司法机关已经开始对经济学家出庭问题作出制度回应。《最高人民法院关于审理垄断民事纠纷案件适用法律若干问题的规定》(以下简称《反垄断法司法解释》)已经对经济学家出庭程序有所涉及,规定:"当事人可以向人民法院申请一至二名具有案件所涉领域、经济学等专门知识的人员出庭,就案件的专门性问题进行说明。"②此前已出台的司法解释规定:"当事人可以向人民法院申请一至二名具有相应专门知识的人员出庭,就案件的专门性问题进行说明。"③对于"具有相应专门知识的人员"的性质,仍未有定论。比如,在"深圳市腾讯计算机系统有限公司与北京世界星辉科技有限责任公司不正当竞争纠纷案"④中,腾讯公司提交了与广告过滤功能相关的经济分析报告;该报告由美国南加州大学的经济学教授谭某某及经济系博士生徐某某完成,但其并未出庭作证。此前最高人民法院在"奇虎360诉腾讯案"判决书中使用的"专家辅助人"的称谓,实际上沿用了民事诉讼领域关于专家辅助人的一般性规定。

综上所述,对参与案件的经济学家,法院在同一案件的庭审阶段和判决书中分别出现了"专家证人"和"专家辅助人"两种截然不同的称谓,也意味着对同一主体赋予了完全不同的制度功能。"奇虎360诉腾讯案"很大程度上代表了司法机关的立场,对于经济学家这一新主体参与案件具有明显的参考价值和示范作用。然而,经济学家在"专家证人"和"专家辅助人"之间的摇摆不定,不仅造成了经济学家参与庭审的身份尴尬,而且暴露了反垄断案件面临的独特问题:表象上是对"专家证人"和"专家辅助人"的表述不一,实质上是对经济学家的程序角色及证明功能的定位不清。因此,对于经济学家参与反垄断案件的身份性质及证明功能,仍然需要结合一般证据体系的规范进行系统检视,以化解经济学家参与案件的身份尴尬。

---

① 参见毕玉谦:《专家辅助人制度的机能定位与立法性疏漏之检讨》,载《法治研究》2019年第5期。
② 《最高人民法院关于审理垄断民事纠纷案件适用法律若干问题的规定(公开征求意见稿)》(2024年6月24日发布)第12条第1款。
③ 《最高人民法院关于审理因垄断行为引发的民事纠纷案件应用法律若干问题的规定》第12条。
④ 参见北京知识产权法院民事判决书,(2018)京73民终558号。

第二节　经济学家参与案件的实践反思

经济学家证明功能的发挥除与反垄断法制度相关外,更与整个诉讼制度存在密不可分的联系。关于专业性事实认定的问题,我国诉讼制度已经进行了基础性探索,可以为经济学家的角色定位提供制度背景。回归到一般证据制度体系,经济学家参与庭审的可能形式主要包括专家证人、专家辅助人、鉴定人等三种制度路径。然而,三种制度路径均存在相应的弊端,难以直接套用至经济学家参与反垄断案件的庭审程序。

一、专家证人制度之规范缺失

对于"具有专门知识的人员"究竟属于专家证人还是专家辅助人的问题,即便在民事诉讼领域也一直颇具争议。一种观点认为我国的专家辅助人制度就是专家证人制度,如有学者认为"具有专门知识的人员"实际上具有专家证人的性质。[1] 另一种观点认为专家辅助人制度是我国创设的一项不同于专家证人的特有制度,"从严格意义上说,修改后的《民事诉讼法》及'民事证据规定司法解释'创设的仅仅是专家辅助人制度,在性质上属于当事人的协助'专家',并不是真正意义上的'专家证人'"[2]。

对于反垄断、知识产权等具有一定专业性、复杂性的案件,实践中也往往习惯于将经济学家、技术专家称为"专家证人"。前已述及,在"奇虎360诉腾讯案"的庭审阶段,出庭的经济学家被称为"专家证人",而且在座位上摆放了"专家证人"的标识,同时被要求签署"证人具结书"。这说明最高人民法院存在将经济学家视为专家证人的倾向。然而,"专家证人"仍未作为一个正式的、具有法律效力的概念出现在立法文本之中。最高人民法院在庭审阶段所称的"专家证人"并非我国现行法律中的概念,而是一个尚存于理论层面的学术概念。而且,我国在审判实践中的专家证人制度,专家证人的资格、作证方式、意见采信规则等均不存在明确法律规定。

近些年,我国民事、刑事以及行政领域对"具有专门知识的人员"参与庭审进行有序实践,使专家证人参与案件的渠道和方式进一步拓宽。目前我国仍未在法律制度层面明确规定专家证人制度。就此而言,经济学家以专家证人的身份参与庭审仍然缺乏明确的法律依据。

---

[1] 参见易健雄:《知识产权诉讼中的专家证人制度》,载《人民司法》2009年第11期。
[2] 郭华:《对抗抑或证据:专家辅助人功能的重新审视——兼论最高法院审理"奇虎360诉腾讯"案》,载《证据科学》2016年第2期。

二、专家辅助人制度之适用错位

无论民事诉讼还是刑事诉讼领域的专家辅助人,均在制度定位方面存在固有缺陷,难以与我国反垄断实践良好衔接。

(一)民事诉讼领域的立场偏私性

我国民事诉讼制度对专家辅助人不恰当的身份定位很大程度上造成了专家立场的偏私性问题。根据现行司法解释,专家辅助人可以"代表当事人对鉴定意见进行质证,或者对案件事实所涉及的专业问题提出意见"[1]。也就是说,无论是对鉴定意见进行质证,还是对专业问题提出意见,专家辅助人的立场预设都是"代表当事人"。比如,"具有专门知识的人在法庭上就专业问题提出的意见,视为当事人的陈述"[2]。可见,我国民事诉讼制度已经明确将专家辅助人的意见"视为当事人的陈述"。这意味着具有专门知识的专家并不具有独立的主体地位,而是需要依附于案件当事人,即作为增强当事人质证能力的工具性主体而存在。基于此种制度安排,专家辅助人就成了当事人一方的辅助人,允许其有类似律师等代理人的一定的立场偏私性。在某种意义上,也就有悖于证人持完全客观、中立立场的要求。

由于社会科学理论的主观性,所涉及问题并非如DNA鉴定、弹道分析或法医鉴定一样,具有符合自然规律的确定性标准。一般而言,当社会科学运用于案件待证事实时,通常涉及经验性问题,或者有待于通过实证分析加以检验的经验性主张。[3] 模型条件的设定、统计对象的选择等,都存在较大的不受约束的空间。这就为专家辅助人偏离中立的学术观点、理论立场提供了相应的可能性。而既有制度规定专家辅助人"代表当事人",将其意见"视为当事人的陈述",更是在法律上为专家偏离客观立场提供了合理理由或可能的借口。基于制度惯性,理论界不乏维持甚至强化现状的观点。比如,在论及专家证人与专家辅助人的功能定位时,有学者

---

[1] 《最高人民法院关于适用〈中华人民共和国民事诉讼法〉的解释》第122条第1款。
[2] 《最高人民法院关于适用〈中华人民共和国民事诉讼法〉的解释》第122条第2款;《浙江省高级人民法院关于专家辅助人参与民事诉讼活动若干问题的纪要》第15条也有类似表述。
[3] 社会科学证据较多地存在于商标法、反不正当竞争法、反垄断法以及就业歧视等市场调查、认知统计相关领域。比如,在商标侵权领域,当事人双方商标的相似性,以及是否足以引起消费者的混淆,往往是案件中争议较大的事实问题。在一起商标侵权案中,科学技术部知识产权事务中心受当事人一方委托对市场公众做了问卷调查,结果证明相关公众不会对被诉商标产生误认或混淆。参见厦门华侨电子企业有限公司诉四川长虹电气股份有限公司上海分公司等商标侵权纠纷案,上海市高级人民法院(2004)沪高民三(知)终字第87号民事判决书。

提出对于专家辅助人应该"强调其程序对抗功能,以维护法律适用的严肃性"①。也有学者明确提出,专家辅助人的功能就是协助一方当事人对抗另一方,从而"建立专家代理人制度"。②

如果由当事人支付相关费用,更不具备保证专家辅助人立场中立的条件。中国司法解释规定,专家的"相关费用由提出申请的当事人负担"③。显而易见,专家辅助人由于受聘于一方当事人,必然把当事人利益作为重要考量因素。④ 从诉讼策略角度,没有当事人肯花高额费用聘请对自己出具不利证言的专家出庭。根据"澳大利亚司法管理委员会(AIJA)"曾经做过的一个调查,澳大利亚 27% 的法官认为专家在作证时经常带有偏向性,67% 的法官认为专家出庭发表意见时偶尔带有偏向性。⑤ 两者加起来所占的比例高达 94%,说明实践中受雇于一方的专家所表现的偏向性非常明显。如果明确或强化专家的"代理人"角色,将从法律上解除专家立场偏离性的制度约束,进而打开社会科学证据在案件证明偏私问题上的"潘多拉魔盒"。

我国现有的专家辅助人制度不能满足经济学家参与反垄断案件立场中立性的要求。《民事诉讼法》及相关司法解释将专家辅助人的意见定位为"当事人的陈述",明显有悖于经济学家以自己的知识、技能、经验作客观、中立的陈述的要求,可能造成中立性偏离问题。当经济学家不能恪守科学的底线而依靠受雇于当事人谋生时,其所依靠的"专门知识"亦将失去应有的意义。如果直接适用专家辅助人的有关规定把经济学家的意见"视为当事人的陈述",其立场中立性应受到质疑。从反垄断司法实践看,像其他部门法那样将经济学家笼统定位为专家辅助人,可能造成其立场的偏私。因此,在反垄断法领域,对经济学家的专家辅助人定位不仅与反垄断法的实际需求及庭审实践不符,而且同经济学家忠于自身学术观点和立场的追求相悖。

(二)刑事诉讼领域的地位不对等性

虽然经济学家出庭作证与刑事诉讼尚未产生直接关联,但是刑事诉讼

---

① 郭华:《对抗抑或证据:专家辅助人功能的重新审视——兼论最高法院审理"奇虎360诉腾讯"案》,载《证据科学》2016年第2期。
② 参见吴韬:《论专家参与反垄断民事诉讼制度》,载《汕头大学学报(人文社会科学版)》2017年第3期。
③ 《最高人民法院关于适用〈中华人民共和国民事诉讼法〉的解释》第122条第3款。
④ 参见岳军要:《专家辅助人出庭及专家意见的采信规则》,载《郑州大学学报(哲学社会科学版)》2015年第5期。
⑤ 参见徐继军:《专家证人研究》,中国人民大学出版社2004年版,第185页。

领域属于专家辅助人制度适用的重要领域,且垄断行为未来可能成为新的法律规定的犯罪行为。基于此,需要对刑事诉讼领域专家辅助人制度的适当性进行一定探讨。《中华人民共和国刑事诉讼法》(以下简称《刑事诉讼法》)规定:"公诉人、当事人和辩护人、诉讼代理人可以申请法庭通知有专门知识的人出庭,就鉴定人作出的鉴定意见提出意见。"①这意味着专家辅助人在刑事诉讼领域的功能非常有限,其法律身份不是证人,所提出的意见也不能作为证据采纳。很大程度上,专家辅助人的意见仅作为当事人一方的质证意见而出现。就证明力而言,专家辅助人提出的意见不属于法定证据形式,不具有法律规定的证明效力。

从一般证据理论出发,专家意见可以分为质证性意见和独立性意见两类。根据《刑事诉讼法》第 197 条第 2 款的规定,有专门知识的人出庭只能就鉴定人作出的鉴定意见提出意见,该意见属于典型的质证性意见。质证性意见不对某事项独立提供结论,而是对已经形成的鉴定意见等其他证据从专业角度进行质证,具有明显的附属性。在此意义上,刑事诉讼领域的专家辅助人只能提出质证性意见,不能提出独立性意见。② 这种质证性意见在效力上远低于具有法定形式的证人证言和当事人陈述,仅限于协助法官判断鉴定意见的证明效力,为法官认定案件事实提供参考。也就是说,有可能存在下述情况:同一名专家针对同一问题,分别以鉴定人和专家辅助人的身份出庭,其专家意见可能产生完全不同的采信结果。相对于鉴定人而言,专家辅助人在刑事诉讼领域具有明显的地位不对等性。

在刑事诉讼领域,专家辅助人主要为制衡鉴定人而存在,二者形成了对立关系。实际上,刑事诉讼中专家辅助人制度贯穿始终的一条主线是弥补鉴定制度的不足、增强对鉴定人的抗衡性。由于鉴定意见的专业性,当事人及律师难以对专业性内容进行有力质证,专家辅助人对鉴定意见的质疑更专业。③ 鉴定人在事实认定中的独断性弊端日益显现,庭审中出现了鉴定意见虚假、多头鉴定及当事人质证能力不足等问题。我国刑事诉讼法独创性地设计出了专家辅助人制度,正是为了克服鉴定制度的弊端。可见,引入专家辅助人制度的目的即在于增加庭审对抗性,制衡鉴定人的专断性。专家辅助人"就鉴定人作出的鉴定意见提出意见",实质上的功能

---

① 《刑事诉讼法》第 197 条第 2 款。
② 参见龙宗智、孙末非:《非鉴定专家制度在我国刑事诉讼中的完善》,载《吉林大学社会科学学报》2014 年第 1 期。
③ 参见潘广俊等:《专家辅助人制度的现状、困境与改善建议——以浙江省为例的实证分析》,载《证据科学》2014 年第 6 期。

是参与质证,质证范围必然受鉴定事项所限。亦即,专家辅助人就专业问题发表意见的范围,不得超出鉴定事项。专家辅助人作为鉴定意见的质证方,所发表的意见并不属于法定证据形式,在地位上与鉴定人具有明显的不对等性。反垄断法在中国是一部较为"年轻"的法律,经济学家的实践角色也正经历着批判、争鸣与反思。无论民事诉讼还是刑事诉讼领域,我国目前的专家辅助人制度均难以满足经济学家介入反垄断案件的实践需求,因此对经济学家目前的庭审角色进行重新定位已经迫在眉睫。

三、鉴定人制度之设计偏差

鉴定人制度是我国处理专业性问题的法定制度,但其制度设计和经济学家参与反垄断案件存在明显偏差。在适用范围方面,鉴定人制度主要适用于客观性较强的科学证据领域,通常包括物理学、化学、生物学等科学技术手段,也包括笔迹识别、犯罪手法、黑帮行话等专门性内容。在案件审理中,由专家担任的鉴定人主要以其拥有的知识、技能及经验填补裁判者在案件事实上的认识能力局限。根据现行的司法鉴定管理制度,我国对鉴定人与鉴定机构都采取登记管理的方法,由司法部主管全国的登记管理工作,省级司法厅负责各省的鉴定人与鉴定机构的登记、名册编制和公告工作。[1] 基于这种审批式的管理体制,没有登记造册的机构和主体并不具备司法鉴定的资格。就鉴定范围而言,为确保鉴定的客观性和可检测性,现行鉴定制度对其进行了十分严格的限制,主要包括法医类、物证类、声像资料类鉴定及需要商请确定的其他类型的鉴定。[2] 目前,只有这些"硬科学"生成的相关证据,才能适用司法鉴定制度。

反垄断案件的经济证据是传统案件中极少出现的证据形式,属于新型证据。经济学问题具有一定的主观性和社会科学属性,即使需要在反垄断案件中鉴定,也不同于普通案件的技术鉴定。经济学作为一门研究经济现象和经济规律的社会科学,并不像物理学、生物学那样呈现较强的自然规律性,而是仁者见仁智者见智。尽管经济学本身也在不断发展演进,但对垄断问题的争议却从未停止。经济学内部常常对同一个问题发表不同的见解,难以为垄断问题的解决提供最终的确定的答案。[3] 虽然反垄断司法解释规定"人民法院可以参照民事诉讼法及相关司法解释有关鉴定意见的

---

[1] 参见《全国人民代表大会常务委员会关于司法鉴定管理问题的决定》(2015年修正)第3条。
[2] 参见《全国人民代表大会常务委员会关于司法鉴定管理问题的决定》(2015年修正)第2条。
[3] 参见李剑、廖红伟:《论反垄断法规则模糊性的原因》,载《当代法学》2010年第5期。

规定,对该专业机构或者专业人员提出的市场调查或者经济分析意见进行审查判断"[1],但从司法实践角度,市场调查或经济分析意见的性质是什么,属于法定证据还是参考性观点,法官在司法裁判中对这些经济证据应该如何审查,仍然是反垄断案件裁判中的未解之谜。就"参照"二字而言,无疑已从侧面说明市场调查或经济分析意见并不属于鉴定意见这一证据类型。

依据现有的司法鉴定制度体系,经济学家显然难以取得法定的鉴定人资格。我国主要通过大陆法系的鉴定人制度,提供专家参与司法案件的通道。在现行制度下,鉴定人资格的获取是司法鉴定组织制度的重要内容,有关部门对鉴定人进行专门的造册管理,取得鉴定人资格需要参加相应的资格考试。[2] 具有某领域专业知识的人员,需要通过考试获取鉴定人资格,再依托于某一鉴定机构并以其名义执业,最后登记于选任名册之中,由法官根据案件具体情况进行选择。由于大陆法系的职权主义传统,专家主要通过鉴定制度对待证事实中的专业性问题提出意见。在这种严格审批式管理体制下,专家只有获得司法鉴定资格之后才能够以法定身份介入案件实践。由于审批式的司法鉴定资格管理体制尚未有经济学家作为鉴定人或者经济鉴定机构。即使涉及由价格认定中心进行的价格鉴定,与经济学家的意见差别也较大。在司法鉴定的主体与范围均采取审批式管理的情况下,经济证据并未被纳入其中。经济学家显然不属于鉴定人,亦难以适用有关鉴定人出庭的制度。对经济学家角色的定位不清,已经成为影响其实践功能发挥的重要障碍,亟须变革既有制度体系来实现经济学家的证明功能。

第三节 经济学家参与案件的制度功能重构

经济学家在反垄断案件中的法定身份一直未得以明确,由此使经济学家参与庭审的主体资格、作证方式以及意见的可采性标准等均处于模糊不清的状态。鉴于鉴定人制度的审批式管理体制,经济学家显然难以纳入该制度的范围之内。尽管专家证人和专家辅助人制度均难以直接套用至经济学家出庭作证制度,但仍构成了讨论的制度起点和背景。因此,需要进一步回答经济学家在反垄断案件中的功能角色定位、经济学家意见的可采

---

[1] 《最高人民法院关于审理垄断民事纠纷案件适用法律若干问题的解释》(2024 年 6 月 24 日发布)第 11 条第 2 款。
[2] 参见季美君:《专家证据制度比较研究》,北京大学出版社 2008 年版,第 191 页。

性标准如何设定以及法官可以发挥何种作用等问题,并使之与一般证明制度实现良好衔接。

一、重新界定"专家证人"的概念内涵

经济学家是作为专家辅助人还是专家证人出庭,至少现行立法没有作出明确规定。我国诉讼法领域对专家的庭审定位并未考虑到反垄断案件经济学家参与庭审的特殊性,还须更具体地考虑反垄断领域经济学家出庭作证的独特需求,从而增强反垄断案件事实认定的科学性和可信性。

(一)基本前提:专家作证制度的统合趋势

从证明制度体系来看,目前"鉴定人+专家辅助人"模式已经难以满足专业性事实认定的需求。该模式在实践中正逐步向前演进,呈现向专家证人制度统合的趋势。

1. 刑事诉讼向民事诉讼领域统合

在刑事诉讼领域,专家辅助人的功能实质上已经突破法定的证明功能,向民事诉讼领域靠拢,扩展了非鉴定专家的证明范围。民事诉讼领域赋予专家辅助人多元证明功能:既允许其代表当事人对鉴定意见进行质证,又允许其对案件事实所涉及的专业问题提出意见。而刑事诉讼领域仍然坚持其只能"就鉴定人作出的鉴定意见提出意见"[1],不允许专家辅助人"对案件事实所涉及的专业问题提出意见"。专家辅助人在刑事诉讼领域和民事诉讼领域存在明显割裂。然而,2017年最高人民法院发布的刑事案件法庭调查规程规定"有专门知识的人可以向鉴定人发问,或者对案件中的专业性问题提出意见"[2],实际上已经突破了《刑事诉讼法》"就鉴定人作出的鉴定意见提出意见"的范围限制,增加了专家辅助人"对案件中的专业性问题提出意见"的证明功能。

可见,针对无法鉴定或无须鉴定的专门性问题,刑事诉讼相关司法解释已开始引入民事诉讼领域专家辅助人就专业问题提出意见的功能,从而弥补鉴定制度覆盖范围不足的问题。我国的司法鉴定制度仅适用于科学证据,并不包括诸如经济学、知识产权等领域的"其他专门性知识",存在覆盖范围不足的问题。对此,最高人民法院通过司法解释扩展了证据范围,规定:"因无鉴定机构,或者根据法律、司法解释的规定,指派、聘请有专门知识的人就案件的专门性问题出具的报告,可以作为证据使用。"[3]有专

---

[1] 《刑事诉讼法》第197条第2款。
[2] 《人民法院办理刑事案件第一审普通程序法庭调查规程(试行)》第26条。
[3] 《最高人民法院关于适用〈中华人民共和国刑事诉讼法〉的解释》第100条第1款。

门知识的人证明制度的引入,说明司法鉴定已经远远不能满足对专业性事实认定的需求。这一制度是我国司法实践对于既有鉴定制度的突破,也是新规则的创设。有专门知识的人是区别于鉴定人的不同专家类型,因为他们不是法定鉴定机构中取得法定鉴定资质的鉴定人,只是法律或司法解释规定可以被委托进行检验的主体。有学者从改革现有的"固定资格鉴定制度"入手,提出建立"无固定资格鉴定制度",①具有拓宽专家进入案件渠道的功能,为专业性问题的解决提供了另一种可能性。可见,刑事诉讼领域已经不再固守专家辅助人仅仅能够对鉴定意见发表质证意见的保守态度,而是逐步向民事诉讼领域靠拢,赋予专家辅助人对鉴定意见发表质证意见和提出独立意见两种证明功能。

2. 职权主义向当事人主义统合

整体而言,中国案件证明中的"鉴定人+专家辅助人"模式已经开始呈现向专家证人模式转变的趋势,即从职权主义向当事人主义统合。我国审判体制改革的总体方向是从职权主义走向当事人主义。鉴定人制度是职权主义的典型代表。刑事诉讼领域引入专家辅助人,主要是为了缓解鉴定人制度存在的狭窄性和专断性问题。具有职权主义的鉴定人制度的缺陷主要表现在以下两点:一是审批式的鉴定人制度仅适用于科学证据,即仅适用于物理学、化学、生物学及痕迹学等纯自然科学领域,并不适用于经济学等具有一定主观色彩的社会科学领域,造成反垄断法等新兴领域鉴定人制度适用的空白。二是专家作为鉴定人所作的鉴定意见难以受到有效制约。在科学技术日新月异的背景下,法律实践对于专家专业知识的依赖性必然日益增加;大陆法系职权主义的证明模式已经表现出了僵化性和落后性,难以适应时代发展趋势。鉴定人制度在庭审中的狭窄性和不受制约性,成为大陆法系国家改革鉴定人制度的主要原因,许多国家已经引入专家证人制度中的合理性因素对司法鉴定制度进行改革。②

结合由职权主义向当事人主义的改革进程,我国司法实践逐渐培育出了引入专家证人制度的背景土壤。在这种背景之下,"专家辅助人制度是

---

① 参见杨海云:《专家无固定鉴定资格制度探究——以环境资源诉讼为视角》,载《中国司法鉴定》2020年第3期。

② 比如意大利借鉴英美法系的对抗式庭审模式,其1988年刑事诉讼法第225条规定,在鉴定程序中,公诉方和当事人均有权聘请自己的技术顾问,并且在其他条文中规定了技术顾问向鉴定人质疑和持保留意见的权利。目的在于通过引入技术顾问的质疑和保留意见权,引入英美法系的对抗性因素,改变鉴定意见不受制约的状况。参见黄风译:《意大利刑事诉讼法典》,中国政法大学出版社1994年版,第78页。

中国对普通法系专家证人制度和大陆法系鉴定人制度兼收并蓄的结果"①。在我国，专家辅助人之外还存在鉴定人；专家辅助人一方面对鉴定意见进行质证，另一方面对专业问题提出意见。而对于专业性事实的证明，英美法系国家只规定了一项专家证人制度。一般而言，我国的"鉴定人"加上"专家辅助人"约等于英美法系的"专家证人"②。实际上，进入20世纪后，证据法在哲学、社会学及法学基础发生重大变化的情况下开始酝酿转型，更为注重"实质"而非"形式"的司法证明方式，使证据法朝着更为开放的方向发展。③

3.专家作证体系向专家证人制度统合

反垄断、知识产权、环境保护等新兴法律领域具有较强的技术性，由此要求建立更加开放和多元的专家证人制度。英美法系专家证人制度的涵盖范围较宽，除司法裁判中常见的"硬科学"证据外，还包括"其他专门知识"。"其他专门知识"作为兜底条款，能够把反垄断、知识产权、环境保护等新兴领域囊括于专家证人制度中，不至于出现司法实践引入专业知识的制度空白。

在此背景下，按照控辩双方专家证人的举证、质证顺序，同时适用直接询问和交叉询问的一般规则，能够摆脱专家证人身份形式的束缚，将案件专业性证据的审查重点转向相关性和可靠性。过于严苛和僵化的作证体系对经济学家参与反垄断案件构成了严重阻碍，需要建立更为开放的专家证人制度以满足经济学知识引入案件裁决的需求。对此，有学者明确提出应实现鉴定人和专家辅助人的诉讼地位平等，打破二者在诉讼中的功能双轨制，使鉴定人和专家辅助人一起回归专家证人本色。④

(二)定位匡正：专家证人立场偏私性之防范

直接源于英美法系的专家证人制度还存在一个根本性弊端，即经济学家可能存在明显的立场偏向性。英美法系以当事人主义为导向，专家证人天然可以为其中一方当事人服务。在选任程序上，专家证人的选择、聘请以及报酬支付均由当事人负责，这在很大程度上影响了专家的中立性立场。在庭审实践中，英美法系国家采取对抗式诉讼模式，由双方当事人分

---

① 张保生、董帅：《中国刑事专家辅助人向专家证人的角色转变》，载《法学研究》2020年第3期。
② 参见张保生主编：《证据法学》，中国政法大学出版社2018年版，第255页。
③ 参见纪格非：《论证据法功能的当代转型——以民事诉讼为视角的分析》，载《中国法学》2008年第2期。
④ 参见张保生、董帅：《中国刑事专家辅助人向专家证人的角色转变》，载《法学研究》2020年第3期。

别选择、聘请自己的专家证人,专家证人的聘请费用由当事人承担,并且专家证人的出庭报酬往往以小时计算而且费用高昂。任何一场诉讼都是当事人双方力量角逐的竞赛,任何一方均希望把对自己有利的事实最大限度地展示出来。在聘请阶段,专家证人收取费用的高低,已经影响当事人对专家的选择和聘用。① 英美法系国家的专家往往失去客观中立的立场而成为"律师手中的枪"或"律师演奏的萨克斯管"②,因背离科学立场广受非议。

同时,经济学的社会科学属性也使经济学家容易偏离中立立场。经济学理论的主观性和多元性,为专家证人偏离中立立场留下了空间。由于经济学理论建立在不同的思想基础之上,学术争议较为常见且影响广泛。比如,对政府是否应该推行产业政策,就存在截然不同的观点。经济学家林毅夫与张维迎对此问题已经进行了长达10年的争论,在2016年再次掀起讨论的热潮并进行公开论战。经济学理论经常处于争论之中,学术争议属于理论发展中的常见现象,并且相互矛盾的观点常常针锋相对。具有社会科学属性的经济学知识对反垄断案件事实的认定提出了新的挑战。比如,支配地位认定、反竞争效果评估等问题在学术上往往存在较大分歧。在反垄断法领域,相关市场界定也经常存在截然对立的经济学观点。比如,在"奇虎360诉腾讯案"中,对文字、音频、视频等非综合即时通信服务以及移动端即时通信服务,甚至包括社交网站、微博服务是否应纳入案件的相关商品市场范围,双方经济学家持完全相反的立场。③ 经济学知识本身的不确定性,也是造成经济学家立场分歧的重要原因。

专家证人的角色定位必须防范立场偏私性问题,保证经济学家立场的中立性和客观性。专家证人对案件事实认定发挥着重要作用,而"证人应当客观陈述其亲身感知的事实"④,从而在法律定位上保持其意见的客观独立性。英美法系国家的专家证人制度立场偏向问题依然存在,叠加经济学作为一门社会科学的主观性,很可能使经济学家立场问题更加复杂化。根据一般证据理论,专家所考虑的仅应是事实和科学问题,不能对任何一方当事人有所倾斜,从而保证案件事实认定的中立性和客观性。在尚未形成有效的制度约束的情况下,必须防止专家证人立场偏离对案件事实认定

---

① 参见季美君:《专家证据制度比较研究》,北京大学出版社2008年版,第3页。
② John H. Langbein, *The German Advantage in Civil Procedure*, 52 University of Chicago Law Review 823 (1985).
③ 参见最高人民法院民事判决书,(2013)最高法民三终4号。
④ 《最高人民法院关于民事诉讼证据的若干规定》第72条。

造成的不良影响。① 基于此,即便在专家作证制度统合的背景下,仍然不宜直接引入英美法系专家证人制度,而是应当以此为基础重构本土化的专家证人制度。

(三) 内涵重赋:经济学家发挥证明功能的制度再造

1. 专家证人制度的本土化建构

经济学家参与反垄断民事诉讼目前存在两种可能的路径——专家辅助人制度与专家证人制度。民事诉讼制度中的专家辅助人制度并不适合直接引入反垄断法。就立场定位而言,民事诉讼制度对专家辅助人的"代表当事人""视为当事人的陈述"等规定,具有诱使经济学家偏离客观学术立场的重要缺陷。不同于具有确定性标准的科学证据,反垄断法特有的知识结构、经济学流派的理论多元性都决定了经济证据的主观性较强,存在较大的不确定性。就功能定位而言,民事诉讼领域的专家辅助人制度还包含另一层含义,即专家代表当事人对鉴定意见进行质证。反垄断法领域并不存在鉴定制度,其存在明显的功能错位问题。鉴于民事诉讼领域的专家辅助人制度存在立场偏向性与功能错位问题,其难以满足反垄断法中经济学家参与案件的实践需求。

结合我国诉讼制度的整体改革,对参与反垄断案件的经济学家适用以统合为前提的专家证人制度似乎已成为一个现实选择。从反垄断庭审实践层面看,"专家证人"的称谓已经明确地出现在了我国庭审实践中,不但其座席上摆放了"专家证人"的标牌,而且其签署了"证人具结书"。② 经济学家的出庭过程说明,我国庭审实践已经默认了经济学家的证人定位,经济学家具备作为专家证人的现实土壤。最高人民法院在对外的公开答复中也明确:"专家证人制度在我国施行时间不长,但最高人民法院十分强调要注重发挥专家证人的作用,积极鼓励和支持当事人聘请专家证人出庭说明专门性问题,并促使当事人及其聘请专家进行充分有效的对质,更好地帮助认定专业技术事实。"③ 基于经济学家参与垄断案件庭审的实践需

---

① 在国家发展改革委调查美国高通垄断案的过程中,经济学家张某某以国务院反垄断委员会专家咨询组成员的身份,为高通公司出具具有立场偏向性的经济分析报告并获取高额报酬,试图影响反垄断执法机构的处理结果。事发后,该经济学家被国务院反垄断委员会专家咨询组解聘,说明经济学家对垄断案件事实认定的影响巨大,且所有经济学家都能客观、中立地出具分析报告的立场预设在现实中并不成立。

② 参见最高人民法院"奇虎360诉腾讯案"庭审实录,载中国庭审公开网2013年11月26日,http://ts.chinacourt.org/32.html。

③ 《最高法公布对网民31个意见建议答复情况》,载中国新闻网,http://www.chinanews.com/gn/news/2009/12-23/2034782.shtml。

求,采用专家证人模式将经济学家引入庭审,可能存在中立性偏离的问题。对此,一方面不能抛弃其中的优秀因素,另一方面也需要在借鉴的基础上对其制度不足予以弥补。考虑专家证人制度立场偏私性的弊端,需要对其进行本土化改造。

为科学界定经济学家参与庭审的功能角色,应当在完善一般证据制度的基础上重构适合于经济学家出庭的专家证人制度。从反垄断实践需求出发,可以考虑将民事诉讼领域专家辅助人的第二项功能独立出来,使经济学家作为具有特定功能的专家证人专门解决非鉴定领域的专业性问题。在此基础上,我国可以构建起包括鉴定人、专家辅助人和专家证人这三类专家的作证体系。具体而言:首先,保留刑事诉讼领域单独适用的鉴定人制度,以维护刑事诉讼领域事实证明的严格性;其次,提取民事诉讼和刑事诉讼领域共有的专家辅助人制度,与鉴定人相对应,从而发挥对鉴定人的制约功能,但将民事诉讼领域专家辅助人的第二项功能单独拆分出来;最后,关于从民事诉讼领域拆分出来的专家辅助人的第二项功能,针对非鉴定事项的专业性问题设置特定功能的专家证人制度,在反垄断、知识产权等领域的非鉴定事项中独立地发挥证明作用。

无论规则层面如何进行愿望良好的预先设计,实践需求才是法律制度发展的根本动因。经济学家扮演经过本土化改造的专家证人角色,既避免了既有专家辅助人制度的功能紊乱问题,又避免了专家证人制度所造成的立场偏向性问题。就证据制度体系而言,该制度除了可以实现经济学家在反垄断案件中的庭审程序优化,对于知识产权、环境保护等专业性较强而又缺乏鉴定人的新兴法律领域,亦具有重要的借鉴意义。

2. 专家证人的资格放宽

相较于既有鉴定人和专家辅助人制度,经过本土化的专家证人制度需要保持充分的开放性以实现对专业问题的解决。有些国家对专家证人的引入标准规定得比较开放,除具有专业学历的工程师、科学家以外,在某一领域具有多年从业经验的技工、机械师、木匠、电工等,甚至包括负责巡逻的警察或驯兽师都可以成为专家证人,这些主体可以就某一领域的专门问题向法庭提供意见。[1]

在主体资格方面,有些国家对专家证人的要求较为宽泛,没有特殊的学历、职称要求,只要具备了某方面的专业知识,就承认其专家证人的身份。在英国发生的"亨利·莫斯利诉分契式物业公司案(H. Maudsly v. the

---

[1] 参见季美君:《专家证据制度比较研究》,北京大学出版社2008年版,第5页。

Proprietors of Strata Plan)"[1]中,围绕地板是否具有相应的防滑性能,原被告双方各自聘请了自己的专家证人:原告聘请的是一位从事科研工作的物理学教授,被告聘请的是一位具有长期地板铺设经验的工人。最终,法官采信了被告方所聘请的具有地板铺设经验的工人的意见。理由是大学物理学教授所提供的意见仅仅是在实验室推算出来的结果,相比而言,其缺乏鉴定地板防滑性能的实践性经验。经济学家成为专家证人同样采用"系统教育、专门训练或者实践经验"的标准,这几项标准虽然不需要同时具备,但至少应当具备其中一项。在"贝林公司诉宪报报业公司案"(Berlyn, Inc. v. Gazatte Newspapers, Inc.)[2]中,法官就曾以出庭专家"缺乏经济学或反垄断分析的专门教育或训练,或者缺乏这方面的经验"为由认定专家主体不适格。

在"奇虎360诉腾讯案"中,对于经济学家的适格性问题也出现了争议。针对查尔斯·里弗顾问公司特别顾问大卫·斯塔利布拉斯提交的《关于360和腾讯反垄断诉讼案件的经济分析报告》,被上诉人腾讯一方认为:"大卫·斯塔利布拉斯的最高学位是业余取得的伦敦大学理科硕士,其所谓的竞争法研究生是业余远程授课的,没有取得学位,更没有在经济学领域权威刊物上发表过具有影响力的学术成果,其专业性和可信度缺乏保障。"[3]很明显,腾讯一方意在通过对大卫·斯塔利布拉斯专家证人资格的否定来排除这份经济分析报告的证明效力。对此,最高人民法院认为:"被上诉人所提大卫·斯塔利布拉斯的教育背景、工作经历、研究成果等问题,本院认为,对于专家意见应重点审查该意见是否具有充分的事实或者数据基础;是否运用了合理、可靠的市场调查或者经济分析方法;是否考虑了可能改变市场调查或者经济分析结果的相关事实;专家是否尽到了专业人员所应具有的谨慎和勤勉。因此,对于专家的教育背景、工作经历、研究成果应适当留意而不必苛求。"[4]可见,我国对于经济学家作为专家证人的资格问题也持较为开放的态度,重点在于审查其所提供的专家意见是否真实可信、是否具有关联性,而对其教育背景、工作经历、研究成果未作特别严格的限制。

---

[1] See When Is an Expert not an Expert, http://www.cbsl.gcal.ac.uk. 转引自徐继军:《专家证人研究》,中国人民大学出版社2004年版,第5页。
[2] Berlyn, Inc. v. Gazatte Newspapers, Inc., 214 F. Supp. 2d 530, 537(D. Md. 2002)。
[3] 最高人民法院民事判决书,〔2013〕最高法民三终4号。
[4] 最高人民法院民事判决书,〔2013〕最高法民三终4号。

二、经济学家意见的可采性标准完善

经济学家意见的可采性标准目前不够明确。证据法上的可采性标准又称容许性标准,是指"证据必须为法律所容许,才可用于证明案件中的待证事实"①。为了防止"伪科学""假冒专家"对案件裁决结果造成不良影响,必须对专家证人发表意见的范围、意见是否真实可信、是否具有相关性等作出规定。

(一)事实范围规则

案件裁决的一个基本逻辑前提是区分事实问题与法律问题。在事实与法律二分的裁判结构下,经济学家在何种领域内发挥作用? 能否依照经济学理论对法律作出解释? 这些是经济学家在案件裁决中面临的基本问题。

就知识优势而言,法官更擅长以法教义学中的法律解释、法律推理及法律论证等技术解释和适用法律,同时具有法律赋予的裁判权。法官主要进行法律解释与适用,同时负责事实问题的最终认定。经济学家主要在事实认定过程中针对专业性问题提供相关经济学知识,包括相关市场界定、支配地位认定及反竞争效果分析等环节。在反垄断领域,除了少数垄断案件适用严格的本身违法原则能够依据经营者行为直接判定违法,大部分案件需要进行合理性分析。垄断案件相关市场界定和反竞争效果分析等事实认定,往往需要产业经济学、微观经济学和计量经济学领域内的专门知识。在查明案件事实方面,经济学家发挥着不可替代的作用。

那么,经济学家能否超越事实范围,对相关法律适用的合理性进行判断? 从法律称谓来看,"专家证人"中"证人"的身份定位已经对证明范围提出了明确的要求——仅限于在事实认定层面提供相关理论支撑。"无论专家证人经验多么丰富或才能多么杰出,其发表意见不得超出证据的范围。他们不能僭越法官或陪审团的职权而自己成为庭审法官。"②在法律、事实二分的裁判结构下,经济学家的作用被限定于事实认定领域,严禁对法律问题发表意见。在"奇虎360诉腾讯案"中,奇虎公司提交了由德里克·瑞德亚德署名的《奇虎360诉腾讯:对广东省高级人民法院判决书的经济评论》,该证据属于 RBB 经济咨询事务所针对该案一审判决出具的经济分析报告。然而,最高人民法院对该份报告并未采信,理由是该份报告

---

① 毕玉谦:《证据制度的核心基础理论》,北京大学出版社2013年版,第374页。
② Philips and Others v. Symes and Others 2[2004] EWC2330 (Ch), (2005) 4ER519. p. 40.

实际上为RBB经济咨询事务所向法庭提供的专家意见,德里克·瑞德亚德作为专家应当利用自身专长针对案件经济事实部分的相关问题进行论证,但其发表的专家意见完全针对一审判决分析漏洞,并且认为举证程度未达到相关经济测试所要求的标准,已经超出了事实范围而提供法律意见。①

"裁判性事实并不是法律推理或者法律解释的主体部分,它也不涉及具体法律规范的效力问题。当社会科学用于证明裁判性事实时,相关社会科学研究一般是为诉讼当事人量身定做的,用于证明一些直接和案件实体争议相关的事实。"②虽然专家证人为当事人所聘请并支付报酬,但是其在庭审中的身份归根结底属于"证人"。证人的角色定位就意味着专家证人仅就事实认定问题提供意见,不得对法律问题发表意见。

(二)可靠性规则

对证据问题的研究一般存在两个维度:一是从科学角度考察"如何发现证据",力求还原已发生事实的真相,讲究"求真";二是从规范性角度分析"如何使用证据",探索证据对案件证明力度的法律标准,侧重"求善"。③ 专家意见的可靠性规则追求证据的真实性,目的在于"求真"。

美国专家证人提供证言的可靠性标准在"弗赖依案""多伯特案"中都有所涉及,并规定于美国《联邦证据规则》第702条。对于判断专家意见的可靠性,最初并不具有明确的操作标准,法官依据自身的理解行使采信的自由裁量权。在"弗赖依案"中,确立了专家证据的"普遍接受规则",即一项科学结论被采信需要获得行业内的普遍认可。由于该规则要求科学证据必须是已经达成共识的结论,一些新的理论、方法无法作为证据被采信,对案件证明要求过于严格,无形中妨碍了较为新颖的科学结论、方法在诉讼中的运用。

美国联邦最高法院在"多伯特案"中,对专家证据的可采性标准较"弗赖依案"作出了新的发展,提出了更为多元的判断规则。主要考量以下几项因素:(1)专家所依据的科学理论或方法是否建立在可检验的假设之上;(2)专家所使用的理论或方法是否经过同行的评议并与现有出版物记载的原理相同;(3)有关理论或方法的错误率是否确定,及该理论现行的操作标准;(4)该理论或方法在相关领域内获得接受的程度。④ 就可靠性

---

① 参见最高人民法院民事判决书,(2013)最高法民三终4号。
② 王云清:《司法裁判中的社会科学:渊源、功能与定位》,载《法制与社会发展》2016年第6期。
③ 参见陈林林:《法学基本范畴研究:证据》,载《浙江社会科学》2019年第6期。
④ See Daubert *v.* MerrellDow Pharmaceuticals,Inc., 509 U.S. 579 (1993).

规则而言,主要强调专家作证所依据的理论和方法的确实性。① 可靠性包括专家所采用的理论和方法两个维度,两者对于结论的科学性有至关重要的影响。当专家所采用的理论本身缺乏可靠性时,很难得出有效的结论;同时,即使理论可靠,所采用的方法不正确,也难以得出符合规律的科学结论。"多伯特案"发展出了更为科学、多元的可靠性规则,所确立的可靠性规则主要适用于科学证据领域。需要继续考虑的另一个问题是,该案所提出的可靠性规则能否运用于经济学领域。

由于经济学具有较强的社会科学属性,并不属于纯自然科学知识,其进入司法裁判的客观性依然存在不确定性。1999 年美国联邦最高法院在"卡姆赫轮胎案"②中认为:"多伯特标准不仅适用于以科学知识为依据的专家证据,也适用于以'技术的'和'其他专门的'知识为依据的专家证据。"此后,多伯特规则不仅适用于科学知识,同时适用于"其他专门的知识"。因此,多伯特规则不仅适用于物理、生物、弹道等领域的科学证据,而且适用于具有专业性的其他领域的专家证据。"卡姆赫轮胎案"为经济证据在反垄断法中的引入留下了空间,专家证据已经超越科学证据范围,逐渐扩展至其他领域。在科学证据以外的经济学领域,同样不影响专家意见的可靠性。

我国对于经济学家意见的可靠性,在实践中也作出了更为精确的发展。对于同一经济学家提交的分析报告和出庭发表的证言,应如何取舍?在"奇虎360诉腾讯案"中,最高人民法院对该问题作出了回答。二审阶段,被上诉人腾讯一方将己方专家证人已经发表的学术观点以公证方式固定后作为证据(证据 11)提交,同时该专家出庭发表了意见。最高人民法院认为:"证据 11 系以公证方式固定的网络报道,总体上是对发表的关于互联网企业竞争问题的观点摘录。提出观点的人已经作为被上诉人一方的专家证人出庭发表意见并接受质询,本院对证据 11 不再予以考虑。"③

(三) 关联性规则

关联性是指经济学家所提供的专业意见与案件待证事实之间的相关性。经济学家意见的关联性规则要求其运用的经济学理论及方法与案件事实具有关联性。这实际上是证据属性中的关联性在反垄断法领域的具

---

① See Dale A. Nance, *Reliability and the Admissibility of Experts*, 34 Seton Hall Law Review 191 (2003).
② Kumho Tire Co. *v.* Carmichael, 526U. S. 137, 131F. 3d 1433 (1999).
③ 最高人民法院民事判决书,(2013)最高法民三终 4 号。

体体现;证据应当与案件待证事实具有相关性,这是证据法领域的普遍原则。

反垄断案件也将专家证言的关联性标准作为重要内容。美国反垄断实践也曾出现专家证言与案件事实的关联性问题。"布鲁斯威克案"①中,布鲁斯威克公司是一家保龄球制造商,它的下游单位——保龄球中心由于财务危机而陷入经营困难,因而布鲁斯威克公司并购了这些保龄球中心。这些保龄球中心的竞争者向法院提起了反垄断诉讼,认为如果被告没有并购这些保龄球中心,其自身的利益就不会受到损害。为了证明自己的主张,原告向法院提交了一份专家证词,证明自己在没有这些保龄球中心的情况下可获得的利润。

该案对于专家适格性、证言可靠性都不存在争议,有争议的是受害者所受损失与垄断行为之间的关联性能否在经济学上获得相应证明。法院经过审理认为,原告方的专家提供的证言并不能证明原告利润损失与合并行为之间的关联性,以此判决原告败诉。由此可见,在反垄断案件中,经济学家提供的意见必须符合相关性标准,属于证据关联性规则在反垄断领域的具体应用。

三、经济学家中立性的制度保障

"可以说,对中立性的背离是美国专家证人使用过程中的最大问题。"②当事人主义庭审模式注重双方的对抗性,庭审中涉及的专家证人基本上由双方当事人及其律师选定并聘请,实践中法院指定的专家证人少之又少。③ 在这种情况下,社会公众对专家证人的诚信状况往往持怀疑态度。反垄断案件中,经济学家所证明的往往是案件事实的关键部分,专家证人放弃立场中立性对案件公正处理的危害将是致命性的。基于经济学家作为知识主体的神圣使命,应当为其参加反垄断庭审提供相应的程序保障。

(一) 经济学家的证人职责定位

回到证人属性本质,经济学家介入案件裁判的根本原因在于其具有专门性知识,有利于查清案件事实真相。专家证人出庭作证承载着两种截然

---

① Brunswick Corp. *v.* Pueblo Bowl-O-Mat, 523 U.S. 480-81(1977).
② 罗芳芳:《专家意见中立性问题研究:美国法之理论与实务》,中国政法大学出版社 2015 年版,"前言"第 3 页。
③ 参见罗芳芳:《专家意见中立性问题研究:美国法之理论与实务》,中国政法大学出版社 2015 年版,第 204 页。

不同的价值导向：一种是公众期待裁判结果公正的社会正义价值，另一种是当事人对诉讼裁决结果争胜追求所代表的个体价值。[①] 对经济学家而言，之所以要求其保持立场中立性，主要与其作为知识分子所掌握的信息优势以及应秉承的道德良知密切相关。经济学家具有经济学方面的专业知识，出庭作证的目标应是使案件事实认定能够最大限度地接近客观真实。那么，其在庭审中应当客观地以专业知识对案件疑难问题进行阐释或解答，也就是说，真实性、客观性及公正性等社会正义目标属于专家作证应追求的主要目标。

证人的身份属性要求专家所发表的意见应忠于科学知识的客观性，不依靠主观因素偏向于一方当事人。无论是专家证人还是普通证人都要遵循立场的中立性：专家证人的义务是忠实于自己的专业知识和学术良知，普通证人的义务是如实陈述自己的所见所闻。由于受对抗式诉讼模式的影响，英美法系国家当事人能够对专家证人作有倾向性的选择。当事人为专家支付的高额报酬及双方在诉讼过程中的密切合作，可能会进一步加剧专家证人对中立性立场的偏离。当事人所聘请的专家证人对自己一方利益的过度追求，不但背离了借助专家证人发现事实真相的初衷，而且也导致裁判者对专家证词的无所适从。正是因为在案件证明阶段出现偏离立场的情况，英美法系国家参与作证的专家正逐渐失去社会公众心目中"科学绅士"的形象。反垄断案件中的经济证据很难像自然科学一样，遵循高度一致的分析方法和客观标准。经济学家的立场偏向性更难以控制，经济学理论的多元化以及知识的不确定性，更加要求经济学家必须忠于自己的专业，客观、中立地发表专业意见，而非仅仅作为一方当事人的"代理人"或"发声器"。

从选任方式上，虽然当事人需要聘请专家并向其支付相关费用及报酬，但专家证人并不能违背其专业良知和职业操守，其只能在专业领域内向法庭提供独立、客观和无偏见的证言。在开庭时，法庭应为专家证人设立特定的专家证人席，以突出其独立的诉讼地位。而专家证人则需要通过宣誓或签署保证书承诺对法庭负责，以中立的立场和客观的态度协助法庭发现真相。包括在"奇虎360诉腾讯案"等案件的司法实践中，法庭要求出庭专家当庭签署"不作伪证"的承诺，目的也正是要求专家依据自己一贯的、客观的学术立场或实践经验发表意见。专家证人既可以提出质证性意

[①] 参见徐继军：《专家证人研究》，中国人民大学出版社2004年版，第185页。

见,也可以提出独立性意见。① 专家意见的独立性则包括独立的检验手段、完整的论证方式,由此导向结论性的专业性意见供法官采信。

按照证人基本的角色定位,其不能提供具有偏袒性的证言,这是法律对证人的普遍要求。无论是经济学理论的争议还是报酬利益的诱惑,都只能是专家证人中立性丧失的背后动机,而不能成为其正当化的理由。如果经济学家作为专家证人的中立性无法保证,法官可能因缺乏相应的经济学知识,对双方专家证人发表的意见无从适用。因此,为更好地发挥经济学家对反垄断案件事实认定的作用,专家证人制度在引入我国反垄断案件裁决的过程中,必须结合本土资源不断强化其中立性。

(二)技术调查官制度的中立性镜鉴

与反垄断案件较为类似的是知识产权领域案件的事实认定问题,两类案件均存在对相关领域专家的常规性需求。为解决知识产权案件专业性问题判断的难题,我国法院逐步探索出了技术调查官制度。知识产权审判实践对此问题的探索较早,反垄断案件可以借鉴知识产权案件中的技术调查官制度。

《最高人民法院关于知识产权法院技术调查官参与诉讼活动若干问题的暂行规定》正式将技术调查官制度纳入知识产权案件审判程序。技术调查官制度是为解决知识产权审判中有关专利、植物新品种及集成电路布图设计等技术事实难点而设立的,成为知识产权案件审判中与鉴定人、专家咨询制度并行的一种事实查明机制。"技术调查官不同于当事人委托的专家辅助人以及法院聘请的技术咨询专家,其应该为知识产权法院的在编人员,以确保其公正和中立"②,从最高人民法院对技术调查官的定位可以看出,技术调查官作为独立主体参与案件审理,能够在事实查明中对各方专家起到良好的制衡作用。技术调查官仅向法官负责并由国家财政保障其工资报酬,能够参加庭审并对双方聘请的专家证人发问,并发表独立的专业意见。值得注意的是,为增强技术调查官意见的严肃性,司法解释规定"技术调查官提出的意见应当记入评议笔录,并由其签名"③。技术调查官制度客观中立的立场定位,能够较好地解决专家中立性的问题。

---

① 参见龙宗智、孙末非:《非鉴定专家制度在我国刑事诉讼中的完善》,载《吉林大学社会科学学报》2014年第1期。
② 宋晓明等:《〈关于知识产权法院技术调查官参与诉讼活动若干问题的暂行规定〉的理解与适用》,载《人民司法》2015年第7期。
③ 《最高人民法院关于知识产权法院技术调查官参与诉讼活动若干问题的暂行规定》第8条第3款。

反垄断法可以借鉴技术调查官制度,设置由经济学家参与的法庭顾问制度,经济学家通过提供经济学意见帮助法官完成事实认定活动。不过,经济学家发表意见的过程应该在案卷材料中进行详细记载,以备事后审查。这说明,在中立性问题的解决上,单个法官因知识的有限性并不能实质有效地审查其中的专业问题。专家证人制度的固有缺点难以通过自身的制度设计克服,必须考虑引入第三方力量实现对专家证人的制衡。

(三)法官对经济证据的审查权

对于经济学家的专家意见、经济分析报告及市场调查报告等案件材料,法官是否有权审查,审查方式是什么,审查范围如何确定,是反垄断法实施中面临的重要任务。从权力属性上,法官对案件事实认定所行使的是一种判断权,以掌控相关材料是否具备证明案件事实的资格和功能。

反垄断法中的经济学家意见同样需要接受法院审查,以决定是否能够被采信。"一方当事人就案件的专门性问题自行委托有关专业机构或者专业人员出具市场调查或者经济分析意见,该意见缺乏可靠的事实、数据或者其他必要基础资料佐证,或者缺乏可靠的分析方法,或者另一方当事人提出证据或者理由足以反驳的,人民法院不予采信。"[1]在历史上,美国也曾经对经济学的引入充满警惕,甚至一度禁止经济学家参与案件。[2] 不过,当缺乏经济学家的参与时,法院对经济问题的分析经常被认为缺乏连续性、清晰性及理解不深刻。美国早期的反垄断法实施也受到具有不稳定性的批评,涉及相关市场界定、反竞争效果分析等方面。[3]

随着经济学的发展,经济学家开始进入案件裁决中,但是需要接受较为严格的法庭审查。基于专家缺乏中立性的弊端,美国在强调对专家证言进行审查的同时,也开始加强对经济学家参与庭审的管理和控制。"英美法系的专家证人制度与当事人主义、对抗制诉讼息息相关,法官对专家证人秉持怀疑态度,谨小慎微地做好'科学证据'守门人之角色。"[4]经过上百年的司法实践积累,美国通过判例形成了较为完善的弗赖依规则及多伯特规则等审查规则;尤其是"多伯特案"确立了案件法官"守门人"的职责,其负有排除不具有可采性的专家证据的责任。通过这些判例实践的发展,美国逐渐形成了较为精细的程序规则,实现了在专家证人资格审查、专家证

---

[1] 《最高人民法院关于审理垄断民事纠纷案件适用法律若干问题的规定(公开征求意见稿)》(2022年11月18日发布)第12条第3款。

[2] See E. T. Grether, *Economic Analysis in Antitrust Enforcement*, 4 Antitrust Bulletin 55 (1959).

[3] See Mark S. Masell, *Economic Analysis in Judicial Antitrust Decisions*, 20 A. B. A. Antitrust Section 46 (1962).

[4] 陈邦达:《鉴定人出庭作证制度实证研究》,载《法律科学》2016年第6期。

言采信标准等方面的程序约束。经济学家在作证时,虽然会有意或无意地将现实问题抽象化、概念化,但法庭要求这些内容作为证据必须更为明确,并且能够被对方当事人、陪审团及法庭直接质证。①

从我国反垄断实践看,法院已经开始探索对案件中的经济证据进行审查和认定的具体程序和方法。法官对经济学家出具的经济分析报告同样需要审查,审查的重点是是否符合可采性标准。"锐邦诉强生案"中,对于强生公司出具的经济学统计报告,法院进行详细的审查后认为,由于上诉人二审证据《千讯报告》所引统计数据没有说明数据来源,无法确认所引数据的真实性与权威性,因此对该份证据不予采纳。② 也就是说,由于统计数据来源不明,法院在无法确认所引数据真实性与权威性的情况下,可以排除经济分析报告作为证据的资格。对于未明确采信的分析报告是否必须经过质证,实践中仍然存在争议。"奇虎360诉腾讯案"中,上诉人奇虎公司提出,一审法院将原告腾讯一方提交的《关于奇虎相关市场界定和滥用市场支配地位指控的经济分析报告》作为参考,部分事实和观点与该报告存在相同之处,而该报告并未组织双方进行质证。针对奇虎公司对此的质疑,最高人民法院在二审判决中明确表示,"由于一审法院并未将该份报告作为裁判依据加以采信,对于该份报告无须组织双方当事人质证"③。如果法院作出的裁判文书与一方提供的经济分析报告、经济学家的意见部分相同,法院似乎倾向于将其作为裁判中自由裁量的范围。不过,作为证明案件事实的重要材料,法院显然应当将其作为证据进行质证或审查。

经济学家的意见或经济分析报告,相对于一般证据的客观性、真实性及关联性等,表现出了一定的特殊性,需要赋予法院更为灵活的审查权限。无论是英美法系还是大陆法系,对专家在庭审中的引入具有共同的基础——案件事实认定过程中存在专门性问题。同时,对专家证人也有着较为矛盾的态度:一方面,在案件事实无法理解和认定时,希望得到专家提供的专业知识上的帮助;另一方面,对专家又抱有一种天然的怀疑和防备态度,担心专家利用独特的知识优势操纵法官的裁判权。显而易见,对参与案件经济学家进行制度约束和程序控制,能够有效地防止专家利用专业知识僭越裁判权,实现对案件更为客观公正的裁决。

---

① See John E. Lopatka & William H. Page, *Economic Authority and the Limits of Expertise in Antitrust Cases*, 90 Cornell Law Review 617 (2004).
② 参见上海市高级人民法院民事判决书,(2012)沪高民三(知)终字第63号。
③ 最高人民法院民事判决书,(2013)最高法民三终4号。

本 章 小 结

本章主要讨论了经济学家在反垄断裁判中的功能限度,即经济学家在案件中的角色如何定位,可以发挥哪些功能,如何通过程序控制既使经济学家发挥提供专业知识的作用,又防止其立场偏私性。首先,不应否认经济学家在反垄断案件中发挥着重要的证明功能,其发挥作用的基本形式主要包括扮演专家证人和专家辅助人两种角色。其次,应当认识到经济学家证明功能的发挥不是无限的、任意的,而应当对其进行科学定位。鉴于专家证人制度、专家辅助人制度和鉴定人制度均无法被直接运用,应当重新建构本土化的专家证人制度。最后,本土化的专家证人制度应当防范经济学家的立场偏私性。其中,需要重点解决经济学家的意见如何采信以及经济学家立场中立性的保障等问题,主要措施为设定更为严格的可采性标准,包括事实范围规则、可靠性规则以及关联性规则,同时赋予法官对于相关经济证据的审查及裁量权限。

结　语

卡拉布雷西曾言,法和经济学之间的关系应该是双向互动的,而非由经济学"自上而下"单向地决定法律。[①] 相应地,经济学与反垄断法之间的关系亦不应当由经济学单方面决定,而是应当考虑法律实践的需求。在反垄断法领域,以经济学为基础的芝加哥学派从 20 世纪 70 年代开始席卷美国乃至全球,其放任自由主义的思想内核以及以效率为中心的 EBM 模式已经居于主流地位。芝加哥学派坚称反垄断法应当成为经济学的一套理性原则,实际上是以经济逻辑代表法治逻辑,犯了单向决定论的错误。近年来,美国新出现的新布兰代斯运动(或称新布兰代斯学派)试图将反垄断的基础从经济学转移到社会政治领域,[②]从而减弱经济学对反垄断法的影响。然而,反垄断法的目标之争由来已久,仅仅局限于逻辑层面的抽象思辨并非治本之道,而是应当通过反垄断实践需求考察经济学的功能及其限度。

当然,成为完全排斥经济学的"勒德分子"[③]亦不可取,应当认识到经济学在反垄断法中的正面功能。反垄断法是典型的法律与经济学的交叉学科,与经济学关系紧密。经济学在反垄断法中的作用可能主要存在于三个方面:一是经济学利用"成本—收益"分析工具,从效率视角对反垄断法律制度进行一般性评判。这种基于效率视角的一般性评判同样适用于侵权法、刑法或行政法等其他法律分支,对反垄断法而言并无独特之处。二是经济学理念、知识及概念直接进入法律体系,构成反垄断法价值、规范结构、概念的重要组成部分。在此意义上,相较于其他法律领域,反垄断法"经济学化"的程度更深,且更具独特性。三是经济学模型工具、经济分析报告以及经济学家的意见为垄断事实的认定提供证据支撑,这同样是经济

[①] 参见[美]圭多·卡拉布雷西:《法和经济学的未来》,郑戈译,中国政法大学出版社 2019 年版,第 7~9 页。

[②] See Lina M. Khan, *The New Brandeis Movement*: *America's Antimonopoly Debate*, 9 Journal of European Competition Law & Practice 131（2018）.

[③] 内德·勒德(Ned Ludd)是 19 世纪初期的纺织工人。在工业革命期间,为抵抗新技术对传统工业造成的冲击,他砸毁了许多导致他失业的新型棉纺织机。此后,英国一部分工人企图继续通过破坏新型机器的方式来保留原有生产方式。以此为背景,"勒德分子"主要用来比喻害怕或厌恶变革的守旧势力。

学在其他法律领域所难以具备的实践功能。由此,三者构成界定经济学功能限度的基本前提。然而,需要注意的是,经济学理念、知识、模型在反垄断法中单向适用可能会引发与法律体系的严重冲突,甚至对社会经济发展产生潜在风险。就此而言,反垄断实践需要更注重法学知识谱系和结构,而非毫无保留地遵循"经济学理性原则"。因此,将观察立场由经济学转换至法学,选取法律价值目标、规范结构及事实认定等三个维度,有助于更清晰地透视经济学在反垄断法中的功能及其限度。

从法律价值维度讲,法律是一门公正的艺术,反垄断法亦不例外。反垄断法的制定是人类追求公平正义等价值的社会运动成果,并非基于经济学效率逻辑的理论演进结果。产业组织理论中的芝加哥学派将反垄断法视为一种依附于经济理论的政策工具,这种论调与法律工具主义如出一辙,降低了反垄断法的独立品格。如果抽离了人类生活的丰富内涵,将反垄断法降格为基于大企业利益的"生产促进法"或"效率促进法",那么反垄断法也必然难以形成逻辑自洽的理论体系。实际上,反垄断法最根本的意义在于,通过保障市场竞争机制使经营者、其他竞争者及消费者各得其所。此时,市场竞争机制扮演了一种利益自动分配机制的角色,只要竞争机制不被人为破坏,则对市场共同体内的各主体的分配应当被视为公平的。而整个市场也必然是不乏活力的,亦满足源自竞争的效率、创新等经济发展要求。从人类生活的价值意义上,经济效率只构成了价值体系的一部分。法律作为一门公正的艺术,需要为整个生活秩序提供多元价值之间的平衡。是故,反垄断法不应当因附庸于经济学而自动降格为一部"效率促进法",更应当成为一部平衡多元价值的"经济宪法"。

从法律规范维度讲,法律的本质功能在于规范人类行为;反垄断法归属于法律体系而非经济学,应当接受法律规范性的内在约束与限定。我国近年来的法教义学与社科法学之争,彰显了规范性因素与经验性因素之间的张力。经济学属于法律体系之外的经验性因素,而"法律实践或法律实务必然且必须地预设并运用法教义学的知识、概念与原理"[1],必须从法律立场来思考如何处理这些经验性材料。面对经济学等社会科学的知识,反垄断法应当重视将这些因素"转译"或"编码转换",以参加法律论证和规范构造。[2] 比如,注重从经济学术语向法律概念的转化、为经济学模型提供更加科学的构成要件理论以及对经济学知识进行恰当的规范性定位。

---

[1] 舒国滢、王夏昊、雷磊:《法学方法论前沿问题研究》,中国政法大学出版社2020年版,第10页。
[2] 参见雷磊:《法教义学的基本立场》,载《中外法学》2015年第1期。

法律的发展不是在封闭体系内进行的,而是在对疑难案例攻坚克难,不断探索法律问题形成根源并寻求解决方法的过程中,逐步发展为法律规则或理论体系的。这同样是反垄断法面对经济学经验性因素所应坚守的理念和方向。反垄断法未来的研究更应该重视从法教义学理论资源中汲取营养,增强对经济学知识等外部因素的融合、吸收能力。

从事实认定维度讲,反垄断案件的事实认定需要充分发挥经济学及经济学家的证明功能,同时为经济学家设定恰当的庭审程序约束。反垄断案件的裁决需要为经营者提供恰当的预期指引;基于反垄断法的社会科学属性,变动不居的经济学流派可能提出差异巨大甚至截然相反的裁判意见。由此,需要从法律裁判实践出发,对经济学家及其发表的意见进行证据学方面的合理定位。鉴于既有的专家证人、专家辅助人及鉴定人制度均难以契合实践需求,有必要重构经济学家出庭作证的制度体系,为经济学家意见的可采性、经济学家的中立性提供制度保障。从经济学的专业性考虑,经济学的技术分析不应当成为抽离反垄断法丰富理论体系的遁词,经济学知识的融入需求也不应当成为反垄断法缺乏可预期性的借口。当然,对于形式多样、观点多元的经济学证据及经济学家的意见,其性质如何,能否作为法定证据形式,以及法官在案件裁决中是否应当采信、如何采信等具体问题,仍然是未来反垄断法需要继续深入研究的实践议题。

总而言之,面对经济学的"入侵",反垄断法不应当轻易沦为附庸与"试验场地",而应该回归法律的规范性本质,汲取法学方法论资源形成适合自身的理论体系和分析框架。受芝加哥学派几十年来的影响,反垄断法仍较为依赖经济分析传统,欠缺基于法学立场对垄断本质及法律规范的哲理思辨。反垄断法(包括其他法律领域)的跨学科研究,绝非经济学、社会学等学科的理论在法律领域内的单向应用。真正的跨学科研究,一定是重视不同学科、不同体系间的融合与通约的。经济学不仅与反垄断法存在融合需求,而且也开始与传统的法学方法论结合。① 这些均表明跨学科研究已走向更为深入、精微的境地,且更能正视不同学科相遇时产生的矛盾与冲突。从交叉学科视角,经济学与反垄断法的融合仅仅是当前跨学科研究的一个脚注,但如此深度的融合无疑又构成了一个典型脚注。就此而言,对经济学与反垄断法关系的研究远远未至终点,而是走向更深境地的起点。

---

① 针对法律经济学与法律解释学鲜少对话的现象,有学者尝试将法律经济学分析方法整合至传统法学方法。参见王鹏翔、张永健:《论经济分析在法学方法之运用》,载《台大法学论丛》2019年第3期。

参考文献

一、中文参考文献

(一) 著作类

1. 王先林:《竞争法律与政策前沿问题研究》,法律出版社2022年版。
2. 李剑:《中国反垄断法的移植与本土化》,法律出版社2022年版。
3. 丁茂中:《中国反垄断法的立法完善》,法律出版社2022年版。
4. 刘继峰等:《中华人民共和国反垄断法理解与适用》,中国法制出版社2022年版。
5. 叶明:《互联网经济对反垄断法的挑战及对策》,法律出版社2019年版。
6. 王晓晔主编:《反垄断法的相关市场界定及其技术方法》,法律出版社2019年版。
7. 韩伟:《迈向智能时代的反垄断法演化》,法律出版社2019年版。
8. 焦海涛:《反垄断法上的社会政策目标》,中国政法大学出版社2019年版。
9. 侯利阳:《市场地位的反垄断剖析》,中国书籍出版社2019年版。
10. 金善明:《反垄断法解释:规范、历史与体系》,中国社会科学出版社2018年版。
11. 时建中、戴龙、焦海涛编:《反垄断诉讼典型案件分析与解读(2008—2018)》,中国政法大学出版社2018年版。
12. 兰磊:《论反垄断法多元价值的平衡》,法律出版社2017年版。
13. 董笃笃:《竞争政策法制化研究》,法律出版社2017年版。
14. 吴经熊:《正义之源泉:自然法研究》,张薇薇译,法律出版社2015年版。
15. 李胜利:《美国联邦反托拉斯法百年:历史经验与世界性影响》,法律出版社2015年版。
16. 王先林:《竞争法学》,中国人民大学出版社2015年版。
17. 潘丹丹:《反垄断法不确定性的意义研究》,法律出版社2015年版。
18. 邢会强:《走向规则的经济法原理》,法律出版社2015年版。

19. 苏力:《法治及其本土资源》,北京大学出版社 2015 年版。

20. 蔡桂生:《构成要件论》,中国人民大学出版社 2015 年版。

21. 周赟:《司法决策的过程——现实主义进路的解说》,清华大学出版社 2015 年版。

22. 罗芳芳:《专家意见中立性问题研究:美国法之理论与实务》,中国政法大学出版社 2015 年版。

23. 杜万华主编:《最高人民法院民事诉讼法司法解释实务指南》,中国法制出版社 2015 年版。

24. 王晓晔主编:《反垄断法中的相关市场界定》,社会科学文献出版社 2014 年版。

25. 何勤华等:《大陆法系与西方法治文明》,北京大学出版社 2014 年版。

26. 任剑涛:《拜谒诸神:西方政治理论与方法寻踪》,社会科学文献出版社 2014 年版。

27. 熊秉元:《正义的成本:当法律遇上经济学》,东方出版社 2014 年版。

28. 毕玉谦:《证据制度的核心基础理论》,北京大学出版社 2013 年版。

29. 叶卫平:《反垄断法价值问题研究》,北京大学出版社 2012 年版。

30. 林毅夫:《本体与常无:经济学方法论对话》,北京大学出版社 2012 年第 2 版。

31. 刘水林:《反垄断法的观念基础和解释方法》,法律出版社 2011 年版。

32. 孙晋:《反垄断法——制度与原理》,武汉大学出版社 2010 年版。

33. 王晓晔:《王晓晔论反垄断法》,社会科学文献出版社 2010 年版。

34. 陈瑞华:《论法学研究方法》,北京大学出版社 2009 年版。

35. 付子堂主编:《法理学进阶》,法律出版社 2009 年版。

36. 王泽鉴:《民法思维:请求权基础理论体系》,北京大学出版社 2009 年版。

37. 龚维敬:《垄断理论的争议——经济学家精彩对话》,上海财经大学出版社 2008 年版。

38. 许光耀:《欧共体竞争法经典判例研究》,武汉大学出版社 2008 年版。

39. 薛兆丰:《商业无边界:反垄断法的经济学革命》,法律出版社 2008 年版。

40. 季美君:《专家证据制度比较研究》,北京大学出版社 2008 年版。

41. 王晓晔:《反垄断法》,法律出版社 2011 年版。

42. 胡甲庆:《反垄断法的经济逻辑》,厦门大学出版社 2007 年版。

43. 全国人大常委会法制工作委员会经济法室编:《中华人民共和国反垄断法条文说明、立法理由及相关规定》,北京大学出版社 2007 年版。

44. 关明凯:《法律的三维透视:对法的价值、规则、事实的统一性研究》,法律出版社 2008 年版。

45. 张新宝:《侵权责任构成要件研究》,法律出版社 2007 年版。

46. 高鸿业主编:《西方经济学(微观部分)》(第 4 版),中国人民大学出版社 2007 年版。

47. 黄茂钦:《经济法现代性研究》,法律出版社 2006 年版。

48. 辜海笑:《美国反托拉斯理论与政策》,中国经济出版社 2005 年版。

49. 辛宪:《经济学的第一堂课》,清华大学出版社 2005 年版。

50. 何之迈:《公平交易法专论》,中国政法大学出版社 2004 年版。

51. 王传辉:《反垄断的经济学分析》,中国人民大学出版社 2004 年版。

52. 刘伟:《反垄断的经济分析》,上海财经大学出版社 2004 年版。

53. 沈敏荣:《法律限度》,法律出版社 2003 年版。

54. 徐继军:《专家证人研究》,中国人民大学出版社 2004 年版。

55. 赖源河编审:《公平交易法新论》,中国政法大学出版社 2002 年版。

56. 张文显:《法哲学范畴研究》,中国政法大学出版社 2001 年修订版。

57. 卓泽渊:《法的价值总论》,人民出版社 2001 年版。

58. 孙笑侠:《法的现象与观念》,山东人民出版社 2001 年版。

59. 沈敏荣:《法律的不确定性——反垄断法规则分析》,法律出版社 2001 年版。

60. 黄茂荣:《法学方法与现代民法》,中国政法大学出版社 2001 年版。

61. 谢鹏程:《基本法律价值》,山东人民出版社 2000 年版。

62. 杨仁寿:《法学方法论》,中国政法大学出版社 1999 年版。

63. 梁庆寅主编:《传统与现代逻辑概论》,中山大学出版社 1998 年版。

64. 何家弘、张卫平主编:《外国证据法选译》(下卷),刘品新等译,人民法院出版社 2000 年版。

65. 梁小民:《弗莱堡学派》,武汉出版社 1996 年版。

66. [美]克里斯托弗·L.萨格尔斯:《反托拉斯法:案例与解析》,谭袁译,商务印书馆 2021 年版。

67. [美]约瑟夫·E.斯蒂格利茨:《美国真相:民众、政府和市场势力的失衡与再平衡》,刘斌等译,机械工业出版社2020年版。

68. [美]圭多·卡拉布雷西:《法和经济学的未来》,郑戈译,中国政法大学出版社2019年版。

69. [日]泉田成美、柳川隆:《产业组织理论基础》,吴波、王琳译,机械工业出版社2015年版。

70. [美]J.E.克伍卡、L.J.怀特编著:《反托拉斯革命——经济学、竞争与政策》,林平、臧旭恒等译,经济科学出版社2014年版。

71. [德]乌尔里希·施瓦尔贝、丹尼尔·齐默尔:《卡特尔法与经济学》,顾一泉、刘旭译,法律出版社2014年版。

72. [德]瓦尔特·欧肯:《经济政策的原则》,李道斌等译,中国社会科学出版社2014年版。

73. [美]尼古拉斯·L.吉奥加卡波罗斯:《法律经济学的原理与方法:规范推理的基础工具》,许峰、翟新辉译,复旦大学出版社2014年版。

74. [美]维托·坦茨:《政府与市场:变革中的政府职能》,王宇等译,商务印书馆2014年版。

75. [德]卡尔·恩吉施:《法律思维导论》,郑永流译,法律出版社2014年版。

76. [德]哈贝马斯:《在事实与规范之间:关于法律和民主法治国的商谈理论》,童世骏译,生活·读书·新知三联书店2014年版。

77. [美]保罗·萨缪尔森、威廉·诺德豪斯:《经济学》,萧琛主译,商务印书馆2013年版。

78. [德]伯恩·魏德士:《法理学》,丁晓春、吴越译,法律出版社2013年版。

79. [英]雷蒙德·瓦克斯:《法哲学:价值与事实》,谭宇生译,译林出版社2013年版。

80. [波兰]耶日·司泰尔马赫、巴尔托什·布罗热克:《法律推理的方法》,孙海涛、孙红潮译,中国方正出版社2014年版。

81. [德]马克斯·韦伯:《学术与政治》,冯克利译,生活·读书·新知三联书店2013年版。

82. [美]理查德·A.波斯纳:《法律的经济分析》,蒋兆康译,法律出版社2012年版。

83. [英]哈特:《法律的概念》(第2版),许家馨、李冠宜译,法律出版社2011年版。

84. [德]阿图尔·考夫曼:《法律哲学》,刘幸义等译,法律出版社2011

年版。

85. [美]罗斯科·庞德:《通过法律的社会控制》,沈宗灵译,商务印书馆 2010 年版。

86. [美]赫伯特·霍温坎普:《联邦反托拉斯政策:竞争法律及其实践》,许光耀等译,法律出版社 2009 年版。

87. [美]理查德·A. 波斯纳:《法官如何思考》,苏力译,北京大学出版社 2009 年版。

88. [美]爱德华·张伯伦:《垄断竞争理论》,周文译,华夏出版社 2009 年版。

89. [美]基斯·N. 希尔顿:《反垄断法:经济学原理和普通法演进》,赵玲译,北京大学出版社 2009 年版。

90. [美]约瑟夫·阿洛伊斯·熊彼特:《经济发展理论》,叶华译,中国社会科学出版社 2009 年版。

91. [美]约翰·罗尔斯:《正义论》,何怀宏等译,中国社会科学出版社 2009 年版。

92. [英]马赫·M. 达芭:《反垄断政策国际化研究》,肖兴志等译,东北财经大学出版社 2008 年版。

93. [美]亨利·黑兹利特:《一课经济学》,蒲定东译,中信出版社 2008 年版。

94. [加]劳伦斯·博兰德:《经济学方法论基础》,马春文等译,长春出版社 2008 年版。

95. [美]哈罗德·J. 伯尔曼:《法律与革命:西方法律传统的形成》(第一卷),法律出版社 2008 年版。

96. [美]迈克尔·D. 温斯顿:《反垄断经济学前沿》,张嫚等译,东北财经大学出版社 2007 年版。

97. [美]劳伦斯·M. 弗里德曼:《美国法律史》,苏彦新等译,中国社会科学出版社 2007 年版。

98. [法]达尼洛·马尔图切利:《现代性社会学》,姜志辉译,译林出版社 2007 年版。

99. [意]马西莫·莫塔:《竞争政策——理论与实践》,沈国华译,上海财经大学出版社 2006 年版。

100. [美]罗宾·保罗·马洛伊:《法律和市场经济——法律经济学价值的重新诠释》,钱弘道等译,法律出版社 2006 年版。

101. [德]格尔德·克莱因海尔、扬·施罗德主编:《九百年来德意志及欧洲法学家》,许兰译,法律出版社2005年版。

102. [英]约瑟夫·拉兹:《法律的权威》,朱峰译,法律出版社2005年版。

103. [英]尼尔·麦考密克:《法律推理与法律理论》,姜峰译,法律出版社2005年版。

104. [美]W.吉帕·维斯库斯等:《反垄断与管制经济学》,陈甬军等译,机械工业出版社2004年版。

105. [美]理查德·A.波斯纳:《反托拉斯法》,孙秋宁译,中国政法大学出版社2003年版。

106. [德]卡尔·拉伦茨:《法学方法论》,陈爱娥译,商务印书馆2003年版。

107. [美]米尔建·R.达马斯卡:《漂移的证据法》,李学军等译,中国政法大学出版社2003年版。

108. [美]P.诺内特、P.塞尔兹尼克:《转变中的法律与社会:迈向回应型法》,张志铭译,中国政法大学出版社2004年版。

109. [美]理查德·A.波斯纳:《法理学问题》,苏力译,中国政法大学出版社2002年版。

110. [美]理查德·A.波斯纳:《超越法律》,苏力译,中国政法大学出版社2001年版。

111. [英]弗雷德里希·奥古斯特·冯·哈耶克:《通往奴役之路》,王明毅等译,中国社会科学出版社1997年版。

112. [美]R.德沃金:《法律帝国》,李常青译,中国大百科全书出版社1996年版。

113. [美]罗伯特·考特、托马斯·尤伦:《法和经济学》,张军等译,上海三联书店、上海人民出版社1994年版。

114. [美]E.博登海默:《法理学——法哲学及其方法》,邓正来、姬敬武译,华夏出版社1987年版。

115. [西德]路德维希·艾哈德:《来自竞争的繁荣》,祝世康、穆家骥译,商务印书馆1983年版。

116. [美]约瑟夫·熊彼特:《资本主义、社会主义与民主》,吴良健译,商务印书馆1999年版。

(二)论文类

1. 王晓晔:《〈反垄断法(修正草案)〉的评析》,载《当代法学》2022年第3期。

2. 孔祥俊:《论反垄断法的谦抑性适用——基于总体执法观和具体方法论的分析》,载《法学评论》2022 年第 1 期。

3. 侯猛:《"科学"在司法中的运用——基于学者与法官互动的知识社会学考察》,载《法学》2022 年第 9 期。

4. 郑智航:《社会科学在司法裁判中的运用原理与方法》,载《法商研究》2022 年第 1 期。

5. 朱战威:《经济学家参与反垄断案件庭审的制度重构》,载《甘肃政法大学学报》2021 年第 6 期。

6. 张保生、董帅:《中国刑事专家辅助人向专家证人的角色转变》,载《法学研究》2020 年第 3 期。

7. 叶光亮、程龙:《论纵向并购的反竞争效应》,载《中国社会科学》2019 年第 8 期。

8. 王鹏翔、张永健:《论经济分析在法学方法之运用》,载《台大法学论丛》2019 年第 3 期。

9. 江帆:《竞争法的思想基础与价值共识》,载《现代法学》2019 年第 2 期。

10. 金善明:《反垄断法解释中经济学分析的限度》,载《环球法律评论》2018 年第 6 期。

11. 苏永钦:《法域界面解释学》,载《法令月刊》2018 年第 6 期。

12. 杨文明:《滥用市场支配地位规制中的正当理由抗辩研究》,西南政法大学 2016 年博士学位论文。

13. 王云清:《司法裁判中的社会科学:渊源、功能与定位》,载《法制与社会发展》2016 年第 6 期。

14. 刘贵祥:《滥用市场支配地位理论的司法考量》,载《中国法学》2016 年第 5 期。

15. 郑鹏程:《反垄断相关市场界定的结果导向及其法律规制》,载《政治与法律》2016 年第 4 期。

16. 史际春、徐瑞阳:《产业政策视野下的垄断与竞争问题——以银行卡清算产业的法律规制为例》,载《政治与法律》2016 年第 4 期,第 3 页。

17. 侯利阳:《垄断行为类型化中的跨界行为——以联合抵制为视角》,载《中外法学》2016 年第 4 期。

18. 朱战威:《互联网平台的动态竞争及其规制新思路》,载《安徽大学学报(哲学社会科学版)》2016 年第 4 期。

19. 兰磊:《转售价格维持违法推定之批判》,载《清华法学》2016

年第 2 期。

20. 何大安:《西方经济学个体主义方法论边界拓宽及局限性》,载《中国社会科学》2016 年第 2 期。

21. 郭华:《对抗抑或证据:专家辅助人功能的重新审视——兼论最高法院审理"奇虎 360 诉腾讯"案》,载《证据科学》2016 年第 2 期。

22. 岳军要:《专家辅助人出庭及专家意见的采信规则》,载《郑州大学学报(哲学社会科学版)》2015 年第 9 期。

23. 宋晓明等:《〈关于知识产权法院技术调查官参与诉讼活动若干问题的暂行规定〉的理解与适用》,载《人民司法》2015 年第 7 期。

24. 侯猛:《司法中的社会科学判断》,载《中国法学》2015 年第 6 期。

25. 雷磊:《适于法治的法律体系模式》,载《法学研究》2015 年第 5 期。

26. 袁嘉、郝俊淇:《滥用市场支配地位搭售行为的认定辨识——以"利乐案"为例》,载《理论与改革》2015 年第 4 期。

27. 孙海波:《法教义学与社科法学之争的方法论反省——以法学与司法的互动关系为重点》,载《东方法学》2015 年第 4 期。

28. 许光耀:《反垄断法上的经济学分析》,载《价格理论与实践》2015 年第 2 期。

29. 冉昊:《法经济学中的"财产权"怎么了?——一个民法学人的困惑》,载《华东政法大学学报》2015 年第 2 期。

30. 许光耀:《反垄断分析基本框架及其对相关经济学的基本需求》,载《价格理论与实践》2015 年第 11 期。

31. 徐士英:《反垄断法实施面临功能性挑战 兼论竞争政策与产业政策的协调》,载《竞争政策研究》2015 年第 1 期。

32. 雷磊:《法教义学的基本立场》,载《中外法学》2015 年第 1 期。

33. 李剑:《中国反垄断法实施中的体系冲突与化解》,载《中国法学》2014 年第 6 期。

34. 吴元元:《反垄断司法的知识生产——一个知识社会学的视角》,载《现代法学》2014 年第 6 期。

35. 翟巍:《欧盟公共企业领域的反垄断法律制度》,载《法学》2014 年第 6 期。

36. 蒋舸:《反不正当竞争法一般条款的形式功能与实质功能》,载《法商研究》2014 年第 6 期。

37. 郑永流:《重识法学:学科矩阵的建构》,载《清华法学》2014 年第 6 期。

38. 潘广俊等:《专家辅助人制度的现状、困境与改善建议——以浙江省为例的实证分析》,载《证据科学》2014年第6期。

39. 谢海定:《法学研究进路的分化与合作——基于社科法学与法教义学的考察》,载《法商研究》2014年第5期。

40. 兰磊:《反垄断法唯效率论质疑》,载《华东政法大学学报》2014年第4期。

41. 王学辉、张治宇:《国家治理价值体系现代化与行政法学理论基础的重构——以"诸神之争"为背景的分析》,载《行政法学研究》2014年第4期。

42. 叶明:《互联网行业市场支配地位的认定困境及其破解路径》,载《法商研究》2014年第1期。

43. 王彬:《司法裁决中的"顺推法"与"逆推法"》,载《法制与社会发展》2014年第1期。

44. [美]戴维·J.格伯尔:《市场界定的全球标准:经济学的潜在功能》,载王晓晔主编:《反垄断法中的相关市场界定》,社会科学文献出版社2014年版。

45. 刘继峰:《反垄断法益分析方法的建构及其运用》,载《中国法学》2013年第6期。

46. 韩伟、曾雄:《美国反垄断经济学的新发展及启示》,载李昌麒、岳彩申主编:《经济法论坛》第11卷,群众出版社2013年版。

47. 肖顺武:《政府干预的权力边界研究——以消费者选择权为分析视角》,载《现代法学》2013年第1期。

48. 雷磊:《法律规则的逻辑结构》,载《法学研究》2013年第1期。

49. 王亚南:《分析实证语境下反垄断复合法律关系的法理反思——反垄断法之法律属性的内部证成》,吉林大学2012年博士学位论文。

50. 肖小梅:《传导、杠杆与企业合并的反垄断分析——以商务部禁止可口可乐集中一案为例》,载《湖南社会科学》2012年第6期。

51. 王晓晔:《中国反垄断三年执法的评析》,载王晓晔主编:《竞争执法能力建设》,社会科学文献出版社2012年版。

52. 李剑:《论经济分析方法在反垄断法中的应用》,载《学习与探索》2011年第4期。

53. 穆胜、卢代富:《多维经济效率视角下的企业合并反垄断规制——兼评"可口可乐与汇源合并案"》,载《中南财经政法大学学报》2011年第2期。

54. 桑本谦:《法理学主题的经济学重述》,载《法商研究》2011 年第 2 期。

55. 邓峰:《传导、杠杆与中国反垄断法的定位——以可口可乐并购汇源反垄断法审查案为例》,载《中国法学》2011 年第 1 期。

56. 李剑、廖红伟:《论反垄断法规则模糊性的原因》,载《当代法学》2010 年第 5 期。

57. 史际春、赵忠龙:《竞争政策:经验与文本的交织进化》,载《法学研究》2010 年第 5 期。

58. 于立:《中国反垄断经济学的研究进展》,载《广东商学院学报》2010 年第 5 期。

59. 江帆:《解读〈反垄断法〉中的几大争议问题》,载李昌麒主编:《经济法论坛》第 6 卷,群众出版社 2009 年版。

60. 鲁篱:《行业协会限制竞争行为的责任制度研究》,载《中国法学》2009 年第 2 期。

61. 谢晖:《论规范分析方法》,载《中国法学》2009 年第 2 期。

62. 易健雄:《知识产权诉讼中的专家证人制度》,载《人民司法》2009 年第 11 期。

63. 李剑:《论结构性要素在我国〈反垄断法〉中的基础地位——相对优势地位滥用理论之否定》,载《政治与法律》2009 年第 10 期。

64. 胡甲庆:《合并反垄断审查中消费者证词的证据功能及其限制——以美国为实证视角》,载《生产力研究》2009 年第 10 期。

65. 薛兆丰:《反垄断法的经济学基础》,载《北京大学学报(哲学社会科学版)》2008 年第 6 期。

66. 冯果:《法解释学等传统法学方法——未来中国经济法学的主流研究方法》,载《重庆大学学报(社会科学版)》2008 年第 5 期。

67. 焦海涛:《论现代反垄断法的程序依赖性》,载《现代法学》2008 年第 1 期。

68. 戴治勇:《选择性执法》,载《法学研究》2008 年第 4 期。

69. 纪格非:《论证据法功能的当代转型——以民事诉讼为视角的分析》,载《中国法学》2008 年第 2 期。

70. 陈莉、胡晓爽:《效率:反垄断法的价值目标》,载《唯实》2008 年第 1 期。

71. 何家弘:《我国司法鉴定制度改革的基本思路》,载《人民检察》2007 年第 5 期。

72. 王先林:《论滥用市场支配地位行为的法律规制——〈中华人民共和国反垄断法(草案)〉相关部分评析》,载《法商研究》2007年第4期。

73. 臧旭恒:《从哈佛学派、芝加哥学派到后芝加哥学派——反托拉斯与竞争政策的产业经济学理论基础的发展与展望》,载《东岳论丛》2007年第1期。

74. 周林彬:《中国法律经济学研究中的"非法学化"问题——以我国民商法和经济法的相关研究为例》,载《法学评论》2007年第1期。

75. 胡顺娟:《反垄断法中垄断的经济分析及对我国的启示》,载《山西省政法管理干部学院学报》2006年第2期。

76. 颜运秋:《反垄断法立法目的与保护消费者权益》,载《社会科学家》2005年第5期。

77. 成凡:《社会科学"包装"法学——它的社会科学含义》,载《北大法律评论》编辑委员会编:《北大法律评论》总第12辑,北京大学出版社2006年版。

78. 汪丁丁等:《人类合作秩序的起源与演化》,载《社会科学战线》2005年第4期。

79. 柯华庆:《法律经济学的思维方式》,载《制度经济学研究》2005年第3期。

80. 桑本谦:《法律解释的困境》,载《法学研究》2004年第5期。

81. 于立、吴绪亮:《试析反垄断经济学的学科定位——兼评布西罗塞〈反垄断经济学手册〉》,载《经济与管理研究》2009年第4期。

82. 任剑新:《美国反垄断思想的新发展——芝加哥学派与后芝加哥学派的比较》,载《环球法律评论》2004年第2期。

83. 时显群:《西方经济分析法学在中国》,载《现代法学》2002年第1期。

84. [德]沙弗尔:《"规则"与"标准"在发展中国家的运用——迈向法治征途中的一个重大现实问题》,李成钢译,载《法学评论》2001年第2期。

85. 沈敏荣:《反垄断法不确定性之克服与经济分析》,载《河南师范大学学报(哲学社会科学版)》2000年第3期。

86. 张骐:《形式规则与价值判断的双重变奏——法律推理方法的初步研究》,载《比较法研究》2000年第2期。

87. 陈林林:《法学基本范畴研究:证据》,载《浙江社会科学》2019年第6期。

88. 桑本谦:《"法律人思维"是怎样形成的——一个生态竞争的视

角》,载苏力主编:《法律和社会科学》第 13 卷第 1 辑,法律出版社 2014年版。

(三)其他类

1. 最高人民法院行政判决书,(2022)最高法知行终 29 号。
2. 最高人民法院民事判决书,(2022)最高法知民终 395 号。
3. 国家市场监督管理总局行政处罚决定书,国市监处〔2018〕87 号。
4. 国家市场监督管理总局行政处罚决定书,国市监处〔2021〕28 号。
5. 国家工商行政管理总局行政处罚决定书,工商竞争案字〔2016〕1 号。
6. 中华人民共和国国家发展和改革委员会行政处罚决定书,发改办价监处罚〔2016〕1 号。
7. 最高人民法院民事裁定书,(2015)最高法民申 2313 号。
8. 中华人民共和国国家发展和改革委员会行政处罚决定书,发改办价监处罚〔2015〕1 号。
9. 广州市中级人民法院行政判决书,(2014)粤 01 号行初 149 号。
10. 南京市中级人民法院民事判决书,(2014)苏 01 号知民初 256 号。
11. 国家发展和改革委员会行政处罚决定书,发改办价监处罚〔2014〕4 号。
12. 最高人民法院民事判决书,(2013)最高法民三终 4 号。
13. 广东省高级人民法院民事判决书,(2013)粤民终 306 号。
14. 上海市高级人民法院民事判决书,(2012)沪高民三(知)终字第 63 号。
15. 广东省高级人民法院民事判决书,(2012)粤高法民三终 155 号。
16. 湖南省高级人民法院民事判决书,(2012)湘高法民三终 22 号。
17. 浙江省高级人民法院民事判决书,(2010)浙知终 125 号。
18. 中华人民共和国商务部公告 2009 年第 22 号。
19. 北京知识产权法院民事判决书,(2018)京 73 民终 558 号。
20.《2022 年制止滥用行政权力排除、限制竞争执法专项行动案件(第一批)》,载国家市场监督管理总局网 2022 年 6 月 9 日,https://www.samr.gov.cn/cms_files/filemanager/samr/www/samrnew/jzxts/tzgg/qlpc/202206/t20220608_347613.html。
21.《最高法公布对网民 31 个意见建议答复情况》,载中国新闻网,http://www.chinanews.com/gn/news/2009/12-23/2034782.shtml。
22. 最高人民法院"奇虎 360 诉腾讯案"庭审实录,载中国庭审公开网,http://ts. chinacourt. org/32. html。

23.《人文经济讲座第七期成功举行,薛兆丰破解反垄断真相》,载微博 2015 年 11 月 29 日,https://weibo.com/p/1001603914617482017345。

二、外文参考文献

(一)著作类

1. Ariel Ezrachi & Maurice E. Stucke, *How Big-Tech Barons Smash Innovation—and How to Strike Back*, Harper Collins Publishers, 2022.

2. Maurice E. Stucke & Ariel Ezrachi, *Competition Overdose: How Free Market Mythology Transformed Us from Citizen Kings to Market Servants*, Harper Business, 2020.

3. Christopher L. Sagers, *Antitust*, Woters Kluwer Law & Business, 2014.

4. Robert Cooter & Thomas Ulen, *Law & Economic*, Person Edution, Inc. , 2008.

5. Carl Shapiro & Hal R. Varian, *Information Rules: A Strategic Guide to the Network Economy*, Harvard Business School Press, 1998.

6. Richard Hofstadter, *The Paranoid Style in American Politics: And Other Essays*, Harvard University Press, 1996.

7. Herbert Hovenkamp, *Economics and Federal Antitrust Law*, West Publishing, 1985.

8. Phillip Areeda & Herbert Hovenkamp, *Antitrust law : An Analysis of Antitrust Principles and Their Application*, Wolters Kluwer Law & Business, 2013.

9. W. Z. Hirsh, *Law and Economics: An Introductory Analysis*, Academic Press, 1979.

10. John M. Conley & Jane Compbell Moriary, *Scientific and Expert Evidence*, Aspen Publishers, 2007.

11. Thomas W. Dunfee & Frank F. Gibson, *Antitrust and Trade Regulation*, John Wiley & Sons, 1989.

12. Robert H. Bork, *The Antitrust Paradox: A Policy at War with Itself*, Basic Books, Inc. Pubishers, 1978.

(二)论文类

1. Lina M. Khan, *The End of Antitrust History Revisited*, 133 Harvard Law Review 1655 (2020).

2. Lina Khan, *The New Brandeis Movement*: *America's Antimonopoly Debate*, 9 Journal of European Competition Law & Practice 131 (2018).

3. James Niels Rosenquist, Fiona M. Scott Morton & Samuel N. Weinstein, *Addictive Technology and Its Implications for Antitrust Enforcement*, 100 North Carolina Law Review 431 (2022).

4. Carl Shapiro, *Antitrust in a Time of Populism*, 61 International Journal of Industrial Organization 714 (2018).

5. Bruce Wardhaugh, *The Role of Economic Analysis in EU Competition Law*: *The European School*, 38 European Competition Law Review 248 (2017).

6. Lua Kamál Yuille, *Toward a Heterodox Property Law and Economics*, 2 Texas A & M Law Review 489 (2015).

7. Steven G. Medema, *Debating Law's Irrelevance*: *Legal Scholarship and the Coase Theorem in the* 1960s, 2 Texas A & M Law Review 159 (2014).

8. Steve Huyghe Sr & Adrian Chan, *The Evolution of Expert Witness Law under UK and US Jurisdictions*, 8 Construction Law International 14 (2013).

9. Herbert J. Hovenkamp, *Harvard, Chicago, and Transaction Cost Economics in Antitrust Analysis*, 55 Antitrust Bulletin 613 (2012).

10. Hal J. Singer, *Economic Evidence of Common Impact for Class Certification in Antitrust Cases*: *A Two-Step Analysis*, 25 Antitrust 34 (2011).

11. See Douglas H. Ginsburg & Eric M. Fraser, *The Role of Economic Analysis in Competition Law*, 55 Journal of National School of Administration 6 (2010).

12. Oles Andriychuk, *Rediscovering the Spirit of Competition*: *On the Normative Value of the Competitive Process*, 6 European Competition Journal 575 (2010).

13. Donald Hawthorne & Margaret Sanderson, *The Role of Economic Evidence in the Rigorous Analysis of Class Certification in Antitrust Cases*, 9 Economies Committee Newsletter 15 (2009).

14. Nicola Giocoli, *Competition vs. Property Rights*: *American Antitrust Law, the Freiburg School and the Early Years of European Competition*

Policy, 5 Journal of Competition Law and Economics 747 (2009).

15. William E. Kovacic, *Competition Policy in the European Union and the United States: Convergence or Divergence in the Future Treatment of Dominant Firms*? 4 Competition Law International 8 (2008).

16. Alberto Pera, *Changing views of Competition, Economic Analysis and EC Antitrust Law*, 4 European Competition Journal 127 (2008).

17. George Stephanov Georgiev, *Contagious Efficiency: The Growing Reliance on U.S.-Style Antitrust Settlements in EU Law*, 2007 Utah Law Review 971 (2007).

18. Foer, Albert, *The Goals of Antitrust: Thoughts on Consumer Welfare in the U.S.*, American Antitrust Institute Working Paper No. 05-09. (2005).

19. Daniel A. Crane, *Technocracy and Antitrust*, 86 Texas Law Review 1159 (2008).

20. Herbert Hovenkamp, *Whatever Did Happen to the Antitrust Movement*? 94 Notre Dame Law Review 583 (2018).

21. Spencer Weber Waller, *Market Talk: Competition Policy in America*, 22 Law & Social Inquiry 435 (1997).

22. Mark V. Tushnet, *Critical Legal Studies: A Political History*, 100 Yale Law Journal 1515 (1991).

23. William E. Kovacic & Carl Shapiro, *Antitrust Policy: A Century of Economic and Legal Thinking*, 14 Law & Economics 43 (2003).

24. Dale A. Nance, *Reliability and the Admissibility of Experts*, 34 Seton Hall Law Review 191 (2003).

25. Jonathan B. Baker, *A Preface to Post-Chicago Antitrust*, SSRN Electronic Journal 2 (2002).

26. Patrick Bolton, Joseph f. Brodley & Michael H. Riordan, *Predatory Pricing: Strategic Theory and Legal Policy*, 88 Georgetown Law Journal 2329 (2000).

27. Robert H. Lande, *Consumer Sovereignty: A Unified Theory of Antitrust and Consumer Protection Law*, 65 Antitrust Law Journal 713 (1997).

28. Michael S. Jacobs, *An Essay on the Normative Foundations of Antitrust Economics*, 74 North Carolina Law Review 219 (1995).

29. David J. Gerber, *Constitutionalizing the Economy: German Neo-liberalism, Competition Law and the "New" Europe*, 42 American Journal of Comparative Law 25(1994).

30. Stephen F. Ross, *Post-Chicago Analysis After Kodak: Interview with Professor Steven C. Salop*, 7 Antitrust 20 (1992).

31. See Laurens Walker & Jona Monahan, *Social Facts: Scientific Methodology as Legal Precedent*, 76 California Law Review 877 (1988).

32. Thomas E. Kauper & Edward A. Snyder, *An Inquiry into the Efficiency of Private Antitrust Enforcement: Follow-on and Independently Initiated Cases Compared*, 74 The Georgetown Law Journal 1163 (1986).

33. See Robert H. Bork, *The Role of the Courts in Applying Economics*, 54 Antitrust Law Journal 21 (1985).

34. Robert H. Lande, *Wealth Transfers as the Original and Primary Concern of Antitrust: The Efficiency Interpretation Challenged*, 34 The Hastings Law Journal 65 (1982).

35. George J. Stigler, *The Economists and the Problem of Monopoly*, 72 The American economic Review 1 (1982).

36. Louis B. Schwartz, *"Justice" and Other Non-economic Goals of Antitrust*, 127 University of Pennsylvania Law Review 1076 (1979).

37. Philip Areeda & Donald F. Turner, *Predatory Pricing and Practices Under Section 2 of the Sherman Act*, 88 Harvard Law Review 697 (1975).

38. See Mark S. Masell, *Economic Analysis in Judicial Antitrust Decisions*, 20 A. B. A. Antitrust Section 46 (1962).

39. See E. T. Grether, *Economic Analysis in Antitrust Enforcement*, 4 Antitrust Bulletin 55 (1959).

40. Ronald H. Coase, *The Nature of the Firm*, 4 Economica 386 (1988).

41. Laurens Walker & John Monahan, *Social Frameworks: A New Use of Social Science in Law*, 73 Virginia Law Review 559 (1987).

42. John H. Langbein, *German Advantage in Civil Procedure*, 52 the University of Chicago Law Review 823 (1985).

43. See John E. Lopatka & William H. Page, *Economic Authority and the Limits of Expertise in Antitrust Cases*, 90 Cornell Law Review 617 (2004).

44. Sven Timmerbeil, *The Role of Expert Witnesses in German and*

U. S. Civil Litigation, 9 Annual Survey of International & Comparative Law 163（2003）.

45. John H. Langbein, *The German Advantage in Civil Procedure*, 52 University of Chicago Law Review 823（1985）.

（三）案例及其他类

1. Philips and Others *v.* Symes and Others 2［2004］EWC2330（Ch）,4ER519(2005).

2. Berlyn, Inc. *v.* Gazatte Newspapers, Inc., 214F. Supp. 2d 530, 537（D. Md. 2002）.

3. European Commission, XXXIInd Report on Competition Policy 2002.

4. Commission Notice on the Definition of the Relevant Market for the Purposes of Community Competition Law, OJ C 327,1997.

5. Brooke Group Lt. d. *v.* Brown & Williamson Tobacco Corp, 509 U. S. 209,(1993).

6. Daubert *v.* Merrell Dow Pharmaceuticals, Inc., 509 U. S. 579（1993）.

7. Eastman Kodak CO. *v.* Image Technical Services, Inc., 504 U. S. 451,(1992).

8. Brunswick Corp. *v.* Pueblo Bowl-O-Mat, 523 U. S. 480-481(1977).

9. United States *v.* Topco Association, Inc., 405 U. S. 569,610(1972).

10. Commision *v.* Consten & Grundig, Case58/64 ECR,299(1966).

11. United States *v.* E. I. du Pont de Nemours & Co., 351 U. S. 377（1956）.

12. United States *v.* Aluminum Co. of American（Alcoa）, 148F. 2d416,(2d. Cir. 1945).

13. Frye *v.* United States, 293 F. 1013(D. C. Cir. 1923).

14. American Tobacco Co. *v.* United States ,221U. S. 191(1911).

15. Standard Oil *v.* United States, 221U. S. 57(1911).

16. United States *v.* Trans-Missouri Freight Association, 166 U. S. 290（1897）.

17. Maurice E. Stucke & Ariel Ezrachi, *The Rise, Fall, and Rebirth of the U. S. Antitrust Movement December* 15,2017, https://hbr.org/2017/12/the-rise-fall-and-rebirth-of-the-u-s-antitrust-movement.

18. Barry C. Lynn, *The Consumer Welfare Standard in Antitrust*：

Outdated or a Harbor in a Sea of Doubt? Testimony before the Senate Committee on the Judiciary: Subcommittee on Antitrust, Competition, and Consumer Rights. December 13, 2017.

后　记

在攻读博士学位期间,我对反垄断法与经济学之间的关系产生了研究兴趣,感觉二者并非泾渭分明,而是始终处于"剪不断,理还乱"的状态。尤其对波斯纳在其著作《反托拉斯法》中提出的"反托拉斯法变成了一套经济学的理性原则""反托拉斯法的唯一目标应当是促进经济学意义上的效率"等极端观点,内心更是疑虑重重。若果真如此,反垄断法存在的意义何在,是否可能被完全并入经济学体系之内?事实上,反垄断法显然属于法律体系而非经济学体系。那么,需要继续追问:反垄断法是否应当完全遵从经济学效率价值的指引?经济学知识在反垄断法中扮演何种角色,如何将其运用于反垄断案件裁决?带着这些困惑和问题,我开始了一场学术探索之旅。

初步研究的结果是令人失望的,因为彼时几乎所有研究反垄断法和经济学关系的文献均源自经济学视角。研究结论几乎不约而同地落脚于经济学之于反垄断法的重要性,所提建议大多为将效率作为反垄断法最重要的乃至唯一目标,非常缺乏批判性的反思研究。当时仅查阅到部分学者诸如许光耀教授、沈敏荣教授、兰磊博士等从宏观上论及经济学的局限性问题,但我内心的疑惑始终未得到根本性解答。在此背景下,我同导师江帆教授讨论后将该问题作为博士学位论文选题展开进一步探索,题目为"反垄断法中经济分析运用问题研究"。博士学位论文完成之后,毕业当年被评为"西南政法大学优秀博士学位论文";2018 年,又获评"重庆市优秀博士学位论文"。2020 年,我尝试将博士学位论文修改后申报国家社科基金后期资助项目,亦有幸获得立项支持。原打算以博士学位论文为主体修订后出版,但过程中感觉原博士学位论文对经济学运用局限性问题的回答还不能令人满意。于是,我决定重新撰写,将研究重心移至经济学的边界和限度。

正如梁漱溟先生在《中国文化要义》中所言,然于旧稿仅用作材料,在结构上却是重新来过。于本书,我则以博士学位论文为材料,几乎重新架构了全书框架。除保留原论文第一章"历史流变"部分之外,依照经济学限度的思路重新安排了全书结构。即便形式上保留的第一章"历史流变",亦增删了大部分原有内容,使之更加紧扣主线并反映反垄断发展的新趋势。写作思路上，在提炼经济学与反垄断法冲突问题之后，分别从价值目标、规范结构及事实认定三个层面透视两者关系。在研究方法上，汲取了我国法教义学与社科法学之争所提供的理论资源，尤其是引入了法教义学如何看待经济学、社会学等经验知识的规范性视角。从回应实践角度，主要从经济学家作为经济学知识载体入手讨论了裁判问题，基于反垄断案件事实证明的独特需求重构了相应的证明制度。经济学与反垄断法关系十分紧密，是一个经验与规范相互交织的跨学科领域。如何连接经验性与规范性因素，同样是法理学领域一座难度极高的山峰。完成这些任务进入出版阶段已经是2024年，在以多快为导向的考核体系之下，这多少显得有些"不经济"，但我还是希望通过自己的学术探索尽力回答清楚这个具有一定难度的理论问题。不过，由于自身能力的局限，对此问题的研究可能仅仅处于学术高峰的山脚，必然存在诸多不足之处。在此，不揣浅陋求教于方家。

在本书出版之际，我正在牛津大学从事访问学者研究，在原博士学位论文的基础上更新了后记。此时，众多师友、亲人的无私帮助仍历历在目，以下作为致谢。

感谢我的博士生导师江帆教授，博士学位论文写作的完成离不开江老师的悉心指导。对于我心中的学术困惑，江老师鼓励我进行更深入的思考。记得一次讨论中，她明确提出"必须思考什么是经济学上的垄断，什么是法学上的垄断"，使我更加聚焦问题。在论文修改阶段，江老师反复强调谋篇布局的艺术和语言凝练之美。除此之外，江老师还以她浓厚的人文知识兴趣丰富着我们的读书生活，不仅让我们通过参与"草街读书会"接触更多的人文经典，而且带给我们"诗与远方"的情操陶冶，甚至自费资助我们参加经济法年会以开阔学术眼界，这些都让我受益良多、时常感念。

感谢西南政法大学经济法学院温暖的大家庭。从被录取为硕士研究生到如今有幸留校成为"青椒"，我在这里已经度过了十余载的时间。江老师与黄茂钦教授、甘强教授一直坚持举办的"三门讨论会"使我受益良多，卢代富教授、盛学军教授、叶明教授、吴太轩教授、胡元聪教授、肖顺武教授、王怀勇教授、王煜宇教授、邓刚教授等师长提供了诸多指导与帮助，使我得以不断成长。从诸位老师身上，我不仅学到了具体的知识，更学到了严谨的治学态度。

感谢王晓晔教授、盛杰民教授、王先林教授、叶卫平教授、许光耀教授、焦海涛教授、李剑教授、张新民教授等学界前辈贤达对我博士学位论文及书稿的提点与指正。其中，王晓晔教授于百忙之中阅读了博士学位论文开题报告并提出宝贵意见,王先林教授和焦海涛教授对书稿的修改提出了宝贵意见。盛杰民教授和张新民教授参加了我的博士学位论文答辩并提出宝贵意见。与学界贤达的诸多交流,无论是当面请教还是邮件来往均使我开阔眼界、增长见识。

感谢诸位同窗好友的陪伴与帮助。博士在读期间,与杜坤、李瑞雪、邱可嘉、刘志伟、承上、郑若瀚、曾巍、张瑞玺、尹亚军等诸君长期交流学习,获益匪浅。在与大家的交往中,我们欣赏彼此的智识成果并由此凝结成深厚的情谊。

感谢法律出版社法治与经济分社陈妮编辑、张思婕编辑和各位编辑的专业编校,使本书能够顺利出版。感谢顾佳佳、向瑾心、梁少松、陈义君、熊珮琦、赵晓雯、李鑫、王露、李婷婷、李易之等同学,在我的博士学位论文完成后的社科基金后期资助项目申请稿及书稿出版等不同阶段,她们承担了大量的文字校对工作。

最后,致敬我的母亲。母亲虽不识字却非常重视读书,一直对我和弟弟的学业抱着极大期待。然而,在我们尚未完成学业之时,她却已经罹患重症,注定要与我们分别。即便如此,她在重病之中仍不忘催促我的学业,坚持将我从医院赶出来准备博士入学考试。还记得从医院出来时正是那一年的农历小年,我一路靠着车窗流泪,那种悲伤而又无奈的心情至今仍能清晰地记得。好在我有幸通过了当年的博士入学考试,遗憾的是我入学后不久她就离开了人世,未能看到我博士毕业。母亲目不识丁,却用她一生的期待激励着我在求学的道路上不断前进。

谨以此书献给目不识丁却并不失伟大的母亲。

朱战威

2024 年 7 月　于牛津大学初稿

2025 年 1 月　修改